再版序言

通知要再版,很高兴,每个作者都会以书能再版而自豪,感谢气象出版社。

《周正亲子二十法》初版两年内加印了四次,许多读者写来了读后感。四川移动、河北移动、湖南移动、广东太平人寿等将它作为"年度VIP礼物"回馈客户,感谢读者、用户们。同时,借本书修订再版之机,附上清风徐来和风中芦苇的两篇博客,以飨读者。

中国开始富裕了,已形成了数以十万计的千万富翁,更大量的中产阶层。人类的一般规律是,贫困的时候追求金钱,这是正常且应该理解的。因为,生存是第一需要。在这个过程中,很多人没时间、没心思、没精力管孩子,让"犀利哥"们去学习亲子二十法,是不现实的要求,无衣无房怎能静下心来?南方某报纸曾公开我的这个观点,招致许多人的非议甚至愤慨。而事实是,他们会专心教育子女吗?

关键是富裕了,小康了,中产以后呢?

一种人从未考虑过;另一种人仍然在疯狂抓钱,认为无限扩张的财富是安全感、地位、价值的体现;还有一种人处于惯性之中,身不由己,习惯了埋头工作,习惯了不关心家庭与孩子,且不自我觉察。

第四种人开始觉悟,开始追求生活质量,回归亲情,成为负责任的父母。这便是《周正亲子二十法》的意义。

2008年,我在广东十二市,河北九市,四川九市;2009年,我在四川十二市,在华商书院、北大、清华、浙大等担任总裁班的导师，已成功唤醒了许多"生过孩子的人"成为"父母"。"养不教——父母之过"，"没有问题孩子，只有失当教育"。与其孩子厌学、成绩不良、行为不轨、跟你不亲等情况出现了去补救，不如花一个月时间好好研究一下爱孩子的技巧，为了宝贝。本书适用怀孕至孩子16岁的母亲，因为过了18岁孩子就基本定型了。

大千世界，上苍造化，美丽纷繁，唯人独尊。世上万物，没有比人更精密复杂的了。你的车、电脑，与宝贝比，一叶尔。不学、不研究，何以读懂孩子？一个民族，一个家庭，只有在适当时机由物关注转向人关注，才是高贵的开始。

教育子女在世上所有"工种"中，技术含量最高。

央视《心理访谈》特约心理专家

最新精华版 经典读本

周正亲子二十法

凭借事例，撒播爱孩子的20种技巧
凭借口碑，在家长、老师、朋友之间无限传递的一本书

周正 周虹 ◎著

气象出版社
China Meteorological Press

图书在版编目(CIP)数据

周正亲子二十法:精华版/周正,周虹著.—北京:气象出版社,2010.4(2019.4重印)

ISBN 978 - 7 - 5029 - 4956 - 3

Ⅰ.①周… Ⅱ.①周…②周… Ⅲ.①儿童教育:家庭教育—方法 Ⅳ.①G78

中国版本图书馆 CIP 数据核字(2010)第 053030 号

周正亲子二十法(精华版)

出版发行:气象出版社	
地　　址:北京市海淀区中关村南大街 46 号(100081)	
电　　话:010-68407112(总编室)　010-68408042(发行部)	
网　　址:http://www.qxcbs.com　E - mail:qxcbs@cma.gov.cn	
责任编辑:胡育峰	终　　审:周诗健
封面设计:创品牌	责任技编:吴庭芳
责任校对:时　人	
印　　刷:三河市百盛印装有限公司	
开　　本:710 mm×1000 mm　1/16	印　张:16.25
字　　数:265 千字	
版　　次:2010 年 6 月第 2 版	印　次:2019 年 4 月第 9 次印刷
定　　价:29.00 元	

本书如存在文字不清、漏印以及缺页、倒页、脱页等,请与本社发行部联系调换

前　言

标准化操作规程

你会玩车、会玩电脑，但是玩不住孩子。你的孩子和别的孩子都一样，他是经过上天检验的"合格产品"，甚至是"精品"。如果他记忆力不集中、粗心、考试成绩不佳、沉迷于网络、网恋、不自信、人缘不好……那么，是孩子"坏"在路上了。其实，这不是孩子"坏"了，而是驾驶员有问题，你没有看懂孩子的说明书，没有学习好教育孩子的技术就上路了。

本书把教育孩子的"招数"制作成标准化操作规程，你拿来就可以用。让你了解孩子自出生开始，所有养成教育的关键期和孩子的发展规律，以读懂孩子的心理为根本，手把手传授技巧，介绍世界上最先进、最有效的理念。

你会大吃一惊，原来教育孩子这么有意思，这么好玩儿。

学习做优秀的父母——读《周正亲子二十法》[①]

清风徐来

一直以来，我以为做父母是不用学的，因为这是每个人成长的必然，既是一种责任，也是一种本能。我们很自然地从父母那里遗传了做父母的本事，也很自然地用自己的人生阅历来教育自己的子女。只有这样，子女们才继续了我们家族的传统和特点，才深深地打下了不同的家庭教育的烙印。

事实上，这个观点是非常错误的。

当十岁的儿子开始有厌学情绪的时候，我和太太都开始反思我们的教育方式。从根本上讲，我和太太所受的教育都不算差，事业也还算成功，性格也随和热情，没有任何情绪上的问题。应该说，即使通过自己的言传身教，也会让孩子们变得开朗热情，对生活充满了乐观的情绪。但事实上，儿子却从不喜欢做家庭作业，发展到开始厌学，并且出现了装病不上学的倾向。虽然问题并没有严重到不可收拾的地步，但却引起了我的足够警惕。于是，在太太的推荐下，我开始认真地阅读《周正亲子二十法》这本书。

看完之后，我的体会只能用"震惊"两个字来形容。因为，我对待孩子的许多做法，大多列入了周正教授的"误区"里，这让我很惭愧。原来，我一直在用不正确的办法在教育自己的孩子。

《周正亲子二十法》通过回答问题的方式，讲述了教育孩子的一些基本方法，书中用许多对比的事例，阐述了教育方法的重要性，以及面对各种问题时的教育技巧。他从孩子出生开始，重点介绍了养成教育的重要性，从心理学的角度，解读了孩子的发展规律，并从心理学入手，介绍了世界上最先进、最有效的教育理念。

看完这本书，我完全接受了周正教授"世上没有问题孩子，只有问题父

[①] 本文博客地址：http://houqy.blog.163.com/blog/static/10652715820091016251 51388/

母"的教育理念。事实上，我一直以为自己对人热情，对工作积极乐观，对朋友和善友好，可以通过自己的言传身教来影响孩子们。但我忽略了一个非常重要的问题，就是我因为工作的原因，没有足够的时间来陪伴孩子，让他少了许多父亲陪伴才有的乐趣。在儿子的教育上，我没有足够的耐心，对他要求过严，训斥过多，对他因为贪玩而犯的错误予以严厉惩罚，却没有足够的耐心来帮他改正，慢慢导致他变得懒惰、懦弱、不自信。如果没看周正教授的书，我可能一直以为这些问题都是孩子自身的问题。如果这些问题陪伴孩子一生，甚至还会影响到孩子的下一代，这对于我们做父母的来说将是一个多么大的罪过啊！

周正教授说，养孩子靠两点：爱和技巧。天下没有不爱孩子的父母，但如果不会正确地爱孩子，事实上是在害孩子。所以，拥有教育的技巧是每一个做父母的必须认真学习并真正掌握的知识，而且这种知识的掌握和运用必须趁早，因为当孩子坏的习惯养成并固定以后，你即使是教育专家，也只能徒呼奈何了。当然，也不排除有可靠的方法来纠正孩子的性格和养成，但那时候需付出的时间、精力和金钱，就很难说清楚了。

让儿子认真地看了这本书，我也保证以后不再训斥和打骂他，孩子的思想负担明显减轻了，虽然仍然讨厌做作业，但我相信，只要有足够的耐心，只要慢慢引导他从学习中找到乐趣，就一定可以从根本上解决这些问题。

幸运的是，一切还不算晚。

边读边悟——读《周正亲子二十法》[①]

风中芦苇

《周正亲子二十法》是一本不错的关于家教的书。从女儿出生到现在,我也看过不少关于家庭教育的书,觉得《周正亲子二十法》加入了一些时尚的元素,更贴近现代社会,是一本操作性很强的书,很值得一读。

这是学生家长专门送我的书,更感觉到书的价值不一般。我们的家长不仅自己在研究教育,更希望孩子的老师是一个饱读群书,懂教育、会教育的人。因为我们工作的对象是孩子,我们自身的素质对孩子更加有着不可忽视的影响。我想我要认真记录下我读书的收获,才不辜负家长赠书的深情厚意。

我读:

第五法:孩子为何不爱学习?应对的办法居然是:"一家人一起吃顿饭。"这是让我感觉最新奇的一种方法。我知道一家人一起吃饭对孩子的重要,可我从没把吃饭和孩子的学习连在一起来想。

心理学家对家长做饭非常重视,因为她影响孩子和家长的生活质量,它不仅仅是孩子的问题。假如我们天天一家人多不在一起吃饭,又不在一起沟通,那孩子会怎么说家人呢?我的家在哪里呢?有一种饭,心理学家把它称为"母亲的味道"。

如果连做饭、吃饭的时间都没有,你的工作都紧张到那种程度,那么你的孩子将来就会恐惧工作。因为他会觉得,为了工作我连饭都吃不上了,干脆不工作了吧!

[①] 本文博客地址:http://blog.sina.com.cn/s/blog_4b3119440100b8vu.html

我悟：

书中也提到现代社会中的高效率高节奏致使家长的失职。特别是很多妈妈，既是职业女性，又要照顾家庭，实在是身心疲惫，这样的情绪自然会影响到孩子。还有剖腹产的孩子，他们与自然分娩的孩子心理经历不一样。孩子是在毫无准备的情况下突然被迫离开，才来到这个世界，本来就有一些不安全感，有一些焦躁和不安，如果妈妈再没有对孩子耐心地做身体按摩和母乳喂养，那么安全感就更加减少。上幼儿园的时候还没有察觉，等到上小学了，突然发现孩子竟然有这么多的问题，然后又不及时应对，对孩子责怪增多，赞美减少，那么孩子就会更加胆小焦躁。而这个时候，"一家人一起吃饭"确实是个不错的应对方法，没有什么方式能比在一起吃饭更给孩子安全感。家是心灵的港湾，有了妈妈的爱，有了家的支持，心灵的力量也会强大，什么样的困难都可以克服。

我读：

第十三法：保障孩子生活幸福的第一要素是什么？是感激之心。感激之心是人类一切幸福的根源。心存感激越多，幸福就越大。具体做法：2岁，感谢每天有充足的食物。4岁，爸爸妈妈辛苦了。6岁，今天几感谢什么？7岁，感谢老师。12岁，感谢社区。16岁，感谢生命。18岁，感谢大学。

父母应该从点滴入手，感谢所穿的衣物，感谢周围人的关怀……感激之心是十分容易获得的。形成这样的感激之心，会让孩子感到自己幸运的成分，他会珍惜他所拥有的，并以积极的心境去赢得更多的感激之物，达到良性循环。

我悟：

让孩子从小就学会感激，给孩子一个幸福的源泉。虽然这样说起来很容易，实际操作起来却有很大的困难。我们都钟爱自己的孩子，总想让孩子得到最好的；怕孩子受委屈，也许当孩子还没有感觉到委屈的时候，我们已经开始为他鸣不平了。可这恰恰是孩子不快乐的源泉。古话说："吃亏是福"，大概也是这个道理吧！要给孩子幸福的感觉，家长要做的就是："少抱怨，多感激。"

我家的故事：

女儿最近迷上了打乒乓球。她爸爸就在花园路的一家乒乓球俱乐部给女儿报了名，每周星期六和星期日去打一次。学了几次之后，女儿说教练技术好，还说在教练的陪打下，感觉自己的球技进步很大。看着她开心的样子，我也很高兴。不管怎样，打球可以锻炼身体，能喜欢上打球也是一件好事情。

吃完晚饭，女儿就和她爸爸开始在客厅练起球来。爸爸打乒乓球好多年了，自然可以纠正孩子的不正确姿势。一边打，爸爸一边指出她错误的地方，打一会就烦起来，开始训斥女儿："你学了这么长时间，还是保持这样错误的姿势。如果这么长时间教练还没看出来，也不给你指出来，我就怀疑他的水平了。"

"那才怪，教练可是专业水平，不像你是业余爱好者。"女儿反驳。

我赶紧打断他们的话，借口把老公拉到外边谈话："你今天做的可不对，孩子本来已经心存感激了，你反而抱怨教练没有带好她，这样以后会影响她对教练的崇拜，对她学习有好处吗？"

"我说的也没错啊！你看这么长时间了她的错误姿势还没纠正过来。"

"我不懂打球，你认为非得较这个真吗？如果你觉得有这个必要，可以单独和教练沟通啊！你对孩子这么说，又有什么好处呢，这个地方（的教练）不是你选择的吗？既然选择了他，就要多看看他的好处；如果你真的觉得不行，可以再考虑换地方。现在孩子学的很开心，难道这不是教练的功劳吗？"

我看他没有说话，表示同意我的想法。我接着说："还有，以后你在孩子面前尽量少一些抱怨，上次你开车路过一座新修的桥，就开始抱怨说路怎么不好，你怎么不想想以前那里多窄，现在多宽，政府是在为我们做好事呢！当然了，如果你想抱怨的话，可以在孩子不在场的时候对我说，因为我的人生观已经形成，不会受太大影响，孩子可不一样，你的话对她影响可大了！"

老公一看我连人生观都搬出来了，禁不住笑起来。我说："你别笑，我有理论依据，回家翻书给你看。"

回到家，我把这本书拿给他，个别章节做了记号，让他一定要读。边读边悟，从我们家做起。

目 录

第一法　保障一个孩子不断成功的要素是什么？ / 1

身体健康固然好，但完美的身体条件是可遇而不可求的，是很罕见的。几乎所有人都不可避免地在某时某刻有某种身体问题。过分强调身体因素，可能永远等不到成功的那一天。意志薄弱的人，往往用自己身体的某种缺陷作为自己不成功的借口，以此逃避现实。

误区1：健康的体魄 / 1
生怪病的孩子们 / 2
误区2：智力突出的好 / 4
"第一名"女孩休学了 / 4
正确的方法：具有特殊的意志力 / 5
关于生病 / 6
关于榜样 / 7
关于旅游 / 9
双目失明阿姨的超能力 / 10

第二法　一个人常失败、事事难成的原因是什么？您在培养孩子时注意避免了吗？ / 12

只有有耐心、有爱心、有恒心、有毅力的老师和家长，才能培养出成功的孩子。失败者，大多是由于从小父母给予的爱不够，由爱产生的能量不够，所以往往在成功之前就自己终止了。儿时轻率惯了，长大后就习以为常，甚至终生不能觉悟。所以，家长们千万不要行为草率地处理孩子的问题，因为这样他们也会行为草率。

误区1：缺少机遇 / 12
误区2：笨 / 12
真正的原因：行为草率 / 13
怯场与救场 / 15
成为校园小明星(日积月累=一举成名) / 16

第三法　孩子的恒心是怎样培养出来的？ / 18

现代心理学研究与两千年前中国孔孟之道不谋而合，即人的许多优秀心理品质，每个孩子天生就有。只要给孩子一方沃土，任其自然生长，大多数孩子都会健康地成长。问题往往不出在孩子本身，而是由于后天环境的抑制、压抑，扭曲了孩子的天性。家长应该为孩子提供一个宽松的环境，让孩子可以任由天性自然成长，这样他的恒心才能得以完善发展。

误区1：认为孩子还小，力所不及 / 18
误区2：烦躁，制止 / 18
正确的方法：积极响应，支持他完成 / 18
4岁安琪儿会照相 / 19
5岁安琪儿认识1500字 / 19
　　教育时间表 / 22
　　口语写作教育时间表 / 23

第四法　改变孩子的不良行为,您选择何种方法？ / 24

　　两届奥斯卡金像奖影后朱迪·福斯特的亲子秘诀就是:"说穿了,养孩子与养动物没什么两样。"对于改变孩子的不良习惯,心理学推崇动物训练之术,即所谓"代币制"奖励法。这种方法,一可以最有效地制止孩子的不良行为,二可以培养孩子意志力中的自控机制,三可使孩子在行为矫正的过程中始终保持愉悦的心境,而不是对立、敌视。愉悦心境对人生而言,贵过金子。

误区1:武力干预 / 24
误区2:不耐烦、唠叨 / 24
正确的方法:奖励 / 25
淡化和强化 / 26
忘记脏话 / 27
不哭 / 27
家务活和冰淇淋 / 28
游泳和冰淇淋 / 29
小橘子来找我了 / 31

第五法　孩子为何不爱学习？ / 33

　　有一种饭,心理学家把它叫做"母亲的味道"。
　　心理学家发现许多孩子长大后,尤其做重大事情,做危险工作前,或遭受到打击以后,一般都会回到家吃一顿妈妈做的饭。这比找心理咨询师、比其他的任何方法都更有效。因为母亲的这顿饭,母亲的这种味道,会让他回到童年,回到最安全的、最有价值的那些年代。他会立刻从成年人的这些恩恩怨怨当中跳出来,他会感觉到人生的意义。

三种常见错误情形 / 33
0~6岁,决定你的孩子将来爱不爱学习 / 34
0~3岁,婴幼儿是地球上最爱学习的人——储备学习能力 / 34
0~16岁的学习内容 / 35
    1岁,自己站起来 / 35
    2岁,干涉与支持 / 37
    3岁,独立生活 / 38
    4岁,学"问" / 39
    5岁,朋友 / 41
    6岁,兴趣广泛 / 42
    8岁,家务活 / 43
    12岁,感激之心 / 43
    16岁,我自信我快乐 / 44
一家人在一起吃顿饭 / 45

第六法　培养孩子拥有什么样的个性最佳？　/49

  幽默是人类发展到18世纪以后逐渐脱颖而出的人格模式。幽默是个万向轮,是系统性的人格结构。实现了幽默,就必然能将各种优秀的品质综合其中,形成灵活机制。凡幽默之人,能小能大,能紧能松,能进能退,从人格根基上杜绝了尴尬、极端、焦虑、抑郁、自卑、胆怯等不良人格,没有了歇斯底里的浮躁。处事不伤人也不伤已,万事皆好,进退自如。心理专家建议,要培养孩子以幽默为根基的整体个性。

误区1:认真、严谨就好 / 49
真真与孔雀 / 51
误区2:随和、谦让就好 / 53
正确的方法:幽默 / 54
每天一个幽默故事 / 54
有其母必有其女 / 57

第七法　女儿今天初潮,家人如何反应才好？　/ 61

孩子如果准备好了,就会把初潮见血带来的恐惧与不知所措一扫而光。受父母情绪感染,她会愿意接纳女人的周期现象,并为如期到来感到庆幸,乐意认同女人的角色,这样,经期综合征就不会出现或症状轻微。成人后,就会乐意妩媚、温柔,夫妻关系和谐,亲孩子,以母性作为人生的意义。

错误反应:1.见不得人;2.倒霉 / 61
真真——不爱穿裙子的女孩 / 62
正确的反应:高兴 / 64
4岁,不痛 / 65
做女孩真好 / 65

第八法　孩子学习好,身体好,就是人缘不好,怎么办？　/ 67

心理学研究表明,所有人的潜意识中,都乐意与承认和赞美自己的人接触、亲近,而自然地躲避、拒绝那些诋毁、否定自己的人。赞美别人,其实是既简单又可行的社交手段。因为人人都有优势的一面,教育孩子盯住别人好的一面,会受益无穷。

误区1:没关系 /67
误区2:洁身自好 / 67
正确的方法:赞美人 /67
拥有赞美人的右脑 / 68
家长的言语 / 69
改变孩子的世界——安琪儿的名单 / 69
夏天不热——喜欢上不喜欢的人 / 70
带着交朋友的任务出去玩,带着赞美之心去交朋友 / 71

第九法　孩子要零花钱，给不给？怎么给？ / 74

我们一般和谁都敢吵架，和自己的爱人、父母、同事都敢吵，但是我们一般都不和老板吵，因为老板给我们发钱。我们平时对谁的笑脸最多？对老板。所以，不要小看钱的威力，在孩子的教育上一定要先处理好钱的问题。

误区1：不能给，节俭才是美德 / 74
误区2：具体问题具体分析，父母决定合理的开支就给，认为不合理的就不给 / 75
"搞定家长一整套俱乐部" / 75
正确的方法：定时发放，孩子自主，而且一定要和家务活结合在一起 / 77
5角钱透出浓浓的爱 / 78
好姥姥 / 78
逛商场的暗语 / 79
小小理财师 / 79
安琪儿的家务活 / 81
　　3岁 / 81
　　4岁 / 81
　　5岁 / 82
　　6岁 / 82
　　8岁 / 83
　　12岁 / 83

第十法　冤枉了孩子怎么办？ / 85

不道歉的情况下，孩子会产生这样的想法：生活就是冤枉，没有公正，没有希望。这种感觉的强烈程度与遭受类似经历的次数成正比。

道歉了,孩子最终得到了公正,他会联想到以前的情境得出以下结论:人都会有受冤枉的时候,而冤枉终有一天会平反的。所以,生活总是有希望的,只要学会忍耐和等待,公正自然会到来。

误区1:改正但不道歉 / 85
妈妈不道歉 / 85
误区2:都是孩子的错 / 86
暴力家庭 / 87
正确的方法:道歉 / 87
如何给孩子道歉 / 88
和好如初 / 89
妈妈错了 / 90

第十一法　您希望孩子长大后成为一个什么样的人? / 92

孔子曰:人分三,生而知之为之上,学而知之为之中,学而不知为之下。这个就是孩子优势所在,家长要经常问自己,我的孩子的"上"在哪儿?

人的许多优秀心理品质,是每个孩子天生就有的。教育就是把孩子本来拥有的天性发掘出来。

误区1:出色的专家 / 92
误区2:知名人士 / 93
正确的做法:彰显天性 / 93
用爱培养出180个成功人士的老师 / 95
优势墙 / 97
  2~3岁 / 97
  4~7岁 / 98

第十二法　如何中止孩子的过度行为？／101

所有的有过度行为的孩子，都是因为小的时候，父母从来没有给孩子制订合理计划的习惯，更没有与孩子互相尊重、共同商量有关孩子事情的习惯。为了合理管理孩子和家长自己，最好的办法就是所有与孩子有关的事情都商量好，有协议。

误区1：武断制止／101
误区2：扩大恐吓／101
家庭文化的传承——家庭暴力／101
正确的方法：事先提醒，适当放宽／103
共同遵守的协议书／103
　　家务活的协议书／106
　　看动画片的协议书／106

第十三法　保障孩子生活幸福的第一要素是什么？／109

获得幸福的直接要源是感激之心。感激之心是人类一切幸福的根源。如果没有感激之心，就没有幸福可言，甚至会导致灾祸临头。心存感激越多，幸福就越大。感激之心是幸福的钥匙，如果失去这个钥匙，幸福就会在刹那间化为乌有。

误区1：有钱、有房／109
误区2：有名、有地位／110
正确的方法：感激之心／111
从"谢谢"开始／111
　　2岁，感谢每天有充足的食物／113
　　4岁，爸爸妈妈辛苦了／113
　　6岁，今天你感谢什么？／114
　　7岁，感谢老师／114
　　12岁，感谢社区／115

16岁,感谢生命 / 116
18岁,感谢大学 / 116
盲行 / 117

第十四法　家长因何导致孩子过于胆怯,过于敏感? / 119

对不该反应的事情作出了反应,本应是一般性的反应却作出了极端反应,凡事都反应过度,这增强了反应的频率、强度,扩大了范围。在人的基本心理构成气质上固化下来,孩子就形成了过敏、怯懦的气质。

原因1:限制过多、恐吓过多 / 119
真真的世界只有"不" / 119
原因2:歇斯底里、疑神疑鬼 / 121
原因3:反应过激 / 123
安琪儿的世界充满爱 / 123
爱是准备,不是累赘 / 126

第十五法　为什么孩子有事不跟大人说? / 129

孩子有好的行为方式,就大张旗鼓地交流、表扬;有不好的行为方式,则闭口不谈、不去关注。让好的行为方式得到巩固和强化,让不好的行为方式悄悄淡化、消失。

原因1:没有交流习惯 / 129
父亲必看的章节 / 129
交流起跑线 / 133
　　胎儿期的交流 / 134
　　0~1岁的交流 / 135
　　辅助按摩的重要性 / 135
　　1~2岁的交流 / 138

2~3岁的交流 / 139
优势交流法 / 140
妈妈与孩子的交流——从胎儿期开始 / 141
出生,这个世界伸出充满爱的双手欢迎他(她) / 143
母乳喂养与犯罪、疾病 / 144
交流的奇迹 / 145
3个月叫"妈妈" / 145
4个月拉、坐、站、起 / 146
6个月向妈妈发出求救信号 / 146
7个月不尿床了 / 147
9个月第一次安慰妈妈 / 147
1~1.5岁妈妈的忏悔 / 147
原因2:心不在焉 / 149
原因3:反应过激 / 150

第十六法　如何让孩子有事跟大人说？ / 153

有了常规谈话机制,父母和孩子经常在一起交流,不知不觉孩子的情况家长就自然了解了。重视孩子,孩子的良知在自然状态下,是不愿意让父母担忧的,而且,如果孩子总能得到父母的理解与适当帮助,他们怎么会不说呢?

要想让孩子长期与家长交流,就永远不能作出过激的反应,越是遇到严重的问题,越是要沉着,并在言语中暗示给孩子出路。

建议1:建立常规对话机制 / 153
2岁,每晚睡前谈心 / 153
4岁,每周六例行家庭会议 / 154
18岁,两地家庭会议 / 154
建议2:重视孩子 / 155
安琪儿的婚纱照 / 155
建议3:适当反应 / 156
亲亲你的宝贝 / 156
陪陪你的孩子 / 157

第十七法　孩子0~6岁早期教育真的很重要吗？怎样进行？/159

俗话说，要想富，先修路。要想提高孩子的智力水平，在孩子0~6岁，特别是0~3岁时，进行大脑锻炼、刺激，能决定脑细胞之间突触的多少，从而使脑细胞之间的联系更紧密、更牢固，达到脑部每个区域都联结并运动起来，使孩子脑功能终生完整。

误区1：孩子那么小，懂啥？/159
误区2：不重要，瞎说。/159
误区3：重要也没办法，那是有钱人的事情。/159
正确方法1：牢牢把握孩子的0~3岁，这是唯一的黄金时期。/160
0~3岁——全脑开发的唯一黄金期/160
正确方法2：3~6岁，进行早期音乐、数学、英语教育。/164
早期音乐教育/164
早期数学教育/169
早期英语教育/174
早期教育给安琪儿带来的成果/177

第十八法　患有神经衰弱、强迫症等神经官能症的父母如何最大限度地保障孩子健康成长？/182

培养勇敢与大气，要从幼童开始，建立有针对性的免疫机制。
宽容待人，不苛求于人，少与人发生冲突，减少人际关系的紧张，赞美别人，不自以为是，别人就乐意与你合作，人际关系自然良好。
预防种种焦虑，幽默人格是良药妙方。

建议1：崇尚自然大境界/183
建议2：崇尚社会大境界/184
建议3：崇尚幽默人格/184

第十九法　百分之百不沉湎于网络的绳子 / 185

父母必须首先树立这么一个观念：没有问题孩子，只有问题父母。

其次，家长之间的责任一定要划分清楚。你们家谁主要负责教育孩子？

要想把孩子教育好，一定要注意关键期。关键期有几段，3~8岁之间最好，12岁、14岁还有希望。这段时间可以说是很长的，做父母的有很多机会来更正自己的观念。习惯教育，尤其是网络的教育，电脑的教育，最好是在3~8岁以前完成。因为这个时候，无论在孩子的视野方面，还是体力和经济方面，他都完全崇拜父母。

三种家庭的孩子沉湎于网络 / 185
孩子百分之百不沉湎网络的绳子 / 188
　　要让孩子3岁就喜欢电脑 / 188
　　买电脑前的计谋——合约 / 189
　　买电脑后的投入——监督 / 190
安琪儿的电脑协议书 / 194
　　协议书 / 195
孩子已沉湎网络怎么办——治疗网瘾咨询现场 / 196
解除网瘾夏令营中孩子的转变 / 201
　　关于学习 / 206
　　关于交友 / 206
　　感激之心 / 209
　　对父母的建议 / 210
孩子不沉湎于网络的家庭必备条件 / 215

第二十法　Sting 神奇记忆术 / 216

结语　论家庭教育的根治 / 227
后记　通往成功家庭教育的地图 / 237

第一法
保障一个孩子不断成功的要素是什么?

误区1:健康的体魄

妈妈:孩子,身体是革命的本钱。身体一旦不好,就什么也干不成了。

身体不好,就什么也干不成了,这是真的吗?

在我们的生活中,有许许多多拥有健康体魄却一事无成的人,也有许许多多体弱多病却做出了非凡成就的人。

我们大部分人的家庭中都会经常出现这样的情景:

真真:妈妈,我今天不想去上学了。(可能因为受同学欺负、挨老师批评了……)

妈妈:不行!

真真:妈妈,我求求你了,老师总批评我,我今天不想上学了。

妈妈:不行!

真真:妈妈,同学总是欺负我,我不想去上学!

妈妈:不行,就是不行!

可偶然的一次,孩子有病了。

真真:妈妈,我不舒服。

妈妈:哪儿?宝贝,妈妈摸摸。哎呀!发烧了!快躺下!妈妈给你请个假,一会儿赶紧上医院!

真真(高兴地说):好!

于是,孩子们惊喜地发现:只有生病了,自己才是宝贝,才能逃避自己不喜欢的人和事;只有生病了,才能获得妈妈和亲人们的百般呵护和疼爱,还有许许多多的美食、玩具;只有生病了,才可以不参加考试,不做作业,家长的要求才都没有了。

遵循着妈妈们的原则,就出现了许许多多以伤害自己身体来逃避困境的孩子,甚至有些孩子在把自己弄成病态方面拥有了超能力。

生怪病的孩子们

周正教授的咨询室曾经来过许多生怪病的孩子。

有一个孩子病得很奇特。他只要一踏进校门,肚子就痛。这并非装的。周教授和他的家长一起跟他到校门口,一走进校门,他就肚子痛得站不起来。撩开他的衣服,你真的可以看到他肚子上的肉在抽动,在扭曲。周教授想了一个办法:把他的眼睛蒙上,让他到处走。结果,这样就不痛了。然后,又悄悄地把他领回校门口,拉着他走进校门,他也没有肚子痛。可一把他的眼罩取下来,孩子一看在校园里,肚子便马上又开始痛了。

有一个女孩子更是奇特。她走进校园没有事,可走进教室,一旦坐在椅子上就会闹肚子。坐十次拉十次,而且拉得特别厉害。但是坐在其他地方的椅子上就不会出现这种情况,唯有坐在学校的椅子上才会闹肚子。

一个女孩,从小练钢琴。练到第二年时,突然开始坐到钢琴前面就会浑身发抖,不能控制。父母想,那就不练吧。但是后来孩子又出现发抖并伴随着怪叫的现象,每几秒发作一次,声音特别大,搞得教室里的同学们都无法集中精力。女孩唯有退学了。一直到16岁,这个孩子就是这样生活的。

一个8岁的小男孩,从5岁多开始,每个月都要住一次医院。只要风一吹,他肯定就会有病。吃药、打针、住院已经成为他生活中的几乎全部内容。

家长们都被孩子们的病吓坏了,带着孩子到北京、上海、广州四处求医,一路上精心呵护、关怀倍致。孩子们开心极了,不用学习、不用考试、到处去玩、好吃好喝,爸爸妈妈再也不吵架了,整天用疼爱的眼神看着自己。

原来生病这么有用啊!孩子们的病不仅没有看好,而且聪明的孩子们使病情越来越严重。家长们愁得要死,孩子们却乐在其中!不知走过多少医院,看过多少医生,花了多少钱,就是看不好!最后,到了周教授这里,事情才真相大白。

肚子痛的男孩,是因为在学校和同学闹了一些矛盾,不想上学,可是家长却不管不问。于是他就想了这个办法——肚子痛。果然,妈妈中招了,让他请假回家休息。但是光说痛不行,时间长了,妈妈就不相信他了。于是,他就努力用意念使肚子上的肉扭曲。他的身体真的遵循了主人的意愿,他成功了。经过周教授的辅导,孩子不再肚子痛了,但是白白耽误了两年的时间。

闹肚子的女孩,就是厌学,父母又天天吵架,让她感到生活毫无希望。有一次她拉肚子拉得很厉害,爸爸妈妈就对她特别好,也不吵架了。于是她就想出了这么一个方法——拉肚子。一到学校就拉肚子。她的目的也达到了。

弹钢琴的女孩在初学钢琴时,妈妈要求就十分严格。孩子练琴时,妈妈就拿着一根教鞭在后面站着,弹不好就打。孩子内心的恐惧感越来越大,于是就开始发抖。这一发抖可好了,妈妈以为孩子病了,就不让孩子练琴了,而且还对孩子特别好,不骂也不打了。孩子自然就想了这么一个高招——看见琴就发抖。父母没有办法,就让孩子放弃了练琴,带着孩子去看病。看病回来孩子不想上学了,于是又加上一个——出怪声。可怜的家长一直被蒙在鼓里。由于孩子长期让自己发抖、出怪声,这些已经成为她的习惯,想解除都难了。

一直住院的男孩很聪明,为了延长自己的生病时间,他每次都把药放在舌头下面。妈妈看见他把药咽下去了,其实,根本就没咽。于是病情得不到控制,就发展到输液,孩子免疫力越来越差,发展到一般的针剂都控制不住,最后只好住院。周教授告诉家长,坚持让孩子带病上学。半年后,孩子的身体奇迹般地恢复了。

坚强的意志和乐观的情绪可以战胜疾病。一生病,人的意志力就会薄弱,孩子更是如此。家长们对孩子身体的过分关注,会导致孩子们的病态人格。

周正教授告诉我们

身体健康固然好,但完美的身体条件是可遇而不可求的,是很罕见的。几乎所有人都不可避免地在某时某刻有某种身体问题。过分强调身体因素,可能永远等不到成功的那一天。意志薄弱的人,往往用自己身体的某种缺陷作为自己不成功的借口,以此逃避现实。

因此,突出的智力和健康的体魄都不能保证孩子不断成功。

误区2：智力突出的好

妈妈:孩子,要考前三名。只有学习好、考上名牌大学,将来才可能有出息。要考不上大学你这辈子就完了。

几乎所有的家长都对孩子们说过这句话。但是学习成绩的好坏能否决定孩子的未来呢？

当然不能。

21世纪的一个真实的案例。在一次儿童夏令营活动中,中国和日本两国儿童既展露出了相同之处,又表现出了明显的差别。

共同点:学习成绩优秀、智商很高。

不同点:中国儿童一路叫苦不迭,纪律松懈,行李包扔给大人背,有一点头疼脑热就要求退出。家长呢,也一样。日本儿童则始终表现出顽强的斗志,不怕苦、不喊累,行李从头背到尾,拒绝帮助。家长也是一直鼓励孩子坚持行军,即使生病,也不接走,要求孩子一定挺下来。最后中国儿童一败涂地。

得出的结论:谁的心理素质稳定,谁的意志坚定,谁能够从头到尾保持高昂的斗志,谁才能向如潮的观众挥舞起胜利的手臂。

学习成绩的好坏不能决定孩子的未来。

家长如果一味强调智力、学习成绩,有时甚至会使孩子走入歧途。

"第一名"女孩休学了

有一个女孩子从小学习就很好,一直是全班第一名。后来,妈妈说:"你要考全年级第一名。"女孩就考了全年级第一名。妈妈又说:"你要考全校第一名。"女孩又考了全校第一名。妈妈还不甘心："你应该考全市第一名。"女孩发奋努力,真的考了全市第一名。妈妈劲头更大了,把女孩转学到全省最好的学校,要让女孩考全省第一名。

结果,有一天晚上,女儿指着空空的墙角对妈妈说："妈妈,我看见咱家屋子里有个人,那儿站着一个人……"

妈妈慌张地朝女儿指的地方看去,又看了看四周,没有一个人啊。妈妈惊讶不已："哪儿有人?!"

女儿更加恐惧了："就在那儿！就在那儿！那儿有人！"

女孩休学了。

后来,妈妈带着女孩找到周正教授咨询。

面对周教授,女孩打开了心结。她告诉周教授,妈妈的欲望永无止境。到全省最好的学校之后,她明白自己不行了,各个方面都比不上别人,什么都不会做,学习也大不如前了,根本不可能达到妈妈全省第一名的心愿。从小妈妈只让她学习,其他什么都不让她干,她一个特长也没有,除了考试,在任何事情上都没有一丝成就感和自信心。除了学习还是学习,没有朋友,没有玩乐,嘴上又不愿意承认自己不出色、不优秀,她觉得自己没有任何希望了。心中唯一的支撑倒塌了,孩子就病了,而且病得还不轻。

周正教授的儿子一直品学兼优。每次考试前,周教授总给儿子说："不许考一百分啊。考一百分的是妖怪。"儿子总是被爸爸"逼"得乐得不行,轻轻松松地进考场,每次都考高分回来。

哈佛大学经过多年研究,得出这样的结论:人的一生中,智力知识因素只占20%,而不自信、胆怯和求全责备则是事业成功的绊脚石。

正确的方法:拥有特殊的意志力

<u>妈妈</u>:孩子,成龙练成这个武打动作用了三个月的时间呢!

<u>安琪儿</u>:妈妈,即使失败二十次才能成功一次,我也要坚持到底。

心理学把意志力称为超常的心理素质。坚强的意志力和乐观的情绪可以战胜疾病,是人生成功的基石。

意志力不是人生来就有的,而是靠后天的培养锻炼出来的,特别是在家庭

教育中、自我磨炼中逐步拥有的。

在这个世界上,有许多没有突出的智力水平,没有健康的身体条件,却凭借自己超常的意志力拥有辉煌人生的杰出人物。我们的家长们应该经常给孩子们讲述这些人物的故事,让孩子们学习他们、模仿他们,也成为一个有超常意志力的人。

为了让孩子不厌学、不逃避、不找借口,我们应该从小这样培养孩子。

让我们来看看安琪儿的妈妈是如何培养安琪儿的。

关于生病

妈妈知道,0~3岁的孩子大多是因为积食而生病,只需要让孩子吃些消食的药或者饿一两顿就可以了。可是很多家长不懂,一看孩子身体发热、流鼻涕还咳嗽,很像感冒发烧,就赶快去医院。再遇到一个缺少医德的医生,就让孩子输液,输了几天也治不好。孩子就一直在家里病恹恹地呆着。

安琪儿3岁的时候,有一天,她生病了。

吃了药,妈妈让安琪儿一个人躺在床上休息。一会儿她就喊妈妈了。

安琪儿:妈妈,我想吃点好吃的。

妈妈:好的,等你病好了,妈妈马上给你做。

安琪儿:……

不一会儿,

安琪儿:妈妈,我能玩我的芭比娃娃吗?

妈妈:可以,等你病好了马上给你玩。

安琪儿:……

又一会儿,

安琪儿:妈妈,我能让姥姥来看我吗?

妈妈:行啊,等你病好了,姥姥就来看你。

安琪儿傻眼了,伤心地哭了起来。

妈妈:宝贝,早点睡,明天还要去幼儿园呢。

安琪儿:可是,我生病了。

妈妈:没事的,把药带给老师,她会让你按时吃药的。

晚上,老师打电话问安琪儿的病情。安琪儿躺在床上垂头丧气地对老师说:"生病了真没意思,没有好吃的,不让玩玩具,也没有人来看我。明天我还要去幼儿园,以后我再也不生病了!"

妈妈在旁边听见,偷偷捂着嘴笑了。

安琪儿自此到小学、中学一直很少生病。因为只要一生病,就会失去很多乐趣和享受,没有好吃的,没有好玩的,没有人陪,自己还很难受。所以,安琪儿的身体倍儿棒,从不过多关注自己的身体,从没有因为身体原因而逃避生活中的重大事件。

关于榜样

有一天,安琪儿打开电视准备看动画片。

妈妈:宝贝,你知道我们家的电视是什么牌子的吗?

安琪儿:知道,松下。

妈妈:那你知道松下电器的老板是什么样的人吗?

安琪儿(想了想说):肯定是一个很高大、很健康、很有学问的人。

妈妈:那我告诉你,你肯定会大吃一惊的!松下电器的老板叫松下幸之助。他自小就体弱多病,从20岁起就咳血、尿血一直到50多岁。他兄妹9个,大多早年夭折,只有他事业有成,成为亚洲最富有的人。而且他还活到很老,可以说是长寿!

安琪儿(嘴巴张得好大):他怎么做到的啊?

妈妈:凭借超常的意志力啊!他从不以自己身体有病为借口逃避工作,而且因为家里很穷他从小就出来工作了。

安琪儿:真的吗?哇!

后来,每当安琪儿看到家里的电视就会不由自主地谈起松下幸之助的故事,口气里满是敬佩。

有一天安琪儿和妈妈一起看电影,是一个二战故事片。

妈妈问安琪儿:你知道那个坐轮椅的人是谁吗?

安琪儿:是个病人!

妈妈:他是美国总统罗斯福。

安琪儿:他坐着轮椅不能走路还能当上美国总统?

妈妈:那当然了,他还领导全世界人民打赢了这场战争呢!

安琪儿:这么厉害啊!

这个故事对安琪儿触动很大,她一直以为坐轮椅的人都是需要别人帮助、自己什么也不能做的人。

一年寒假,妈妈领着安琪儿去上海杜莎夫人蜡像馆玩。

走到美国影星史泰龙的蜡像前时,

妈妈说:宝贝,知道他是谁吗?

安琪儿:当然知道了。他是演《第一滴血》的史泰龙,大明星。

妈妈:你猜猜他在演第一部电影之前面试了多少次?

安琪儿:十次?八次?

妈妈:1800多次!

安琪儿:天哪!1800多次?他怎么坚持的啊?

妈妈:凭借超常的意志力!

安琪儿:真幸运啊。如果他没有坚持下去,就没有现在的《第一滴血》了。

妈妈:那就是别人演《第一滴血》了。

安琪儿(若有所思地说):看来意志力真是很棒,我也要有意志力。妈妈,你告诉我,怎样才能有意志力呢?

妈妈:你真的想拥有意志力吗?

安琪儿:当然想!

妈妈:好吧,我们先来确定一个目标,没有目标是不行的。

安琪儿(想了一会儿):我长大想当主持人,我想说话更清楚。

妈妈:有了目标,接下来还要有计划。计划呢,要合理,能实现,不能太难也不能太容易。咱们要反复思考不能头脑一热就决定!

……(母女俩陷入了沉思)

安琪儿:绕口令!妈妈,雪莉老师说绕口令能使人口齿清晰。

妈妈(高兴地说):太好了!那怎么练呢?

安琪儿:我一个星期能练好1条。

妈妈：那一个月就是4条，能实现吗？

安琪儿（欢快地说）：可以！

接下来，安琪儿就开始付诸实施。从4岁到6岁，每个月都要学习4条绕口令。有一次，绕口令演出时，她说得太快了没说好，妈妈马上给她加劲：侯宝林大师每个相声段子都要练够100遍才上台演出，你以后只要坚持练够计划中的遍数肯定就不会出错，宝贝继续努力！

6岁，安琪儿口齿清晰，普通话标准，声音圆润甜美，已经成为社区远近闻名的小主持人了！

安琪儿又向自己的理想迈进了一大步。

关于旅游

在培养安琪儿意志力时，妈妈专注的方面有：独立性与自我控制。

在一个初春的周末，妈妈约几个朋友去重渡沟游玩。在收拾行李时，安琪儿强烈要求跟妈妈去。于是，就有了下面妈妈和安琪儿的一番谈话。

安琪儿：妈妈，我也想去。

妈妈：宝贝，你真的想去吗？

安琪儿：想，非常想！

妈妈：那我和你制订个计划，你要坚持下来我才能答应你。第一，如果累了，你是自己走呀，还是让妈妈背呀？

安琪儿：自己走。

妈妈：第二，你的行李是自己背呀，还是妈妈背？

安琪儿：我自己背！

妈妈：那我们拉钩。

第二天，妈妈带着安琪儿出发了。

果然，如同妈妈预料的那样，所有旅行的孩子都没有背行李，唯有安琪儿独树一帜，自己背着自己的行李。安琪儿已经从众人赞许的目光中树立了自信。

山脚下，几乎所有的孩子都坐上了滑竿。妈妈的朋友们也想租个滑竿给安琪儿，可安琪儿坚定地说："我要自己走上去。"

往山上走了半个小时路程，几乎已经没有孩子在走路，都趴在了爸爸妈妈

的背上,安琪儿在人群中显得更为独特。妈妈的朋友几次三番要求背她一会儿,都被她谢绝了:"不用,我自己能走。"说着反而走得更快了。

安琪儿渐渐累了,她开始频繁地休息,但是坚决不让背。她的小脸通红,汗水浸湿了头发。可是一路上她受到了更多的表扬:"瞧,这个小丫头自己走!""你要向这个小妹妹学习呀!""这么个小孩儿自己爬山,真厉害!"

朋友中有位画家感到安琪儿实在太累了,径直蹲在安琪儿面前要背她,可她仍然坚持自己走!

最让妈妈欣慰的是安琪儿一边走一边自我鼓劲,自我暗示,说:"妈妈,小草说安琪儿加油,小树也说安琪儿加油,这条小溪也说安琪儿加油。"

这一刻,妈妈觉得自己是天底下最自豪的母亲!

天色已黑,下到半山腰时,大家都劝小安琪儿让人背着她下山,要不看不清路了。可她还是不答应。直到山脚下,安琪儿才趴在了画家阿姨背上,可十分钟后,又坚持自己走了。

晚饭时安琪儿非常高兴,因为大家纷纷对她刮目相看。从此,安琪儿把此次旅行作为标准一直坚持到以后所有的旅途中。

双目失明阿姨的超能力

妈妈的朋友中有一位双目失明的阿姨。她没有因为身体残疾而沉沦,而是顽强奋斗,30岁就拥有了三家连锁按摩院,事业非常成功。很多朋友都十分佩服她。妈妈经常带着安琪儿到阿姨店里去玩。

安琪儿:妈妈,阿姨真了不起。

妈妈:为什么?

安琪儿:阿姨的眼睛什么也看不见,可是她怎么就知道是我来了呢?

妈妈:因为眼睛看不见,耳朵和鼻子就非常灵敏。阿姨是凭着听觉和嗅觉判断出是安琪儿来了的。

安琪儿:妈妈,阿姨走进每一个房间都不会被门撞到,比我走得还稳。她刚才给你拔火罐,每个罐都紧挨着还不会碰倒,她是怎么做到的呢?

妈妈:只有一个办法:练习、练习、再练习。阿姨肯定被门撞过很多次,也肯定有放罐子放不准的时候,但是她不怕失败,重新再来,就有了现在的成功!也就是说,阿姨具有特殊的意志力!

安琪儿(羡慕不已):妈妈,是不是有特殊意志力的人都这么了不起啊?

妈妈:当然。宝贝,你也很棒。

安琪儿:妈妈,我也要有特殊的意志力!

此后,安琪儿做什么事情都反复思考,先制订计划,再反复考证是否可以实现,接着便开始执行。她一个人独自做出选择的能力越来越强,对自己能力的判断也更加客观、准确。做一件事成一件事,她的自信心更强了。

家长们应该从这些故事中记住一句话:没有意志力,养不成一个好习惯。

遵从特殊意志力是引导孩子走向成功的首要法则。当然,在教育孩子的过程中,家长的意志力更重要,方法也很重要。如果你的孩子很内向,你就要培养他的果断;如果你的孩子很外向,你就要培养他的自制力。

请记住

要想保障孩子成功,仅有高超的智力、健康的体魄,而没有意志力是不行的。但是,拥有了特殊的意志力,就是没有突出的智力和健康的身体,也能成功!

周正教授告诉我们

良好的意志力是所有成功者的必备要素。美国最成功的汽车销售商推销成功的几率是 1∶20。换句话说,在进行推销时,平均 21 个人中,20 个人都不买,只有 1 个人买。但这已经是最高的成功率了。因此,我们应该让孩子知道,做事的公式就是:$DO = F \times 20 + S \times 1$(做事情 = 20 次失败 + 1 次成功)。成功不是一蹴而就,而是靠顽强的意志得来的。家长只有培养孩子良好的意志力,才能保证孩子不断成功。

第二法
一个人常失败、事事难成的原因是什么？
您在培养孩子时注意避免了吗？

误区1：缺少机遇

很多家长认为自己怀才不遇，常常感叹生不逢时，后来发展到也为孩子某些方面的不成功寻找借口。

真真3岁时，有一次演出没有被老师选上，因为真真在舞蹈方面没有优势。回到家后，妈妈就发牢骚：

"你要是长得漂亮就好了，真可惜。"

真真听了，闷闷不乐了很多天。

长大后，真真考上了一所普通大学。妈妈天天牢骚满腹：

"真真，你要是生在北京就好了。可惜，一辈子就只能这样了……"

后来，真真外语考得不好。妈妈听了又抱怨道：

"真真，你要是生在美国、长在纽约就不会这样了。命不好啊……"

每次，真真听完妈妈的话之后，都闷闷不乐地一个人发呆、做白日梦，梦见自己不再是自己，而是想象中的一个完美的人。可是，美梦做完了，心情就更加低落了。真真的人生再无斗志！

周正教授告诉我们

从来没有单纯的一蹴而就的机会。所谓机遇，必须是靠坚持不懈的努力得来的，必定是有准备的人才能抓住。

误区2：笨

很多家长言语粗俗，出语伤孩子。

"学习成绩这么差,长大就是拉大粪的料!"

"21世纪是知识世纪,你上不了大学,有什么竞争力?"

有一次,周教授在讲座休息时,

一个孩子(跑过来问):我爸爸从来不欣赏我。对我好的一面从来没有赞扬过,对我有毛病的一面,不是打就是骂。我怎么才能让爸爸不打我、不骂我?

周教授:你爸爸骂你什么?

孩子:爸爸骂我是笨蛋。

周教授:下次,你爸爸再说你是笨蛋时,你就问他,我这个笨蛋是从哪儿来的?

是的,很多家长都是一味从孩子身上找毛病,从来没有意识到自己的教育方式有问题。很多家长都在折磨自己的孩子,把孩子折磨到人生的绝路上,把孩子折磨得一生都活在绝望之中,而他自己却根本不知道。

周正教授告诉我们

数据显示,美国现有百万富翁460万人,多数为普通中学毕业生,半数以上在上学时经常不及格。著名科学家牛顿、爱因斯坦,儿时学习成绩也并不好。所以,一时的学习成绩不出色,并不表明孩子整体素质就差。用诅咒的语言贬低孩子,反而会给孩子造成自卑和"未来失败"的心理暗示,倒真有可能使孩子变成笨蛋。

所以,缺少机遇和智力低都不至于导致孩子经常失败。

真正的原因:行为草率

儿时——

真真:妈妈,小豪借我的橡皮不还。

妈妈:孩子,不要再理他了。

真真:妈妈,小桐打我。

妈妈:这个坏孩子,以后不要再跟他玩了。

长大后——

妈妈:孩子,公司老板已经来过三次电话了,让你上班不要总迟到。

真真:烦死我了。这明明是要撵我走嘛!此处不留爷,自有留爷处。

妈妈：孩子，你的合作伙伴说，要你慎重考虑。

真真：什么玩意儿！竟敢对我发号施令，我先炒了他。

曾经有一位男士来找周教授咨询，说最近半年的时间他什么也干不成，公司生意受到严重影响。他觉得自己很无能，与家人孩子也没心思交流，觉得自己快要疯了。

问起他半年前是否发生过什么特殊的事情，他终于吐露了心事。

原来，半年前，他出席一个员工的婚礼。那天的婚礼司仪在指挥车辆时被车撞了，进了医院。可是婚礼还得有人主持。由于他是老板，平时口才又特别好，经常口若悬河，妙语连珠，所以大家一致推举他去主持婚礼。当时，他也没多想，脑子一热就上去了。

可是，往台上一站，他傻眼了。因为婚礼司仪需要掌握很多专业术语、很多规矩，可他什么都不懂。结果没说两句话，大脑便一片空白，再也说不出来了。不知过了多长时间，他回过神来，只能让两位新人草草行礼，算是勉强完成了仪式。

从台上下来，他觉得自己太无能了，生生毁了一场盛大的婚礼，甚至认为所有人对他的印象都改变了。就这样，他在悔恨、自责中艰难地度过了这半年时间。

所有的机遇都是为有准备的人而准备的。他这半年的痛苦时光只是因为他的一时头脑发热，因为他的行为草率。对自己没有优势、不擅长的事情还硬撑。如果一个人经常这样，日久天长，就会给自己、给别人留下经常失败、事事难成的印象。更有甚者，会导致整个人生都是失败的！

所以，一定要做有准备的事，有准备地做事。

家长们，请冷静地想想，你自己有没有这样的行为：

——别的孩子在表演，你便强求孩子也上去表演。孩子不愿意，你就把孩子臭骂一顿；孩子勉强上去但表演不成功，回家就被你痛打一顿或恶语相加。而这一切，不过是为了你自己的面子。

——看到别的孩子有什么优势，你就要求自己的孩子也要有这样的优势。

——经常说孩子"笨"。

——经常在孩子面前夸奖别人的孩子,斥责自己的孩子。

——在孩子面前经常食言,说话不算话。理由是:"你是个没有希望的孩子,不用与你守信。"

——偏心家中乖的孩子,打击不乖的孩子。

这些行为都是非常草率的,只能使自己的孩子越来越不幸,离成功越来越远。作为一个家长,你离自己的孩子也会越来越远。

这样的家长,都是缺乏爱或者不懂爱的人。

下面,让我们看看安琪儿和妈妈的故事。

"妈妈爱你"这句话,是从怀孕那天起,妈妈每天都要重复无数遍的话。可以说,这句话就像是永恒的祈祷一样,深深地烙在小安琪儿的心里。妈妈说:在培养安琪儿的过程中,有爱就有了一切。说话、做事,一定要有目的、有计划,绝不能草率行事。

怯场与救场

一年一度的"庆祝六一儿童节"晚会正在鑫苑名家广场热闹地进行着。突然,一个家长带着一个10多岁的孩子匆匆忙忙跑到后台对舞台监督雪莉老师说:"老师,不行,这段主持辞她念不了。"那个孩子低着头满脸通红,一头汗水。今天,她的妈妈非要她在活动中露露脸,可这个孩子显然缺乏练习,怯场了。雪莉老师只好急忙找其他5个主持人,可她们的家长和孩子一看那段主持辞马上就都摇头了。这是下一个奥尔夫音乐节目的主持辞,两百字左右,可现场的主持人都是6~12岁的孩子,难度太大。最后,雪莉老师找到安琪儿的妈妈,妈妈看了一眼那张纸就果断地说:"给安琪儿吧!"

这时,安琪儿正在台上兴高采烈地边唱边跳呢。节目完成后,安琪儿走到台边,雪莉老师把那张纸递给她:"安琪儿,请你报一下节目。"果然,安琪儿毫不犹豫地接过那张纸,边走边看,然后走到舞台中央,以近乎完美的表现把主持辞念完后,鞠躬,下场。雪莉老师给了她一个热烈的拥抱。

台下几个家长拥过来问雪莉老师:"这个小姑娘几岁了?练了几年了?"雪莉老师笑着回答:"她快6岁了,练了四年了。"看着几个家长吃惊地张大了嘴巴,雪莉老师笑得更开心了:"真的,从2岁起她妈妈就开始训练她了。"

安琪儿2岁时,亲子园开始了一种大胆的尝试:在每个月底都举办一次家长观摩测评会。让孩子站在家长面前,把这个月游戏中所学的唱歌、跳舞、识字、数学、绕口令、英语歌、奥尔夫音乐等以演出的形式表现出来。可安琪儿却让老师们伤透了脑筋。因为她高兴时就又唱又跳,不高兴时说什么也不配合。于是,妈妈就想出了一个办法……

一天,妈妈打扮好了要出门。安琪儿说:"妈妈,你爱我吗?如果爱,那就带我一起去吧。""妈妈当然爱你了。可是,你去了能干什么呢?""你让我干什么我就干什么!""真的?"安琪儿忙点头说:"真的。""去了,要表演节目,可以吗?""当然可以了"。

从那天起,母女俩就有了一个协议:每次安琪儿跟妈妈出去玩,都必须给妈妈的朋友们表演节目。节目的形式开始只是唱个歌、扭个腰、背个儿歌,慢慢地,节目的内容越来越丰富,绕口令、模特步、跳舞、诗朗诵、唱戏,再后来又加上了主持辞……有一次,妈妈的朋友过生日,在一个小时内,她自己一个人边主持边表演节目,把在场所有的大人们都镇住了。在大家一次次的赞扬声中,安琪儿的成就感如雪球般越滚越大,每个月的测评她都顺利过关,每年幼儿园的大型活动都由她来主持。后来,这已经成了她的一种生活方式,一个良好的习惯。她真的成为一个自信的从不怯场的安琪儿!一个成功的小主持人!

成为校园小明星(日积月累 = 一举成名)

安琪儿入小学两周后是教师节。由于她的提议,妈妈和她们全班同学将演出教师节会演的第一个节目。妈妈只在演出这天中午和她们全班同学练习了两遍,而母女俩之间的对话大多是安琪儿自己组织的,也只是在她的宿舍练了两遍。她要求妈妈和她穿母女装:"妈妈你爱我就相信我吧,我到时会好好演的。"

大幕拉开了,妈妈走上台来和孩子们打招呼,问:"孩子们,你们在学校过得开心吗?"大家异口同声地说:"开心!"妈妈又问:"比如说呢?"这时,安琪儿拿着麦克风精神抖擞地从队伍中走出来,说:"比如说,班主任梁老师很温柔,辅导员薛老师很体贴,教英语的凯特老师很漂亮,教数学的杨老师老是对我笑。"下面笑声掌声一片。

妈妈接着问:"再比如说?""再比如说,校园的空气好清新,食堂的饭菜香喷喷。"她可爱的表情引起下面又一阵热烈的掌声,台下老师们笑得合不拢嘴。

妈妈又问:"再比如说?""再比如说,我交了好多好朋友。魏美慧、汪书雨、郑亚龙、朱佳宁都是我新交的好朋友。我们班所有的同学都交上了新朋友。"她真诚的话语征服了全场观众。

说实话,安琪儿的临场表现完美得超乎妈妈和所有人的想象,让妈妈再一次感到由衷的自豪。

演出结束,妈妈和安琪儿身着母女装走在人群中,特别引人注目。当妈妈再次到学校时,几乎所有的同学都在议论:"这就是安琪儿的妈妈呀!"

妈妈很开心。安琪儿用自己几年积累的经验在短短一分钟的时间内征服了台下所有的观众,成为校园小明星!妈妈也就顺理成章地成了"明星妈妈"。

周正教授告诉我们

只有有耐心、有爱心、有恒心、有毅力的老师和家长,才能培养出成功的孩子。只有爱孩子的家长,在生活中时时刻刻心怀爱的家长,才能使孩子永远幸福、成功、健康。失败者,大多是由于从小父母给予的爱不够,由爱产生的能量不够,所以往往在成功之前就自己终止了。儿时轻率惯了,长大后就习以为常,甚至终生不能觉悟。所以,家长们千万不要行为草率地处理孩子的问题,因为这样他们也会行为草率。

第三法
孩子的恒心是怎样培养出来的?

一个一岁半的孩子看见妈妈拿出折叠椅,要坐在上面,就走过来,指着椅子说:"开,开。"此时,父母应该怎么办呢?

误区1:认为孩子还小,力所不及

妈妈:孩子,你还小呢。不能开,有危险。去,玩你的车吧。

误区2:烦躁,制止

妈妈:你这孩子怎么这么烦啊!到底是开还是合?刚刚不是开过了吗?

正确的方法:积极响应,支持他完成

安琪儿:"开,开。"

妈妈:"宝贝,妈妈帮你。我扶着你自己开。"

安琪儿在妈妈的帮助下,打开折叠椅要爬上去坐。

妈妈:"要坐吗?妈妈拉你上来。"

不一会儿,安琪儿就下来了,要合上椅子。

妈妈:"要合上吗?好,来合上。"

过了一会儿,安琪儿又说:"开,开"。

妈妈笑着说:"又要打开?好的。还要坐上去吗?"

安琪儿点点头。妈妈又把安琪儿拉上去。

不一会儿,安琪儿又下来了……妈妈累得满头大汗。

一旁,真真的妈妈说:"你干吗不制止她呢?累死人了。"

妈妈开心地说:"我在培养她的恒心呢。做一件事一定要持之以恒,坚持到底,不能半途而废。现在累点,值得!"

4 岁安琪儿会照相

安琪儿4岁时给妈妈拍了第一张照片。

母女两人经常出去旅游,所以照相就是很平常的事情。有一次,妈妈坐在一块石头上休息,脚下是哗哗的流水。安琪儿突然对妈妈说:"妈妈,这里很好看,我给你拍一张照片吧。"

看着满心希望的女儿和手中贵重的相机,妈妈犹豫了一下,但随即便说:"来,妈妈教你……"

5分钟后,安琪儿脖子上挂着相机绳子,开始了选景。这一张照片足足照了20多分钟才结束。安琪儿的汗水把后背都打湿了,妈妈的屁股也坐痛了。可安琪儿还是不厌其烦地照一张删一张,最后,终于照了一张成功的相片。

从那以后,一家人再去旅游,安琪儿给父母拍照片已经成了家常便饭。在上海南京路上,6岁的安琪儿在人流中拿着相机指挥着妈妈摆pose(姿势)。在她按动快门时根本没有察觉她身边已经围了一大群人。大家好奇地看着这个只有6岁却十分专业的小小摄影师。

看,积极响应孩子的每一个兴趣,父母都会有意外的收获!

5 岁安琪儿认识1500字

在安琪儿2岁多的时候,妈妈就发现她非常喜欢看书。离家不远处有一个很大的书城,妈妈就经常带她去那里玩。但只是去看,很少给她买。

安琪儿喜欢漂亮的图画书。她会拿起一本,站在那里看呀看,看呀看,一点都不嫌累。每次都是把妈妈累得腰酸腿痛,真想拉着她赶紧走。可是想起周教授的话——要积极响应孩子的兴趣,妈妈就铁下心等她。只要她有兴趣看下去,妈妈就陪下去。只要她不说走,妈妈就不说走。

时间长了,书店老板都烦了:"这么小的孩子啥也看不懂。这书她看不了,长大再让她看吧。"妈妈心中暗笑书店老板真不懂,2~5岁是孩子识字的敏感期,正是他们吸取养分的好时候。所以,老板的难听话,妈妈全当没听见,依然等到安琪儿把书放下为止。

安琪儿3岁的时候,有一天,老师对妈妈说:"安琪儿已经认识200多个字了。"说完把字板拿来,让妈妈指字,安琪儿来认。天啊,真的全都认识。妈妈高兴不已:"宝贝,今天表现不错,妈妈奖励你一本书吧。""好!"这是安琪儿第一次自己做主买书。

到了书店,她看的时间更长了。妈妈发现她要找一本有许多她认识的字的书。40分钟后,母女俩终于找到了一本有关自然现象的书,其中许多常见字她都认识。回到家她就开始拿着书念念有词,不认识的字就一遍一遍地来问妈妈,妈妈也不厌其烦地一次一次告诉她。

从那天开始,安琪儿就真正开始了读书——识字——读新书——识新字的良性循环。在雪莉老师的认真辅导下,安琪儿在韵语识字游戏中把字组块记忆,在阅读过程中把识字和阅读结合得非常完美。

5岁时,妈妈突然发现大街上的广告、商场里的告示都成了她的读物。不久,妈妈的手机短信也由她来念。再后来,一本书她也能基本通读了。5岁半时,安琪儿顺利通过了1500个常见字的测评。

如今,读书已经成为安琪儿生活中的头等大事。不论是商场、超市、图书馆,还是街边小书摊,只要有书的地方,都是她驻足停留的地方。每次到开封,书店街是她必须去的地方。如果你在街边书摊上,看到寒风中站着一个小手冻得通红还在不停翻书阅读的小姑娘,那一定就是安琪儿。

图书,已经成为安琪儿一生中最好的伙伴。安琪儿的生活通过一本本图书,变得更加色彩斑斓。

很多家长都头疼自己的孩子不爱说话,或者不敢说话,更不擅长在很多人面前说话,这些孩子肯定不爱读书,也没有读书的习惯。

语言及阅读能力对人的一生有着巨大的影响。

从大脑发育的先后顺序来看,阅读中枢位于大脑皮层后部,先于语言中枢发育;从幼儿感觉发育顺序来看,婴儿的视觉是最初的阅读能力。因此,对于启智的宝宝来说,5岁以前应以自觉掌握、使用词汇和语法为教育重点;5岁以后应以全面使用表达能力、语言交际能力和初步提高文字阅读能力为教育重点。

识字是儿童阅读的前提和重要环节,而2~5岁是儿童识字的最佳时期。

识字的重要性

A. 识字是阅读的基础,阅读有利于促进语言和思维更规范、更完善地发展。

B. 有利于培养儿童的学习兴趣。

C. 能够有效地培养孩子的自我教育能力、意志力与良好个性。

D. 能够有效开发全脑。因为左脑主管拼音码,右脑主管形码,大脑两半球可以同时发育。

具体的措施

A. 按照0~6岁各个阶段识字的敏感期,将先阅读后识字(0~3岁)与先识字后阅读(3~6岁)衔接起来。

B. 安琪儿生活、游戏、听读三结合。

C. 为安琪儿创造良好的语言环境、刻意的机会,全面发展安琪儿的语言表达能力。

为安琪儿带来的巨大财富

A. 实施"整体输入"法:组块记忆,永不遗忘。儿童识字要遵循儿童的认知规律。理论研究表明,儿童的思考过程与成人的思考过程恰好是相反的,要先记忆,后理解;先整体,后部分。

B. 识字捷径:按字的使用频率,从高到低,由易而难向孩子输入。启智的孩子都是一批一批地认字,从高频字开始。

C. 展开定位联想:一字多用。创造有利于儿童联想的条件,激发孩子的直接联想和具有智慧性的间接联想。

D. 趣味性:字、景交融。根据每篇韵文的特征选择教具、制订剧情,让游戏贯穿始终,不要有重复的道具,让孩子玩中学、学中玩,注意力集中,兴趣浓厚。

那么,家长在家里应该怎么做呢?

素质全面提高,朗读能力、语言沟通能力、阅读理解能力和写作能力全面发展,开阔了视野,激励了求知欲,也更加热爱妈妈了。

妈妈对安琪儿语言阅读能力的培养方法

0~2岁:发展孩子的阅读中枢。

2~4岁:发展孩子的口语,从阅读语转为口头语。

4~6岁:发展孩子阅读图书、认读文章的能力,阅读语转为更高一级口头语。

语言阅读教育对孩子生活的重要影响

A. 激发儿童认知识字的浓厚兴趣，使孩子主动与人交往，初步掌握语言交际的规则与技能。

B. 可以使孩子大胆地、有表情地在集体中连贯、正确地讲述自己的感受，养成良好的听说习惯，提高语言运用能力。

C. 引导孩子喜欢书籍，对认读文字、阅读图书感兴趣，能够独立阅读图文并茂的书籍。

不是要孩子成为演说家，也不是要孩子认识多少汉字，而是要孩子能够正确地掌握语言，使用语言，使听力、阅读能力达到最佳，以此来更好地认识周围世界，自信与人交往。

老师在安琪儿6岁时对她的评语

A. 孩子像节目主持人一样声音洪亮，能说会道，反应机敏，文采横溢。

B. 经常主动与人交流，口语写作水平很高，普通话标准。

C. 孩子有较强自信心，较强适应社会的能力，有能力拓宽未来生活之路。

D. 孩子积极、乐观、热忱，有应付各种场合的能力，待人接物、举手投足都恰当得体，遇到机会就充分展示，紧紧把握。

E. 孩子面对各种场合都镇静如常。

教育时间表

2~3 岁　字频最高的前 200~300 字
　　　　可读懂小学课本的 43%~53%

4~5 岁　字频最高的前 500~1000 字
　　　　可读懂小学课本的 70%~82%及一般书报

5~6 岁　字频最高的前 1500~2000 字
　　　　可读懂小学课本的 92%~97%

口语写作教育时间表

6~8岁　就职演讲:竞选班长、各类文体集会的主持、社交礼仪等。
9~10岁　1.播音方法与节目主持技巧训练。
　　　　2.语言发音及口齿训练。
　　　　3.诗歌朗诵及范文朗读。
　　　　4.各类文体集会口语写作指导与技巧。
　　　　5.各类居家做客礼仪、各种肢体语言的训练。

希望家长在培养孩子语言阅读的过程中积累经验。在孩子培养好习惯时,积极响应孩子的做法,让孩子快乐地成长。

周正教授告诉我们

1. 孩子每次想干成一件事,大人总是将他支开、打断,长大后孩子凡事浅尝辄止,这时大人又怪孩子没有恒心,公理何在呢?

2. 不是孩子惹人烦,而是大人自己烦,没有耐心。孩子与生俱来的天性品质尚未在游戏中发芽、生长、展开,就被无情扼杀了。这样的家长,才是真的烦人了。

现代心理学研究与两千年前中国孔孟之道不谋而合,即人的许多优秀心理品质,每个孩子天生就有。只要给孩子一方沃土,任其自然生长,大多数孩子都会健康地成长。问题往往不出在孩子本身,而是由于后天环境的抑制、压抑,扭曲了孩子的天性。家长应该为孩子提供一个宽松的环境,让孩子可以任由天性自然成长,这样他的恒心才能得以完善发展。

第四法
改变孩子的不良行为,您选择何种方法?

一天晚上,真真想吃糖,家长应该怎么做呢?

误区1:武力干预

真真:妈妈,我要吃糖。

妈妈:睡觉前不准吃糖!

真真:不嘛,不嘛!

妈妈:再闹! 看我不揍你!

在孩子幼年时期用武力干预孩子的不良行为,只能产生暂时的干预效果。孩子慑于父母力量的强大,因而暂时服从。但是长期使用武力,后患无穷。家长在孩子心目中的威信越来越低,父母与孩子的关系日趋恶化,甚至会使孩子从不服气转变为对父母的仇恨。

有很多孩子一旦身强力壮,当家长再使用武力时,就会毫不犹豫地还手。许多父母面对子女的大打出手,痛不欲生,向社会哭诉儿女的不孝。其实,大多数不孝子女的背后是父母教育方式的极端恶劣,孩子只是以其人之道还治其人之身。更有甚者,一些孩子把父母的这种方式运用在其他人身上,看谁不顺眼或者自己身边亲人、同事稍有不从便武力相加,使孩子的人际关系时时如履薄冰,一生不幸,且代代相传!

因此,奉劝家长们不要使用武力干预这一教育孩子的下下策,慎抬手。

误区2:不耐烦、唠叨

真真:妈妈,我要吃糖!

妈妈：我不是给你讲过了吗，吃糖会腐蚀牙齿，长了龋齿，痛得很呢。

真真：我只吃一块。

妈妈：不行，你这孩子怎么这么不懂事呢？

真真：不嘛不嘛，就吃就吃。

中国的思想政治工作做了很多年，也没有什么显著成效。改革的春风一吹，体制一改，不管农村还是城市，精神面貌和思想觉悟都发生了翻天覆地的变化。中国的经济开始高速运转，到现在也停不下来。因此，对孩子也是一样，讲道理是没有用的，甚至还会引起反效果。

很多10～18岁的孩子来咨询的时候都说，最讨厌妈妈的地方就是——唠叨；而很多来做婚姻咨询的男士最不喜欢女人的地方也是——唠叨。

上帝创造女人时可能给这个性别的语言配置太多了。特别是女人当上妈妈以后，话就更多，从衣食住行到吃喝拉撒无一不管。每天唠唠叨叨，自己劳心费神、心力交瘁，可是孩子和丈夫没有一个领情的。

像这样的妈妈，性情好的孩子，忍住不吭，这个耳朵进那个耳朵出。性情不好的孩子，就勃然大怒，恶语相加。妈妈伤心之至，孩子却躲得越来越远。

作为母亲，唠叨是劣等行为，唠叨会使一个漂亮女人的魅力在别人心间荡然无存，唠叨会使周围所有人对你退避三舍，唠叨会使丈夫、孩子对你心生厌烦，有的孩子甚至一看见妈妈张嘴就烦！

那么，该怎样成功地教育孩子呢？请记住，一句话，说一遍是话，说两遍是话，说三遍就是废话。没有孩子喜欢听大道理，要说点实际的，才能玩住孩子。

正确的方法：奖励

安琪儿：妈妈，我要吃糖。

妈妈：宝贝，你不是非常想要一个流氓兔吗？

安琪儿：是呀，你给我买吗？

妈妈：你看，这条鱼由五种颜色组成。一天晚上不吃糖，你就给鱼涂上一种颜色，等五种颜色涂满了，咱们就可以去买一个流氓兔回来，好吗？

安琪儿：妈妈，是真的？讲话一定要算数啊！

淡化和强化

纠正孩子不良行为的方法，其实很简单，就是奖励优良行为，同时淡化不良行为。

在纠正孩子不良行为的过程中，奖励的方法很多，好吃的、好玩的、夸奖、热烈地拥抱、亲吻以及惊喜等等，都是很好的选择。有了这些方法，就可以玩住孩子，帮助他成为一个优秀的孩子。

在安琪儿2岁时，一天晚上，有个家长来找妈妈咨询。两个大人谈了一会儿，安琪儿过来了。她站在两个大人中间，然后竟然直挺挺地躺在地上不动了。

这时如果去喊她、拉她，就等于她胜利了，她成功地吸引了大人的注意力。下次还会继续使用这一招，而且会愈演愈烈。因为2岁是心智理念的成熟期，孩子们已经开始动心眼了！

小安琪儿你玩不住妈妈，你太小瞧妈妈了！妈妈心里暗想。妈妈不愧是专家，赶忙制止了要起身抱她的家长，使眼色不让她管。两个人继续谈。不到两分钟，安琪儿看看妈妈，又看看家长，谁也没有理他。最后，安琪儿实在坚持不住了，终于从地上爬了起来。妈妈马上去抱着她亲了亲："安琪儿知道地板上睡觉不舒服，真乖，妈妈亲一个。"

事后，那位家长不明白安琪儿妈妈为什么要这样做。妈妈笑着说："孩子有时并不知道自己的行为是好是坏。如果家长漠视不良行为，积极回应好的行为，孩子的缺点就会越来越少，而优点会越来越多。"

从那天以后，妈妈召开了一次家庭会议，宣布：以后安琪儿有什么好的行为，大家一定要大张旗鼓地奖励，千万不能觉得那是应该的就不吭声。这是要强化，让她有明星感！但如果大家认为安琪儿有什么不良行为，千万不要有任何的反应，全当作没有看见没有听见。这是不强化，让她没有明星感，让她自然放弃。

请家庭中所有成员注意自己的言行，因为从2岁起，家长的榜样力量会影响孩子的一生。

忘记脏话

有一天安琪儿从外面回来,进门就大声地说:"屁!"

全家人都惊呆了。这是安琪儿人生中第一次说脏话。所有人都扭过头来盯着她。可是,妈妈从厨房里探出头来,假装咳嗽了几声,大家突然想起妈妈的嘱托,立马都装作若无其事的样子。

安琪儿又说了一声"屁",然后看看这个,看看那个,结果没有一个人理她,大家都是该干什么干什么。安琪儿有些纳闷。但不到半分钟,她就忙别的去了,再也没有说起过这个字。

全家与不良行为的战斗——初战告捷。

有了第一次,大家就有经验了。不过"忍住不说"还真是一个功夫,得好好练练!

后来,有一天,姥姥非常高兴地告诉大家,院里有一个男孩子以前整天"臭屁"、"大臭屁",脏话连篇,男孩妈妈在她的指导下,全家总动员,两周时间就让孩子把这些脏话"忘了"。

看来,这招真的很灵!

不 哭

所有的孩子对待妈妈都有一个绝招——哭。这是所有不良行为中最令妈妈手足无措的了。

一哭,妈妈就心软了,要求就满足了;一哭,妈妈就妥协了,该坚持的也不坚持了;一哭,家里或街上的其他人就会来劝,妈妈想坚持也无济于事了。所以,哭,对孩子来说,是对待家长最强有力的武器。孩子的哭,对妈妈来说,是自己身上的死穴。

不过,也有例外的,比如安琪儿的妈妈。

从安琪儿出生起,妈妈就研究她各种各样的哭,撒娇的哭、生气的哭、不安的哭、伤心的哭、无理的哭、饥饿的哭、要尿尿的哭……读懂了孩子哭的语言,安琪儿妈妈教育起安琪儿来就得心应手。

最不能妥协的哭就是——无理的哭。无理的哭发展下去会延迟孩子语言的发育、心智的发育，会使孩子不良情绪增多、缺乏恒心、学会逃避责任。因此，从安琪儿1岁多开始，妈妈就针对她的哭召开了家庭会议。

"以后，安琪儿哭就不理她、不哄她，让她哭5分钟以后再要求她把想法说出来。如果她还哭，就继续不理她，直至她把想法说出来，我们所有人再看她、关注她。"

有一次，安琪儿哭了整整半个小时，这是她哭的最长的一次。可在妈妈的坚持和引导下，安琪儿哭的次数越来越少，说话的次数越来越多，说得也越来越明白。这也从另一方面为她打下了与人沟通的良好基础，培养出了健全人格！

家务活和冰淇淋

在成功养育孩子的过程中，冰淇淋也能起到神奇的作用。

安琪儿3岁生日刚过，家中就掀起了一次"宝贝承担一项家务活"的活动。安琪儿选择的是负责整理家中的鞋柜。

开始的两天，她顺利地完成了。可到了第三天，她就不干了！这是妈妈预料之中的，因此，妈妈就又开始和她玩起了游戏。

"宝贝，如果你每天回家把鞋柜整理好，妈妈就变出一支冰淇淋在冰箱里等着你。"

"那你变出一支先让我看看。"安琪儿不相信地说。

妈妈装作运气，然后指着冰箱大吼一声："变！"

安琪儿马上冲过去，打开冰箱："哇，真的变出来了。"当然，这是妈妈昨天趁她不在从超市买回来的。她看着里面躺着的几十支花花绿绿的冰淇淋，终于动心了，满口答应："好，我这就去整理鞋柜。"于是，妈妈又教安琪儿如何整理鞋柜，一会儿安琪儿就整理好了，妈妈趁机又说："明天整理好鞋柜，妈妈还奖励给你冰淇淋，好吗？"安琪儿说："好的，妈妈。"妈妈得意地笑了。

一个星期顺利地过去了。一天，安琪儿回到家换了拖鞋就直奔冰箱，妈妈把她拦住了："宝贝，鞋柜还没整理好呢？冰淇淋不能吃。""我先吃再整理鞋柜。"她开始破坏游戏规则了。

"不行！"妈妈斩钉截铁地回答。

果然，安琪儿开始哭了。这也是游戏的必经环节，早在妈妈的预料之中。安琪儿边抹眼泪边观察妈妈。妈妈当然是全然不为她所动，该做什么做什么。5分钟后，安琪儿跑过来神秘地说："妈妈，你闭上眼睛，我给你个惊喜。"说完，她拉着妈妈到鞋柜那里，妈妈睁开眼睛看见整齐的鞋柜高兴地亲了亲她，然后到冰箱里挑了一个最小的冰淇淋给她："今天态度不好，只能吃小的。"

后来，有两次，安琪儿真的不整理，妈妈也就真的不给她吃，怎么闹都无济于事。

两个多月后，冰箱里的冰淇淋早已经吃完了。安琪儿每天一回到家顺手就把鞋柜整理好了，因为她已经习惯了。

有一天安琪儿跟妈妈去朋友家做客，进门换了鞋，她习惯性地整理起了鞋柜。这是个大家庭，门口堆了一地鞋。她整理了一会儿，突然意识到这不是自己家："妈妈，我不用整理吧？"妈妈还没回答她，朋友的母亲已经发现了安琪儿的举动，大呼小叫让全家人来看安琪儿整理鞋柜。于是她又精神抖擞地大干起来，在众人的赞扬声中她把朋友家的鞋柜整理得规规矩矩，还建议女主人的长靴子应该像妈妈的靴子一样用东西固定着竖起来。

朋友的母亲看着这可爱的小人感动极了，把家里所有好吃的都拿出来让她吃。朋友们又亲又抱，把她整得晕乎乎的，临走还拿走了朋友送的一大包东西作为奖励。晚上，从朋友家出来，她说："妈妈，原来干家务活这么受欢迎呀，还能得这么多礼物，我要继续多干家务活！"这是她生平第一次因为干家务活而受到别人夸奖，得到别人的礼物，心里美滋滋的，兴奋不已，一路唱着歌回到家。

再后来，她又将自己的劳动发展到快餐店、游乐场、游泳池的鞋柜，受到了更多人的赞扬。

安琪儿从3岁起一直坚持做整理鞋柜的工作，6岁时，安琪儿的生活已经完全自理，并坚持同时承担两项家务活。

游泳和冰淇淋

安琪儿家所在的社区有一个常温游泳池。4岁多时她跟着妈妈去了几次，看见一些小哥哥、小姐姐游得很开心，就要求也报名参加游泳班。妈妈高兴得不得了。因为她又掉进了妈妈早已设计好的计划中了。

头两天还顺利,第三天她就不下水了,说:"水太凉了!"

妈妈就又拿出了杀手锏——冰淇淋。"宝贝儿,如果你今天下水了,出来可以奖励一支冰淇淋。"

当时已是深秋,旁边的家长七嘴八舌:"天这么冷,吃坏肚子怎么办?"

妈妈看着她,她想了想,问:"真的?"

"真的,妈妈什么时候骗过你?"

"好吧。"她飞快地和妈妈拉钩,头也不回地去游泳了。

由于她每天都有冰淇淋吃,学习劲头特别大,第七天居然已经能抬头换气了。教练夸她聪明,经常拿她做榜样。12天下来,学习班上最小的她反而成为学得最快最好的一个,完全脱离了游泳圈。那些大孩子的家长每天都板着脸吵孩子下水,唯有她一路高歌把身体做冰棒状勇敢地跳下水去。

学习班结束后,妈妈依然每天和她一起去游泳池玩,准备进行第二部分的方案。这时的安琪儿已经能够熟练地掌握换气,但不能持续换气,她羡慕地看着妈妈在深水区、浅水区游来游去,说:"妈妈,我要是也能像你这样就好了。"听了这话,妈妈忍不住笑了。

安琪儿不解地问:"你笑什么呢?"

妈妈说:"妈妈等你这句话已经等了好几天了,你今天终于说出来了。宝贝,你完全可以像妈妈这样的。如果你今天能从东岸游到西岸我就奖励你一大盒冰淇淋。"

"一大盒?"她兴奋地喊,"好!"

于是,她做好了准备,开始从东岸往西岸游。这中间大概有15米的距离。妈妈在前面为她开路,她一下一下游到中间,最后终于吃力地游到了岸边。妈妈狂喜地把她从水中捞起来又亲又抱,教练也跑过来对她竖起了大拇指。她摘下游泳眼镜,小脸憋得通红,兴奋地大口呼吸。很快,她就提出了让妈妈始料不及的条件:"妈妈,如果我再游一趟的话,你除了让我吃冰淇淋,一会儿还得再给我买一个芭比娃娃。""好,一言为定!"

接下来的事情让那天所有在场的人都大跌眼镜,安琪儿竟然来来回回总共游了六趟。好多游泳的人都静静地看着,一个先生打趣地对妈妈说:"今天你要破财了!"

从游泳池出来,母女俩直奔商场。那天,妈妈真的为安琪儿买了6个芭比娃娃。虽然花了不少钱,但是妈妈和安琪儿都很高兴,回来的路上母女俩紧紧拥抱在一起,沉浸在成功的喜悦中。

几个月后,安琪儿已经能够如小美人鱼一样在水中上下翻飞,深水区、浅水区畅通无阻,最多时一口气游了500米。游了一冬天泳,吃了一冬天冰淇淋,身体比过去更强壮了,竟然没有生一次病。

在这期间,经常有家长前来向妈妈讨教,妈妈都如实相告。但最后,只有少数孩子如愿以偿学会了游泳。为什么呢?你们可以想到,问题肯定出在家长身上。

小橘子来找我了

一天中午,安琪儿以最快的速度把饭吃完而且还吃得特别干净,妈妈和她二舅周道就商量着要奖励她。于是,便趁她午睡时买了一些她爱吃的小橘子放在她床上,枕头边、被子里撒得到处都是。

果然,妈妈和舅舅在外面听到了她睡醒后惊喜地尖叫:"妈妈,妈妈,好多小橘子来找我了。"

两个人笑嘻嘻地进来,装作惊喜地问她:"小橘子为什么会来找你呢?"她想了想,然后迅速回答出了大人们期望的正确答案:"因为我今天中午吃饭又好又快。"

在安琪儿幼儿园的毕业典礼上,有一位家长由衷地对安琪儿的妈妈说:"真喜欢你的安琪儿,她是一个有许多好习惯的小姑娘。"

瞧,纠正孩子不良行为就是这么简单。如果哪位家长说不简单,那是因为你的自控能力太弱,不该说话的时候说话,该说话的时候不说话。所以,想把孩子教育好,先得管住自己!

周正教授告诉我们

1. 家长惯用武力干预孩子的不良行为,以后,孩子对人对事也会如法炮制,后果可想而知。

2. 孩子尚"不是人",儿童往往是以感官刺激为主来作出选择,尚未发展到理性认识的阶段。认识到孩子尚"不是人",是一个合格家长必备的心理知识。

3. 两届奥斯卡金像奖影后朱迪·福斯特的亲子秘诀就是:"说穿了,养孩子与养动物没什么两样。"对于改变孩子的不良习惯,心理学推崇动物训练之术,即所谓"代币制"奖励法。这种方法,一可以最有效地制止孩子的不良行为;二可以培养孩子意志力中的自控机制;三可使孩子在行为矫正的过程中始终保持愉悦的心境,而不是对立、敌视。愉悦心境对人生而言,贵过金子。

第五法
孩子为何不爱学习?

三种常见错误情形

2岁时,孩子在涂鸦。

家长A:小崽子,别乱画。才多大呀,你知道个啥!

家长B:哎呀,我的派克笔!一千块钱呢,别动!

家长C:你会画什么呀!再乱动,打你的手。

4岁时,孩子问问题。

孩子:爸爸,天上为什么有这么多的星星呀?星星会不会掉下来?电视里小朋友的头发怎么会是金色的呢?让她出来陪我玩好吗?

爸爸:去去去!怎么这么多话呀!话多了让人烦,知道吗?没看见我在打电话吗?

8岁时,孩子上学了。

家长A:李巧巧考了"双百",看你才考了92分,有本事,你也考个100分让我看看,整天就知道玩!

家长B:你怎么这么不争气呀,班上15个三好学生,你都评不上,没用!

家长C:小子,老师可是又叫家长去学校了啊!看我回来后怎么收拾你!

看了上面三段对话,家长朋友们可能想不明白,学习和2岁、4岁、8岁有什么关系,孩子都是上学了才发现他不爱学习的。

实际上,它们之间是有关系的,而且关系还特别大。

人,一生下来就爱学习。每个年龄段的学习都有不同的表现形式。中国的

家长大都将7岁以后作为孩子的学习阶段,孰不知0~3岁、3~6岁这两个阶段就决定了你的孩子将来爱不爱学习,决定了哪些科目一学就会,哪些科目孩子怎么也学不会……

0~6岁基本决定了孩子学习能力的75%。

下面我们细细讲来。

0~6岁,决定你的孩子将来爱不爱学习

0~6岁,看似和学习无关,其实却具有至关重要的影响。

人的一生非常漫长,做父母的都希望自己的孩子爱学习、成绩好、有自信、讨人喜欢,长大事业成功,生活幸福快乐。可是却很少有家长能够知道:人,生下来就有学习的天性。要牢牢把握住实现孩子梦想的黄金时间:0~6岁。

教育孩子就像盖一座大楼,中国的家长大多数在打地基时就开始疯狂地"偷工减料",完全不知道最初6年的短暂时间,已经决定了孩子的一生。

0~3岁,婴幼儿是地球上最爱学习的人
——储备学习能力

20世纪五六十年代,美国加利福尼亚大学的罗杰·斯佩里教授,也是后来的诺贝尔奖获得者,在实验室对人脑波的功能进行了长期观察。他发现:

A. 人的大脑具有不同的功能区,常人仅使用4%的潜在脑力,还有96%的大脑功能未被开发使用。也就是说,人的大脑好比一台机器,而大多数人对它的使用不到5%。

B. 人的大脑在出生后0~3岁发育最快,到了3岁时已基本停止,6岁时儿童的脑重已和成人脑重相差无几,大脑已停止发育。

C. 只有在婴儿出生后2~3年中对大脑进行锻炼、刺激,才能激活相对应的功能区。

D. 婴幼儿生活中有什么样的经验,决定了孩子将来有什么样的大脑。

因此,早在20世纪五六十年代,婴幼儿早期教育就已经在许多发达国家全面展开了。孩子出生前,社区里专门培训过的育儿专家就按时到孩子家中对妈

妈进行辅导。而我国婴幼儿早期教育开展不到10年时间。

在周正教授进行婴幼儿早期教育的8年时间里,依据心理学原理,按照婴儿各个阶段的敏感期对其进行身体潜能开发教育,主要进行"全脑开发教育"。比如:如果父母双方在艺术方面都没有优势,那么,就要在0～3岁针对右脑功能区进行开发。

在中国,我们的教育是"左脑型"的,我们的祖先也是"左脑型"的,因此,我们才会有类似"文化大革命"中互相批判、批评与自我批评,全国人民都穿蓝色衣服的可怕景象。那样的日子我们希望一去不复返!而在西方国家,他们的自信,快乐,热爱生活与创造力,正是因为他们是"右脑型"的。我们希望我们的下一代也能那样幸福快乐地生活!

因此,对0～3岁的婴幼儿,应主要进行"全脑开发教育",到4～6岁,再着重于"右脑开发教育",家长再结合相关的亲子教育方法,顺应孩子成长的敏感期,来科学、成功地与孩子交流。

家长的教育和孩子智商的共同提高给中国家长带来的最大福音是:

A. 孩子自信、快乐、有创造力。

B. 孩子学习不偏科,综合能力强。

C. 讨人喜欢,建议型人格,具有艺术家的气度。

D. 孩子成功,健康,幸福。

这些看似与孩子学习无关、其实却关系密切的因素,在孩子0～6岁时已经逐渐确定了。孩子们越来越多的大脑功能区被开发,越来越多的创造才能被发挥时,家长实际上已经实现了所有的目标!

下面是孩子在1～6岁时,我们在培养孩子的过程中要注意的事项。如果你的孩子已经长大了,你就知道你究竟错过了什么。如果你还没有孩子,请准备好做父母的知识,一旦孩子出生,就按照正确的教育方法牢牢掌握这唯一的一次机会吧。

0～16岁的学习内容

1岁,自己站起来

妈妈带安琪儿到早教中心做亲子游戏已经8个月了。安琪儿在课堂上表

现很好,会竖起食指表示自己1岁,认识1,2,3,小手会握笔,能划笔道,认识红、黄、蓝三色,听见音乐就拍手、点头、晃脚、扭腰,随音乐发长音。小家伙还会选择聆听自己喜欢的音乐,她最喜欢英国小女孩夏洛特的"天籁之音"。如果老师把音乐关了,她会撅着嘴不高兴呢。而且,她还学会了八种家人称呼,叫人的时候表情可丰富了。

今天,又来上课了,和她同时进教室的还有一个叫真真的宝贝。两个孩子一进门就同时摔倒了。

真真妈妈赶紧扶起孩子,"摔疼了没有?摔哪里了?妈妈打这个地,真坏!不哭了啊!"啪、啪、啪,真真妈妈把地板拍得山响。

安琪儿妈妈走到安琪儿面前:"宝贝,自己站起来,妈妈相信安琪儿最勇敢!"

安琪儿真的爬着站了起来。妈妈说:"走到妈妈这里来,妈妈奖励抱一个。"安琪儿晃晃悠悠地走到妈妈跟前,兴奋地扑到了妈妈怀里。

真真妈妈:"我们这个孩子从来不自己起来,摔倒就哭。你们家安琪儿怎么这么听话?"

妈妈:"安琪儿学走路第一次摔倒时,我就让她自己站起来。她哭了好长时间,我就是不扶她,最后还是她自己站了起来。"

真真妈妈:"你的心真狠呀!"

妈妈笑了:"不心狠,你能看到她今天自己站起来吗?将来她长大了,即使遇到困难,也能自己站起来。我不能陪她一辈子呀。我这样心狠,是培养她的意志力,让她学习如何生活,是真心爱孩子。你这样心软,让孩子意志薄弱,凡事推脱责任,反而会害了她,她会一直躺在地上等你来扶她,将来她会事事逃避!"

真真妈妈:"是的,你这一说我还真明白过来了。"

游戏开始了,可是真真就坐在妈妈的怀里,一动不动,让她拿教具,她也不去。真真妈妈气得冲她发起了脾气。

安琪儿妈妈赶忙过来:"真真妈妈,你别吵孩子。最近怎么没有见你们来上课呀?"

真真妈妈难为情地说:"太忙了,没有时间。有时候天气不好,一懒就不想来了……"

安琪儿妈妈:"你生下她就要负起责任来啊,你那么多借口,将来再因为你自己的原因,影响孩子全脑发育了,让她拿什么工具去学习呀。"

真真妈妈:"是呀,我以后一定按时带真真上课!"

2岁,干涉与支持

有一天,真真妈妈带着真真到安琪儿家去做客。一进门,真真妈妈就被家里的墙壁吸引了,上面贴的满是五颜六色的画,一看就知道是安琪儿的作品。

这时,安琪儿正在纸上画画。真真跑过去拿了一支笔,转身看了看,就在墙上画开了。真真妈妈忙跑过去把笔抢过来说:"在家你这样,在别人家你还这样啊!"

安琪儿妈妈笑着把真真抱过来:"安琪儿,把你的纸给真真一张,你们两个一起画好吗?"

安琪儿高兴地说:"好。真真,给你一张漂亮的纸,画吧!"于是,两个人画了起来。可不一会儿,真真把纸画满后又在墙上画开了。

安琪儿妈妈对真真说:"真真,你画得好看不好看?"

真真:"好看。"

安琪儿妈妈:"那你想不想让别的小朋友也看看。"

真真:"想。"

安琪儿妈妈:"那你画到墙上,画就拿不下来了,小朋友也看不到了呀。"

真真想了想,说:"那,我画纸上吧。"

后来,真真再也不在墙上画了,和安琪儿画了一幅又一幅,当然都在纸上。

看着孩子的转变,真真妈妈奇怪地问:"她怎么总是听你的,不听我的?"

安琪儿妈妈:"2岁,是孩子心智成熟的阶段。这个时期,千万不要干涉她的任何兴趣,因为她在学习,要多支持她的学习。我经常看到你说这不让她干,那也不让她干;你们家姥姥也是这样,喝水穿衣都不让她自己做。她一伸手就只听见'不',将来会对所有的事情都失去兴趣,特别是学习,因为她从来没有过成就感。你要做的应该是支持她、鼓励她、配合她,让她从兴趣中得到快乐和满足,这样才能为心灵的成长带来自信!"

真真妈妈:"真的吗?那她如果做得不对怎么办,比如说哭闹、说脏话。前几天她还学了句骂人的话,这几天一直说。"

安琪儿妈妈:"2岁左右孩子就开始玩心眼了。对待所有的不良行为,一定要淡化。孩子回家说脏话,你们全家就权当没听见,该干什么干什么,让她觉得引不起你们的注意,她自然就会放弃了。反之,如果有好的行为,你们就夸,大张旗鼓地夸,让她产生明星感。久而久之,孩子优点就会越来越多,缺点越来越少。你得玩住孩子。"

真真妈妈:"我怎么从没有想到过呢。其实道理非常简单,放心吧,我一定做到。"

安琪儿妈妈:"你千万不要以为做起来很容易。中国大部分家长已经习惯了孩子好的时候认为是应该的从不夸赞,有问题时就眼睛里揉不得一点沙子,大吵一通。想克制住自己的脾气不是一天两天的事,但为了孩子,一定要记住从2岁开始强化优秀品质,淡化不良行为,彰显孩子爱学习的优良天性。"

真真妈妈:"好,谢谢你了!"

周正教授告诉我们

孩子天生有学习的天性,各年龄段表现不同。涂鸦是学习的开始,大人制止他,孩子就会以为这是不好的行为。孩子尚有发育阶段的差异,要孩子终能成器,最重要的是保护其爱学习的天性,等待他的成熟期的到来。

3岁,独立生活

妈妈带着安琪儿到温泉洗浴,安琪儿先出来了。5分钟后,妈妈出来时发现很多人聚成一个圈兴高采烈地议论着什么。走过去一看,原来大家都在看安琪儿穿衣服!

此时,安琪儿穿上了内衣和保暖衣正在往脚上套袜子,眨眼间两只袜子已经上脚了。她又拿起一件粉色的毛衣往头上一套,头出来了,两只胳膊一伸,手出来了。一位坐在轮椅上的老奶奶边看边啧啧称叹。然后,安琪儿把一个高弹的薄绒裤也穿好了。接下来,安琪儿做了一个让妈妈都意想不到的事情:她竟然转过身,对着镜子双手叉腰哼着歌扭起了小屁股,"门前大桥下,游过一群鸭……"

这小丫头,又人来疯了。大家掌声一片,安琪儿一鞠躬说:"谢谢大家!"这一下,几乎所有人都来看这个小精灵了。

接着,安琪儿又拿起了一件棉袄。这件棉袄是姥姥为她做的中式对襟棉袄。姥姥手艺很好,连扣子都是自己盘的。安琪儿开始扣扣子了,这可是高难度的动作,安琪儿的速度显然慢起来了。"这可不好扣上,姐姐帮你吧。"一个服务员伸手过去要帮忙。"不用,不用,我自己会。"安琪儿扭着身子不让帮忙,小手一刻不停。终于,四个盘扣竟然都扣上了。最后,安琪儿把一个印着亮片的黑色小喇叭裤穿上,又往脸上抹了香香,下床迅速穿上了旅游鞋。

"妈妈,我穿好了。"安琪儿看见了妈妈。

"好的,宝贝。穿得好快呀,今天比昨天用的时间更少了!"妈妈说。

众人都扭过头来看安琪儿妈妈,有几个家长已经过来拉住妈妈的胳膊:"你的孩子几岁了?"

"3岁2个月了。"安琪儿接上话。

"她怎么这么乖呀,这么小什么衣服都能自己穿了。我的孩子都5岁了,每天起床还得我替他穿衣服。"家长们纷纷羡慕地说:"你怎么培养她的?"

妈妈:"对2~3岁的孩子来说,世界突然变大了。自己的独立生活能力是他们这一年重要的学习内容。自己能吃饭、穿衣、洗脸、刷牙,将是他们自我肯定和被这个世界接受的重要步骤,对培养孩子的自信心和快乐的心情起着决定性的作用。"

家长们:"穿衣吃饭的作用这么大呀!那么我们不让他们自己穿衣服是做错了?"

妈妈:"这样就会阻碍孩子的学习兴趣和成功生活的体验,也会使孩子心灵成长少了一个重要的环节,往后会出现问题的。"

家长们:"谢谢!今天算是给我们好好上了一课。我说我家孩子怎么老是不开心,原来是缺少成功生活的体验呀!我还以为孩子太笨了,原来是我太笨了。"

大家笑了,安琪儿也笑了!

4岁,学"问"

安琪儿一家三口和真真一家三口结伴外出旅游。一天晚上,两家人躺在沙滩上看星星。安琪儿小嘴不停一直在问问题,妈妈一直耐心地回答。

真真妈妈说:"你真有耐心呀,要是我早就烦了,你看真真被我训得就没那么多问题了。"

安琪儿妈妈吃惊不小,"你这是大错特错了!"

这时,安琪儿爸爸的手机响了,爸爸边接电话边搂着安琪儿。突然安琪儿大声叫爸爸,"爸爸,爸爸,天上的星星为什么这么多呀?星星会不会掉下来呀?"爸爸看着安琪儿,想了一会儿,马上对电话那边的朋友说:"对不起,我等会儿给你回过去,我现在有重要事情要做。"爸爸把手机关上,马上对安琪儿说:"宝贝,请把你刚才的问题重复一遍好吗?"安琪儿:"爸爸,天上为什么有这么多的星星呀?星星会不会掉下来?"一旁,安琪儿的妈妈向爸爸竖起了大拇指。爸爸笑着说:"孩子,天上有银河系,星星数也数不清。人可以坐宇宙飞船去,宝宝长大开飞船好吗?"

这时,一直不吭声的真真说话了:"叔叔,我有个问题,我爸爸妈妈都不回答我。电视机里的小朋友怎么会是金色的头发呢?让他出来陪我玩好吗?"

安琪儿爸爸:"真真乖乖,欧洲人、白种人有很多是金色头发。你学好外语,到了欧洲,就可以与金色头发的小哥哥玩了。"

"真的?"两个小家伙兴高采烈地又开始问问题了。

真真的爸爸妈妈看傻了眼,"你们家这位怎么这么有耐心啊?一点都不嫌麻烦。"

安琪儿妈妈笑着神秘地说:"4岁左右正是孩子学'问'的重要阶段。他们的语言发育成熟,问题就像是地下的泉水一样汩汩上冒。也就是说,4岁问问题是孩子们最重要的学习手段。我从安琪儿过了生日就给家中所有人说好了——准备好回答安琪儿所有的问题。她爸爸特别积极配合,这样孩子将来才不会厌学。如果孩子一张嘴你就打击她,她慢慢就没有问题了。你们想象一下没有问题的孩子会好学吗?会开心吗?将来会幸福吗?"

一连串的问题把真真爸爸妈妈问得陷入了沉思,忽然真真爸爸又问:"那我们该怎么做呢?"

安琪儿妈妈说:"从4岁这个阶段开始,不管在何时何地,不管你在干什么,只要孩子有问题,马上停止手中一切工作,回答孩子的问题。回答不了的,和孩子一起查资料,查资料也查不到的,就鼓励孩子从小开始研究,长大找出答案。

这样的话,孩子将来肯定爱学习,和父母的关系也会越来越好!

真真爸爸妈妈:"太棒了,从今天开始,我们互相监督,一定做到!"

周正教授告诉我们

孩子天生有学习的天性。孩子话刚说完整之时,他们就开始"学"、"问"了。大人如果不耐烦,孩子会以为问问题不招人喜欢,恶性刺激多了,他就不问了,也不学了。

5岁,朋友

又是月底了,社区的小舞台今天又该演出了。妈妈坐在观众席里,旁边坐着一位妈妈和一个表情木然、5岁左右的男孩。

舞台上安琪儿正在演唱《说唱脸谱》,头上戴着一个漂亮的清朝头饰。唱完鞠躬时,一低头,头饰挂在了脸上。那滑稽样让观众笑了起来,没想到安琪儿一点也没觉得难为情,透过麦克风只听见她"咯咯咯"笑得比谁都厉害,最后竟然站在台上笑得直不起腰来了。台下的观众又被她可爱的样子逗乐了,几个家长笑得眼泪都出来了。台上台下笑翻了天,几分钟后,演出才继续进行。

安琪儿跑过来找妈妈,因为跑得太快了,和妈妈旁边的小男孩撞在了一起。那个小男孩捂着头就哭了起来。安琪儿连忙说:"对不起,我不是故意的。你哪里痛呀,我帮你揉揉吧。"也许是从来没被小女孩安慰过,小男孩不哭了。安琪儿拉着小男孩的手说:"我叫安琪儿,今年5岁,我们去玩吧。"小男孩没有反应,只扭头看着妈妈。男孩的妈妈问:"你想去吗?"男孩还没有回答,就被安琪儿拉走了。

男孩的妈妈心事重重地对安琪儿的妈妈说:"你的孩子真快乐呀。你看她还很幽默,笑自己笑得如此自然。我这个孩子都5岁了,还没有去幼儿园。他就是不去,只和我在一起,一个朋友都没有,我和他爸爸都愁死了。"

妈妈看了她好长时间,"你不工作吗?"

男孩妈妈:"我们从外地搬来的,他爸爸整天忙,我已经两年没有上班了。"

妈妈问:"你有没有经常来往的朋友呀?"

男孩的妈妈:"没有。我来到这个城市一直没有认识什么人,只有儿子和我在一起。"

妈妈沉思半晌,"我想坦率地告诉你,我认为不是你儿子离不开你,而是你离不开你儿子。你的儿子很聪明,他读懂了你的心事,在潜意识里,他回应了你的心理需求。"

"这……怎么可能?"她吃惊地问。

妈妈:"5岁,正是孩子交朋友的时候,甚至还可以交到不同年龄的朋友。交朋友是他人生旅途中需要学习的一项重要本领。你一直用语言来暗示孩子离不开你。你静下心来想想,到底是谁离不开谁?"

这位妈妈低下了头,不做声。

妈妈:"你已经让孩子错过了很多时机。该放手了,让他去成长吧。"

远处,安琪儿和小男孩正玩得热火朝天。看来,他已经有了第一个朋友了!

6岁,兴趣广泛

6岁,安琪儿上学了。

三个月后,妈妈和家人去学校看庆祝元旦演出。妈妈刚坐定,旁边就有几位家长来打招呼:"您是安琪儿的妈妈吧?"

妈妈说:"您好,我是。"

一位家长对妈妈说:"哎呀,安琪儿真不得了。我看她生活能力非常强,那么大的被子都是自己叠。"

妈妈说:"是的,自3岁多我就基本上不用操这方面的心了,她动手能力非常强。"

"这孩子非常阳光自信,我发现她从来不紧张。"

妈妈笑着说:"谢谢,主要是3岁前全脑开发这段时间把握住了,又让她系统玩了奥尔夫音乐游戏,加强了右脑的训练。因为自信心和快乐的心情,都跟右脑系统有关"。

这时,一位老师走过来插话,"安琪儿兴趣非常广泛,她自己报名参加了很多兴趣班,而且还都能坚持。她还特爱臭美,每天换一身衣服,鞋子、帽子和服装搭配得很好呀!"

妈妈忙说:"对呀,艺术类的东西都属于右脑的范围,说明前几年辛苦没有白费!兴趣班我让她自己做主了,我相信她自己能处理好!"

另一位家长惋惜地说:"唉,不知道前几年孩子玩游戏如此重要,如果知道的话,不管多累也陪着孩子玩。安琪儿妈妈,我们以后该怎么办呢?"

妈妈坚定地对大家说:"没有把握住0~6岁固然可惜,但只要运用家庭健康教育二十法,不出半年,孩子就能变样。关键是家长要坚持。"

大幕拉开,演出开始了。妈妈一眼就看见了安琪儿,她站在第一排,摆着时尚的造型,穿着银光闪闪的舞蹈服装。妈妈高兴地挥挥手。她也发现妈妈了,站在台上龇牙咧嘴地笑呀笑呀,全家人看着她的门牙,笑得更厉害了。因为安琪儿竟然有3颗门牙都掉了,新牙刚露头。宝贝长得真快呀,妈妈欣慰地想。

8岁,家务活

明天就要期末考试了,安琪儿吃完饭要擦桌扫地,姥姥忙说:"宝贝,今天不干了,去抓紧时间复习功课吧!"

安琪儿边擦桌子边说:"姥姥,不行,我必须干。就是一次考试嘛!我早就准备好了。"

姥姥无可奈何地笑了。安琪儿熟练地把自己的家务活干完了。

考试成绩下来了,语文100分,数学96分。

周正教授在全国各地讲课时,都会大张旗鼓地讲做家务的意义。一是人生下来必须做事,这是人生意义之一。二是这样一来,成年后会具有较好的动手能力。三是做家务、玩耍与学习并进,会让孩子不至于对学习成绩过度敏感,考试从容、镇定,临场发挥好。

12岁,感激之心

放寒假了,安琪儿现在已经长大了,她一天的安排是这样的:

早上:9点左右起床,扫地,跟VCD自学半个小时的英语,吃完早饭去找朋友游泳或打球,顺手把垃圾放进垃圾箱。

中午:12:30前回家吃饭,吃完饭擦桌、扫地、午休,午休后学习2个小时,上网1个小时。

晚上:6:30吃饭,吃完饭擦桌、扫地、扔垃圾,然后陪姥姥看电视。姥姥爱看什么安琪儿就爱看什么,边看边和姥姥讨论剧情。这是姥姥每天最开心的时候,也是爸爸妈妈最欣慰的时刻。安琪儿在用自己的感激之心回报姥姥多年对自己的照顾。每当看到祖孙俩其乐融融的样子,妈妈都感动得说不出话来。等姥姥洗洗睡觉了,安琪儿就躺着或坐着听一些评书或小说。因为她觉得自己视力不好,还是用耳朵听比较好。

16岁,我自信我快乐

安琪儿以优异的成绩考入了一所重点中学。

今天是周末,在谈话时安琪儿给妈妈说的一番话,使妈妈感到她真的长大了。

妈妈:到了新学校感觉怎么样?

安琪儿:感觉不是太好,老师们到现在还记不住我的名字,可能在他们的眼里我不是个好学生吧。

妈妈:为什么?

安琪儿:第一,我的发型比较时尚,我的衣服是名牌,大多数老师都觉得喜欢打扮的学生不是好学生;第二,我的课外活动比较多,老师们认为喜欢运动的学生不是学习刻苦的学生,也就是差生。

妈妈:他们不了解你,那你自己认为呢?

安琪儿:我当然是好学生了,而且这是我生活最快乐的因素之一。我现在苦恼的是英语。我从小喜欢英语,英语成绩是最好的,我想考北外,可是现在的英语成绩肯定是考不上的。

妈妈:那你准备怎么办呢?

安琪儿:妈妈,如果下学期不换英语老师的话,我就要下决心和英语老师搞好关系了,我要让英语老师喜欢我、了解我,我必须把英语成绩提高呀!

妈妈:宝贝,妈妈支持你,需要我提供点策略吗?

安琪儿:当然,您是专家嘛!

妈妈笑了,和安琪儿开始制订下一步计划。

以上各个年龄段关键问题的把握,决定了孩子学生生涯的成败。所以,我们一直都在宣传这样一个理念——没有问题孩子,只有失当教育。就是如此。

那么,如果你的孩子已经大了,现在不爱学习,怎么办呢?我们给你几个建议:

一、你要诚恳地向孩子道歉,向孩子讲明现在这种状况的诱因,把"不爱"学习这个包袱给孩子放下来,还孩子清白。

二、找出孩子的优势,与孩子一起制订一个可行性计划。比如,现在是70名,下一次考试前进到65名,孩子自然配合实施。

三、配合计划了解孩子的心愿。一旦目标实现即给予奖励,使孩子有成就感。

四、建立家庭常规交流机制,每周召开一次家庭会议,不得缺席。

五、鼓励孩子交几个好朋友,并尊重他们。

六、让孩子周末每天玩2个小时游戏。

七、坚持每周至少和孩子在一起吃一顿饭。

周正教授告诉我们

孩子天生资质各有差别、优势各有不同,所以有"因材施教"之圣训。孩子也不是一个学习的机器,家长要把孩子当"人"养,教育孩子要以人为本。学习成绩不能决定孩子的未来,而那些看似与学习无关的因素却决定着孩子的未来。

一家人在一起吃顿饭

全家人一起吃饭重要吗?可能很多人会觉得很奇怪,这也算是亲子教育的方法之一吗?

其实,全家人一起吃饭这件事情真的很重要。因为父母精心做的营养均衡的饭菜,会自然地将父母浓浓的爱传递给孩子。

如今很多家长一边工作,一边要养育孩子,容易使孩子与家长接触时间变少。但是疼爱孩子在任何时候都是最重要的。为了孩子有更美好的未来,家长要关注孩子、影响孩子。又会做家务又努力奋斗的家长形象一定会深深地镌刻在孩子心中。无论何时家长都以充满自信的风采教育孩子,孩子就会有积极向上的生活姿态。

饮食生活不仅对儿童身体的健康至关重要,也对儿童心理健康的发展有着深远的影响。什么意思呢？就是一定要给孩子做饭。这是做父母的责任。养育养育，吃都不让他吃，怎么能算得上是养育呢？这种感觉和带他上街吃餐馆、吃快餐是完全不一样的。因为在那样一个环境当中，他感受的可能就是一种消费，或者有一种酷的感觉，但是在家里那种环境下，他感受到的却是父母的爱。心中有爱的孩子不会痴迷网络，不会离家出走，不会逃学。

动物，包括狼、狗，还和它的孩子一起进餐呢！为什么我们人类就不和孩子一起进餐呢？"罪魁祸首"就是家长。很多家长就说了：忙呀，没有时间呀，赶不回去呀，你是站着说话不腰疼呀，我这个工作就是这样……有的家长说，并不是我故意推托，但是有时候可能会直接影响到工作。在工作时间里去陪孩子，那奖金没有了，工资扣除了，我怎么去养孩子呢？在现实生活中，确实存在这个因素。

但是，现在心理学对家长做饭非常重视，因为它影响孩子和家长的生活质量和幸福感，它不仅仅是孩子的问题。假如说我们天天一家人都不在一起吃饭，一家人又不在一起沟通，那孩子会怎么说家人呢？我的家在哪里呢？

有一种饭，心理学家把它叫做"母亲的味道"。

心理学家发现许多孩子长大后，尤其做重大事情、做危险工作前或遭受到打击以后，一般都会回到家吃一顿妈妈做的饭。这比找心理咨询师、比其他的任何方法都更有效。因为母亲的这顿饭，母亲的这种味道，会让他回到童年，回到最安全的、最有价值的那些年代。他会立刻从成年人的这些恩恩怨怨当中跳出来，他会感觉到人生的意义。

人生的意义实际上就是爱。我所追求的这些金钱、从事的这些事业，都微不足道，我最终不是还要回归到爱吗？爱，一旦他想到这点的时候，他的失去或者他一些重大的选择，都会变得简单。他可以弥补，可以疗伤。

母亲的味道会战胜一切。我们建议那些不给孩子做饭的人记住这句话。饭店的厨师都是属于科学化的，都是老师教出来的，怎么用菜，怎么用料，都是有些工业化的。饭店厨师的配料许多都是配送的，他们做出来的味道有许多都是相似的。但是，母亲是独特的，再加上母亲的口味不同，母亲的生长家族不同，来源与地域不同，所以她做出来的菜，永远与别人不同。

信阳人可能都会喜欢炖菜，广东人喜欢煲汤，郑州人喜欢炒的，开封人就喜欢炸。就像开封的花生、酱鸭，洛阳的水席、上海生煎包、北京烤鸭都会不同，它都会导致一种特别的味道和一种特别的心理反应。

每家会有每家的口味,有咸有淡,有的喜欢吃甜食。

母亲们,你的孩子有多长时间没有吃过你做的饭了,是一个月?一年?还是一生呢?

说到"一生",可能很多妈妈都会震惊。因为家里的饭全都是由保姆做的,母亲已经忘了做母亲的基本职责。

我们都知道有些父母工作很繁忙,学生放学以后就去午托班。但是,许多母亲不上班也没心思做,她们就是不做。这样的母亲怎能给孩子爱的信息、爱的养育呢?我们亚洲唯一进入世界发达国家之列的,就是日本,而日本的家庭教育手册第二条要求就是做饭。

家长们,为什么孩子长大不和父母交流,不孝顺父母,对父母不亲,经常不来看父母,就是因为孩子小时候父母没有种下这些种子,这些做父母的基本元素你都没有做到。

我们现在经常看到一些报纸报道,说一个老人,有三个儿子、五个女儿,还被遗弃了,他的儿女多么不孝,老人多么凄惨。其实,这种情况下,我们最好先检讨一下父母亲当初的教子方式。

父母精心做出的营养均衡的饭菜,自然会将父母的爱传达给孩子。因为孩子会感觉到,妈妈的这道菜做得很好吃。他最喜欢吃妈妈做的哪道菜,而且我们也可以感觉到,当你今天做的是他喜欢吃的菜的时候,他非常地高兴。当他说最喜欢吃妈妈做的香椿炒鸡蛋时,他的同学却都哑口无言。当他想到妈妈给做的可口的饭菜的时候,他会是什么感受?一定会觉得自己是世界上最幸福的孩子。而他的那个同学则不知道妈妈做什么好吃,他的这种母爱依赖在何处,附着在何处。家庭给孩子的爱少了,孩子就会出去寻找爱,有时上网就是很多孩子填补空虚所采取的方式。

我们现在很多孩子都属于"钥匙少年",这是世界上对中国儿童的一种形象的形容,就是整天脖子上挂着个钥匙,回到家屋里没人,父亲母亲都不在家,给孩子点钱,上街吃吧,吃个白吉馍,弄碗米线。这样,孩子就感觉吃饭就是去买,就是拿钱去换,他的生活当中没有幸福感,没有说哪天盼望着回家吃饭,去感受妈妈浓浓的爱意。

撒切尔夫人可以说是世界上最有本事的女人,铁腕女人。她是英国历史上

第五法　孩子为何不爱学习?

第一位女首相,在长达11年的首相任职期间政绩卓著:她全力改革,使这个眼看落寞的老牌资本主义国家跻身于世界前四强;赢得马岛战争,坚持与美国的特殊关系,巩固了英国在世界政治中的强势地位。因此,她被誉为英国政坛的"铁娘子"。可是,让很多人都意想不到的是,这个"铁娘子"每天晚上都要回家给家人做饭。即使她要参加大选,比如说今天是23号,明天就是大选了,撒切尔夫人今天晚上照样会回家做饭。相信很多人看到这里都会有很多感触的。

你应该努力奋斗,你应该好好地工作,勤奋地工作,但是你要以充满自信的状态去工作。什么意思呢?就是说——我做饭,我生活,我吃饭。

如果连做饭的时间也没有,你吃饭的时间都没有,你的工作都紧张到那种程度,那么,你的孩子将来就会恐惧工作。因为他会觉得,为了工作我连饭都吃不上了,干脆不工作吧!

工作只是生活的一部分,而家庭生活是我们日常生活中更重要的一部分,你工作挣钱干什么?最后还不是为了吃得好、穿得好,为了家庭?工作了,却没吃没穿,不如不工作。我们的家长应该从现在开始重新梳理生活的观念了!

第六法
培养孩子拥有什么样的个性最佳?

个性就是一个人的整体精神面貌。"个性"一词最初来源于拉丁语 Personal,开始是指演员所戴的面具,后来指演员——一个具有特殊性格的人。一般来说,个性就是个性心理的简称,是决定人的独特行为和思想的个人内部身心系统的动力组织,又称人格。人格就是做人的格式。

世界上每个人都有个性。个性对一个人的活动、生活具有直接的影响,对一个人的命运、前途具有直接的作用。

因此,培养孩子成为什么样的个性非常重要。因为人的个性一旦形成,就具有相对的稳定性。而且,婴儿出生后并没有形成自己的个性,而是随着年龄的增长,心理的不断丰富、完善,逐渐形成其个性。个性不是预成的,而是心理发展的产物。

培养孩子成为什么样的个性,就是培养什么样的人,就是培养什么样的人生!

误区1:认真、严谨就好

在心理学诞生之前,有两大学科:一是以哲学为主的社会科学,一是以数理化为主的自然科学。这两大学科有一个共同特点,就是追求真理。这也搞得全人类都在追求真理。而心理学诞生的目的是什么呢?就是告诉人们追求成功、健康、幸福。

下面,请读者朋友跟着我的问题作出回答,来看看你的"较真",固执地只看到事物的负面。

如果我问大家,我说"夏天"这两个字,你有什么感觉?

你肯定说"热"。

夏天热是真的,得到的结果是难受。所以,夏天—热—难受。

现在我们换一个角度想一下,假如你只有3岁,在幼儿园,"3岁的顽童们——夏天来了,你们首先想到的是什么呀?"

"冰淇淋、游泳。"

再长大一些,到10岁,问上小学的姑娘们,"夏天想到什么呀?"

"花裙子。"

美国有一个"少女节",就是在夏天。因为夏天可以穿裙子。冬天穿得很厚实,没有美感。所以美国把"少女节"定在夏天。

那么夏天有花裙子,有阳光海滩,有冰淇淋。

——一个人夏天吃到冰淇淋什么感觉?凉爽。我们把这个叫做快感。

——那么夏天穿上花裙子是什么感觉?漂亮,美感。

——那么夏天穿着比基尼去阳光海滩游泳,这是什么感觉?爽!这种爽的感觉和吃冰淇淋一样吗?不一样。那么这是一种什么感觉?是性感。

说到性感大家可能有些不好意思。那么假设性感让人不好意思,但是和夏天难受比,是性感好呢还是难受好?你要性感还是要难受?

夏天有快感、有美感、有性感你不要,你为什么直接就要难受呢?

夏天有冰淇淋对不对,这是真的!有海滩对不对,也是真的!有花裙子是不是真的,也是真的!那为什么你不看这些"真",而是上来就难受呢?为什么一说夏天就是热呢?你成了一个什么样的人呢?"负性"的人。

很多人过得不好,对孩子教育不好,其实,不是因为生活不好,也不是因为孩子不好,而是因为你从负性的角度去理解。天底下,上帝给每个孩子的智力都一样,假如你的孩子有问题了,肯定不是孩子的事。还是那句话——没有问题孩子,只有问题父母。培养孩子要以成功、健康、幸福为目的,而不能一味"较真"。

有一个人,一说到夏天,"哎呀,夏天热呀,晒得我皮肤都脱落了,晒得我都不敢出门。"

那秋天呢?

"秋天万木凋零,秋风瑟瑟,愁煞人啊!"

冬天怎么样呢?

"冬天好冷啊,什么都没有了。"

那么,春天还不错吧,春天万物发芽生长,百花盛开。

"花开了还是要落的,她开了就是为了落,落了就要任人践踏,所以花开还不如不开。"

这样的人,是谁啊?

林黛玉!

《红楼梦》里面,林妹妹是什么时候去世的?

林妹妹没有成人就夭折了,死时只有15岁。

这种人无论在什么时候,看事物都是负性的,看不到积极的一面。她的个性太过于认真、严谨,凡事斤斤计较。

真真与孔雀

真真4岁

妈妈:真真,你知道你的名字怎么来的吗?

真真:知道,妈妈想让我做每一件事都一定要认真,决不马大哈。

妈妈:对,做任何一件事宝宝都要认真、严谨,做什么事都要做到最好。

真真:那怎么做呢?

妈妈:考试要考100分。

真真:好。

妈妈:当官就要当大官,上学就要当班长。

真真:好,我要永远当班长。

妈妈:要和好孩子交朋友,现在坏人太多了。

真真:我绝不和坏人交朋友。

妈妈:要讲究卫生,到处都是细菌,除了我们家任何地方的东西都不能碰。

真真:妈妈,放心吧,我一定做到!

妈妈:好的,我们真真从现在起就要把认真、严谨变成一种习惯。

真真6岁

真真妈妈:真真,你怎么不去玩?

真真:我不和他们玩,他们都是坏孩子。小明身上臭,小刚在幼儿园上课总捣乱,我不和坏孩子玩。

妈妈:做得对!和安琪儿玩吧。

真真:她说话声音太大,老爱用手抓沙土不讲卫生。小明、小刚和她是好朋友,我也不和她玩了。

妈妈:……

真真12岁

真真离家出走了,给妈妈留下一封信。

"妈妈,我走了。我实在不愿在家里待着了。我实现不了你对我的所有期望,只考过三次100分,现在永远也考不了100分了,而且我也没有当过班长。我太没用了,让你失望了。我恨,恨这个世界太肮脏,到处是小人,同学们老在背后说我的坏话。为什么?我不想活了!"

真真妈妈昏了过去。

真真20岁

真真和男朋友去公园,走到动物园。

男友:真真快看,孔雀开屏,真好看。我从小就特别喜欢孔雀,你就像孔雀一样美丽。

真真(大怒):别胡说,我才不当孔雀呢。你太不了解孔雀了,你没有看到孔雀的真实,来来来,你来后面。

真真(领着男友到了孔雀的后面,得意洋洋地):我让你认识真实的孔雀。男友一看,马上就明白了。孔雀没有卫生措施,它后面肯定是脏的。

男友:走吧,以后孔雀在我心目中再也美不起来了,以后我再也不看了,你毁灭了孔雀在我心中的美好形象。

真真沉浸在自己制造的真相中,沾沾自喜。我一辈子求真,以后我会让你看到更多的真相。男友叫真真走,真真就是不走,她就站在孔雀的后面盯着看,看到孔雀都不好意思了,转过身去。可是真真也跟着孔雀转,站在孔雀后面,一直盯着研究。

男友心想,"这个真真怎么了?真真是个什么样的人呢?她为什么对孔雀的后面痴迷到这种程度,这有点变态!对了,真真是个真实地、执著地寻求破灭的人,这样的人就是变态!"

男友坚决地走了。

周正教授告诉我们

认真严谨是人应有的单项优良品质。但是,如果以此为根基形成整体性人格,处处事事过于较真,则难免为鸡毛蒜皮的小事烦恼,人际关系紧张,四处碰壁,还会觉得委屈,难有快乐。

误区2:随和、谦让就好

曾经有一对父子来周教授这里咨询。14岁的儿子已经三天不吃饭了,什么也不说,让父亲找《周正时间》的周教授。

见到周教授后,儿子慢慢开口了,"我觉得自己太窝囊了!去年,本来我是全班选出来的三好学生,可老师非让我让给别人,我就让了。一个同学见了我的名牌衣服,他要穿,穿了还不还,我也不好意思要。我爸我妈也让人烦,每次老家出事,都是他们出钱出力累得要死,可是我叔叔他们却轻松得很,我觉得他们太软弱了。大前天考试,坐我后面的一个班干部明明抄我的,可是老师给了我零分,他却没事。我……我觉得生活太不公平了,我不明白为什么这样……"

孩子难受得要死。

父亲进来了,周教授问他:"这些事情你知道不知道?"他说:"知道。""为什么要让孩子一味谦让呢?"父亲说:"男孩子,怕他与人斗气,打架,从小就让他学会谦让,吃亏是福嘛!"可是这些"亏"给孩子带来"福"了吗?

一味谦让的人是那些不会说"不"的人。他们永远不会拒绝别人的要求,甚至是无理的要求,自己的权利也无意去维护,甚至还以为这样人缘好。这些人大多在人前当好人,常受欺负,不被重视,在人后则唉声叹气,怨声载道,深受生活所累。

周正教授告诉我们

随和谦让同样是好品质,但是如果以此为根基形成整体性人格,该认真时

也随意处事,则难免失误。成事不足,败事有余。

我们很多家长都经常陷入以上两个误区。

正确的方法:幽默

每天一个幽默故事

美国前总统林肯,是一位被美国人民公认的美国最具有作为的总统。他最大的特点就是幽默。有一段他的故事流传至今。

美国的南北战争南部失败了,很不服气。因为当时还处在骑士时代,也就是说,两个人决斗,一方如果打死了另一方,可以完全不为自己的行为负责(俄国作家普希金就是在决斗中被人一枪打死的)。于是,南部挑选了一名百发百中的神枪手,向林肯挑战。这时林肯能不能不应战啊?

如果这个时候临阵脱逃,肯定会成为美国乃至全世界所嘲笑的胆小鬼。可是他也不可能向其他神枪手学习,让自己的射击水平在短时间内迅速提高啊!

林肯对南部的神枪手说:"决斗前,请先答应我三个条件。"

对方满口答应:"总统你说吧,再多的条件我也答应。"

林肯一本正经地说:"首先,决斗时间。决斗时,速度要快。"

对方说:"那好说。"

林肯又说:"其次,决斗地点。决斗不得毁坏公物。总统府除了柱子就是房屋,咱们还是到养牛场上去决斗吧。"

对方说:"那当然。"

林肯还说:"第三,决斗武器。要用牛粪来砸对方,真到把对方砸死为止。"

跃跃欲试的神枪手听了林肯的这最后一个条件后,立刻成了泄了气的皮球:牛粪怎么能砸死人呢?他有心反悔,可自己早已有言在先,食言也是有损骑士风度的。在场所有人先是惊讶,然后哄然大笑,大家握手而去。大家都对这位年轻总统肃然起敬,因为他轻松化解了一场血战。

有一位父亲来咨询周正教授。他的女儿有一天突然对他说:"爸爸,我要丰乳。"

父母二人面面相觑,一时不知如何回答是好,就来问周教授怎么办。

周教授教他以幽默方式来化解家庭矛盾。

于是父亲回家做了好菜好饭,吃饭时,女儿果然又提出丰乳。

父亲这样对女儿说:"丰乳可以啊,要多少钱?"

女儿答:"四万。"

父亲说:"这样吧,咱家因为装修房子,没那么多钱,只有两万,你拿去,先丰一个吧。"

女儿愣了一下,然后捂住嘴开始吃吃地笑,最后笑得眼泪都掉下来了。她边笑边说:"爸你真有意思,丰乳怎么能先丰一个呢。"

看女儿高兴了,爸爸说:"这样吧,爸妈现在开始攒钱,等你有男朋友了问问他,如果他同意了,马上就给你做,好吗?"

女儿笑着答应了。

一场家庭风波安然平息。

那么,该怎样培养孩子的幽默个性呢?

如果家长幽默,那孩子就幽默;如果家长不幽默,怎么办呢?

好办。从小让孩子背诵幽默故事,然后让孩子讲,坚持半年就有效果了。当然,成功不成功要看家长与孩子的恒心了。

我们来看看安琪儿的幽默故事。

安琪儿2岁时,有一天和小伙伴们一起做游戏。她领着"小家庭"中4岁的"儿子",老师对安琪儿说:"你领着孩子可要对他负责任啊。"

安琪儿一脸正经地拍拍"儿子"的头对老师说:"你放心,我又不是3岁小孩!"

一天,安琪儿和二舅家养的大狗薇丽玩,她想骑上去,薇丽不让她骑,她说:"别动,要不我打你。"

二舅妈说:"打狗也要看主人,没听过吗?"

安琪儿笑着说:"好!我会一边看着你,一边打你家的狗。"

放寒假,妈妈带安琪儿去一个朋友家玩,几个孩子都比她大。吃完饭,有人提议每个孩子演个节目,她冲不过去,一直到最后才轮到她演。一个大姐姐说:"安琪儿,你怎么最后才演,是不是不会啊?"

安琪儿站好清了清嗓子:"你这都不懂,这叫压轴儿。"

大家笑倒一片。

有一天,一对夫妻带着孩子来咨询,女士在和妈妈谈话,男士领着孩子在外面等。可男士一会儿进来问问,一会儿又进来问问,等他再一次进来时,在办公室门口玩电脑的安琪儿说话了:"叔叔,女人的事情你不要管。"

男士再也不进来了。

安琪儿跟爸爸去朋友家玩。春节聚会,难免喝酒,几个人劝爸爸多喝点儿,安琪儿看了一会儿就走开了,一会儿又回来了,拿着一瓶二锅头,"我爸爸要把这瓶酒一口气喝了,你们谁也不能再劝他了。"说着拿瓶子就往爸爸嘴里倒,爸爸张着大嘴一口气全喝完了,几个人都佩服得不得了,直夸小安琪儿配合。

回家的路上,小安琪儿拉着爸爸的手说:"一瓶水就把他们镇住了,真好玩。"

有一次,一个老师肚子痛,怎么都控制不住,就去了社区诊所。安琪儿刚好路过,连忙到老师面前,"老师你怎么了?肚子痛?你想象着在吃我的冰淇淋吧,分散一下注意力,要不会更痛。"

老师哭笑不得地把肚子捂得更紧了。

一次去医院打针,安琪儿乖乖地等着叫她的名字。一会儿,轮到她前面还有一个男孩打针。那个小男孩满脸恐惧,怕得发抖。安琪儿把头凑过去对男孩说:"你千万别叫啊,不然我一定会哭的。"

男孩惊呆了,果然没哭。

一天,哥哥回到家很不高兴,全家人都关心地问他怎么了,安琪儿也凑了过来。哥哥说:"老师今天说我拖了全班的后腿。"安琪儿瞪大眼睛喊:"哥哥你的力气好大呀!"

全家人笑倒。

安琪儿不喜欢人抽烟。一次安琪儿和妈妈一起坐火车,一个叔叔在车厢里礼貌地问坐在对面直直盯着他的安琪儿:"叔叔可以抽支烟吗?"安琪儿也友好地回答:"你在家里也抽烟呀?"他叹气说:"在家不抽,阿姨不让抽。"安琪儿轻声说:"那你就像在家里一样好了。"

有其母必有其女

很多家长和孩子都共同参演过下面这个小品。亲爱的读者朋友,你不妨也和自己的孩子在家里排练好,到适当的场合和孩子同台演出,相信你和孩子都会有不小的收获。

培养孩子拥有什么样的个性最佳?

——认真严谨?随和谦让?幽默?

演员:三位母亲、三位女儿(5岁)

(画外音)在一个城市里有一个美丽的社区,居住着三位年龄相同、个性迥异的母亲,养育出了三个不同个性的女儿。

第一幕

第一位母亲上场,服饰华丽,步伐急躁。

母亲:我是一个个性认真严谨的人。我的老公自从开始谈恋爱就被我紧紧地攥在手心里。可是最近他越来越不听话了,天天都不想回家,天这么晚了居然还没有回来做饭,打个电话教训他一顿!(拿起电话)喂,你死到哪里去了?再不回来就别回家了!

话音未落女儿上场,步伐急躁,叉着腰用手指着妈妈。

女儿:妈妈,你死到哪儿去了?怎么不来接我!

母亲:(惊呆,愣怔好长时间)你为什么这样跟我说话?

女儿:跟你学的!

母亲:我什么时候这么说过?

女儿:你天天都这样对爸爸说,刚才还再说。

母亲：(气得像没头苍蝇一样乱转)反了反了！你们都反了，不跟你们过了，我走了！(气鼓鼓地下场)

女儿：(耸耸肩)看到没有？长大了我才不谈恋爱呢，更不结婚，结婚了也会离婚。玩儿电子游戏去了。

下场。

第二幕

第二位母亲和女儿一起上场，服饰单调，步履缓慢沉重，神情呆板。

母亲：(叹了口气)我是个个性随和谦让的人。从小我就事事听别人的，不给别人添半点乱。我忍完今天忍明天，忍完明天忍后天，忍完后天忍大后天，忍到头发发白牙齿掉光，忍来忍去，我一无所有，我长得不漂亮，老公也不喜欢我，人的命，天注定啊！

女儿：(颤巍巍地说)妈妈，爸爸还没回来。要不要打个电话？

母亲：你是自找没趣，只会让他更烦你。

女儿：(怯生生)我们玩一会儿吧，你陪我玩一会儿吧。

母亲：我怎么陪你玩呀，又要做饭，又要洗衣服，又要打扫房间，不然的话你爸爸回来又该吵我了。

女儿：会不会也吵我呀，妈妈？

母亲：不知道。你去学写字吧，我去做饭了。

唉声叹气地下场。女儿呆呆地站在舞台中间，过了好大一会儿，低沉着头，神情呆滞。

女儿：真没意思，真没意思，真没意思……(步履沉重地下场)

第三幕

第三个母亲上场，快乐阳光，衣着鲜艳，蹦蹦跳跳。

母亲：我是一个美貌与智慧并重的女人，我有一个幸福的家，成功的丈夫，还有一个天使一样的女儿，想起她梦里就会笑出声。今天我回来得早，先给老公沏杯热茶，再给女儿冲杯橙汁，等着他爷俩回家。

女儿衣着鲜艳，欢笑着跑上场，调皮地敲门。

母亲：(幽默地)谁呀？请报暗号。

女儿开始边唱边跳"呱呱呱呱呱",母亲也边和声边跳。

女儿:(唱)你听这是什么声音?

母亲:(唱)这是娃娃回家了。(打开门,母亲拥抱女儿)宝宝回家了,今天开心吗?

女儿:开心。

母亲:喝杯橙汁吧。

女儿:(接过来)谢谢妈妈。(喝完)爸爸还没回来吗?我有点想他啦,给他打个电话。(拿起电话,撒娇)喂,爸爸,我们想你了,我给你泡了一杯热茶,你已经在回家的路上了?慢点开车呀,我等你。(放下电话)妈妈,爸爸马上就回来了,我们先做游戏吧。

母亲:好吧,今天做什么游戏?

女儿:讲灰姑娘的故事吧。

母亲:好吧,但是我们今天讨论灰姑娘的故事好不好?

女儿:好。

母亲:首先第一个问题,如果辛德瑞拉12点钟没有跳上马车回到家中,会发生什么事情?

女儿:(笑)会变回脏兮兮的样子,把王子吓晕。(笑着倒在地上)

母亲:(大笑)所以,在生活中我们一定要——

女儿:(抢着说)守时。

母亲:对。作为女孩子每天都要——

女儿:打扮得漂漂亮亮出现在别人面前。(说着优雅地转了一圈)

母亲:第二个问题,辛德瑞拉自己能到皇宫吗?

女儿:不能。

母亲:也就是说生活中缺少不了——

女儿:朋友。

母亲:太棒啦!第三个问题,是谁决定让辛德瑞拉去参加舞会的?

女儿:她自己。

母亲:对了。如果你觉得别人不够爱你,你就要加倍地爱自己,如果别人不给你机会,你就要加倍地给自己创造机会。第四个问题,诚实点回答,如果你是辛德瑞拉的后母,你会希望他和王子结婚吗?

女儿:(想了一会)不会,我爱自己的孩子,我希望自己的孩子和王子结婚。也就是说,她并不是一个坏人,只是没有学会爱别人的孩子。

母亲:太棒了,宝贝亲一个。(亲吻)最后一个问题,这个故事有没有不合理的地方?

女儿:(想了一会)有,半夜12点所有的东西都变回原样,可是水晶舞鞋却没有变回来。

母亲:哇!这么伟大的作家也会出错呀。(母亲做昏倒状)天哪!宝宝太厉害啦。所以出错并不是什么可怕的事情啊!(女儿频频点头)

母亲:好了故事说完了,下面唱个歌吧……(《吉祥三宝》音乐响起)(剧终)

个性是影响命运的。如果你选择认真、严谨的态度,你就会为一些鸡毛蒜皮的小事纠缠不休,会把自己的人际关系搞的非常紧张,而随和谦让则会使生活中的你一味妥协、退让,会给人以懦弱、窝囊的印象,会给一些居心不良的人以可乘之机。因此这两种个性是负性人格,是不可取的。培养孩子有幽默感最好。幽默感的特点是,能大能小,能好能坏,能上能下,关键是利导。

周正教授告诉我们

幽默是人类发展到18世纪以后逐渐脱颖而出的人格模式。幽默是个万向轮,是系统性的人格结构。实现了幽默,就必然能将各种优秀的品质综合其中,形成灵活机制。凡幽默之人,能小能大,能紧能松,能进能退,从人格根基上杜绝了尴尬、极端、焦虑、抑郁、自卑、胆怯等不良人格,没有了歇斯底里的浮躁。处事不伤人也不伤已,万事皆好,进退自如。心理专家建议,要培养孩子以幽默为根基的整体个性。

第七法
女儿今天初潮,家人如何反应才好?

错误反应:1. 见不得人;2. 倒霉

女孩子在来例假之后,很多会有经前期综合征。到月经这几天都会觉得肚子痛啊、很难受啊。据对本学科的观察和了解,数字是这样定的,有的数字定得多一些,有的数字定得少一些,有60%痛经、60%的经前期综合征,或者有人说90%,都属于心因性。

心因性就是和自己的心理有一定的联系。

什么是心因性呢? 假如说,有一个女孩子总觉得自己做女人非常好,她非常喜欢做女人,觉得做女孩子能进能退,可以撒娇,可以流泪,可以笑,可以挣钱,也可以不挣钱。回到家带孩子也行,出去工作也行。男人就不行,男人要是天天在家抱孩子,邻居、周围的人都会说他。女人不挣钱回家花男人的钱,没问题,若男人回到家不挣钱,让女人养着他,所有人都会怎么看他,结论是没出息。

因此,女人实际上生活范围是有很大自由度的,而男人一定要给自己一个相对成功的形象。我喜欢做女孩。她得经前期综合征的可能很小。

有时候,女孩子在例假来的时候,她会说真讨厌,真倒霉。

家长朋友,我说三个例子。

一、比如说我来了,你高兴吗? 我说我来了,你没什么反映,因为我没有伤害过你,我没有让你难受过。

二、假如说有个人,每次来都打你,每次来都骂你,你可能远远地一看见这个人,或者是一听见这个人的名字,你就会很难受。这个人可能现在没有来,他离你也许有十万八千里,但是一说这个人要来,一听见他的名字你就难受,因为他每次来都打你。

三、假如说,有一个人每次来都给你拿三万块钱,每次都对你很欣赏,每次都给你快乐,无一例外。

每当听到他名字的时候,你就会很愉悦。

不由自主地,你就会很高兴,想起他来你就会很高兴。

因此我告诉你,所谓的经前综合征,它跟这三个人实际上是一样的。如果说一个女孩子把例假当作一个每次来都会让她很难受的事,因为有些女孩子她不接受自己的女性角色,为什么当女人每月都要有这几天呢!行动多不方便啊!多受限制啊!还有一些麻烦,因此她觉得这几天对她来讲是个麻烦,你认为这是个麻烦的时候,好,会让你头晕,会让你难受,会让你睡眠也受影响,吃饭也受影响,什么都受影响。甚至有人认为,在这几天工作效率也会低下,记忆力也会低下,我现在告诉读者朋友,所有的这些,60%以上,甚至是90%以上是心因性的,并不是月经来潮会带来这些问题,而是你认为它来到了就有麻烦,才带来这些问题。

就像有一个人每次来了都捣乱,因此一提起这个人你就会觉得又有人在捣乱了,这是一样的,实际上是自己在暗示自己。

说到这里,我相信你差不多懂了。我们看看具体怎么做,采用的方法不同会把女儿引向幸福和不幸两条道路。

真真——不爱穿裙子的女孩

4岁时,真真看见妈妈来月经了。

真真:妈妈,你流血了。

妈妈:孩子,对谁也别说呀。可别让人知道,这是见不得人的事,我都快烦死了。

真真:痛吗?

妈妈:当然痛了,肚子痛、腰痛、胸痛,没有一个舒服的地方。记住,以后只要妈妈来月经了,你就不要烦妈妈。妈妈这几天脾气会不好,会吵你的,一边去,脏死了。

真真吓得赶快闭嘴。

妈妈(从洗手间出来了):哎呀!难受死了。做女人就是倒霉!真真,你是个苦命的闺女呀!你跟妈一样,也要倒霉一辈子。做女人就是很烦,很命苦。

真真(马上说):妈妈,咱不做女孩子,我想做男孩子!

妈妈(无奈地笑笑说):好吧!

6岁,真真和妈妈去商店买衣服。

妈妈:那个裙子漂亮,试试吧!

真真:不好看,不试。

妈妈:这个比刚才那个更好看,快穿上试试。

真真扭头就走。

妈妈(赶上来):你怎么了?

真真:我只想穿裤子,不想穿裙子。

妈妈:为什么?

真真:我想学男孩子,不想做女孩子。

妈妈:可你是个女孩子呀。

真真:所以我才烦我自己,我穿裤子就像男孩子了,假装我自己是男孩子,这样心里才舒服。

12岁,真真来例假了。

真真一整天坐在教室里一动不动,一上午哪儿都不去,下课铃一响就跑回家去,冲进洗手间。

妈妈:你怎么不在学校上洗手间呀?

真真:丑死了,见不得人。

妈妈:那你怎么办?

真真:在教室里坐着不动,不喝水就不去洗手间。一到这几天我就没有心思听讲,烦死了,今天学的什么都不知道。

果然,真真的学习从此一年一落千丈。

家长们,很多女孩子不爱穿裙子,只爱穿裤子,很多女孩的学习到初中受影响,这就是原因之一。

这就是潜意识。一个女性有的时候,看这不好那不好,都不满意,偶尔的不满意是合理的,一个妻子对丈夫过于挑剔,或者一个女孩对于自己的性别过于挑剔,挑剔方方面面的时候,就是对她个人的人生不满意了。你说她会幸福吗?

周正教授告诉我们

经研究证明,经期综合征主要是由心理因素引起的。家长如此说,女儿自然会认为月经是见不得人的丑事,惧怕女性周期。女儿被灌输了月经是倒霉事儿的思想,厌烦女人的周期,甚至厌烦做女人,厌烦自己的性别,不甘心做女人,但又无法改变。成年后,不认同女性角色,夫妻关系不和谐,不愿生孩子,不亲孩子,则是更深远的影响。与天性相悖,是许多女性生活不幸福的心理根源。

家长们千万不要用以上两种反应来对待孩子,尤其是母亲。

正确的反应:高兴

安琪儿今年13岁了,中午在学校吃饭时她突然觉得裤子有点湿,而且一股热乎乎的东西顺着腿往下淌,用手一摸是红色的,竟然是血。

她用上衣挡住下肢回到宿舍,把衣服换了,然后用热毛巾把腿擦干净。从自己的柜子最里面拿出那包妈妈早就准备好的卫生巾,到洗手间换好。然后,她给妈妈打了一个电话。

安琪儿:妈妈,告诉你一件事情,你不要激动呀! 我来了,真的,我来了。

妈妈(电话那头):真的吗? 真的来了! 这下妈妈可放心了。隔壁家的丛丛上个月来的,我还担心呢! 这下好了。我让爸爸今天去接你,妈妈做些好吃的,今天回家住,说不定爸爸知道了要送你礼物呢!

安琪儿(笑了):好吧,放学后我在门口等爸爸。

一下午,安琪儿都在神秘兮兮地笑,同学们都觉得她有什么好事。

放学了,安琪儿飞奔到门口,只见爸爸早已等在校门口,手里竟然捧着一束鲜花。两个人高高兴兴上了车,安琪儿发现车后座放着一个特大号的蛋糕。

安琪儿开心地笑了。

4 岁,不痛

在安琪儿4岁那年,妈妈又一次故意在她面前更换卫生巾。

安琪儿:妈妈,你的肚子流血了。

妈妈:是呀,妈妈是不是又变漂亮了?

安琪儿:流血会变漂亮吗?

妈妈:当然,这是只有做女孩子才有的权利。等你长大了,你也会像妈妈一样漂亮的。

安琪儿(不放心地问):妈妈,是不是很痛呀?

妈妈(大声回答):不痛,一点都不痛。这是一种很奇妙的感觉!

安琪儿(赶紧问):真的吗?

妈妈(笑着说):好孩子,等你长到12岁就知道了。

做女孩真好

6岁的安琪儿是个爱美的小姑娘,每天起床她都自己挑选衣服,搭配衣服。她从不喜欢穿裤子,最爱穿裙子,而且爱穿那种能转起来的裙子。

冬天来了。一天,安琪儿很生气,原来她试了几条裙子都转不起来。

安琪儿:妈妈,我要生气了,裙子都转不起来。

妈妈(笑着说):好宝贝,这是冬天呀!冬天要穿棉衣的,穿裙子会冷的。

安琪儿:我就要能转起来的裙子,你让姥姥给我做一条吧!

妈妈:为什么非要转起来呢?

安琪儿:因为我是女孩子呀!女孩子就要穿裙子,能转起来的裙子最漂亮了。我要做漂亮的女孩子嘛!妈妈,求求你了!

妈妈被安琪儿的话打动了,就跟姥姥商量之后买回家好多布,让姥姥给安琪儿做了好几条能转起来的棉裙子,也做了几套母女装。

每当走在大街上,母女俩一模一样的母女装都引起路人羡慕的目光,回头率100%。安琪儿骄傲地仰着头,还不时把裙摆转起来,引起大家的惊呼,"太美了!这裙子能转起来呀!"

这时,安琪儿总是高兴地对妈妈说:"妈妈,真幸运我是个女孩子,做女孩子真好!"

从这两个故事可以看到,家长们教育孩子要讲究心理学的。

那当然了,安琪儿妈妈就很成功,因为她不仅做通了安琪儿的工作,而且成就了安琪儿做女性的人生价值。她的一席话,点透了女儿,把幸福生活也给了女儿。所以希望所有的家长都学习她的方法

周正教授告诉我们

孩子如果准备好了,就会把初潮见血带来的恐惧与不知所措一扫而光。受父母情绪感染,她会愿意接纳女人的周期现象,并为如期到来感到庆幸,乐意认同女人的角色,这样,经期综合征就不会出现或症状轻微。成人后,就会乐意妩媚、温柔,夫妻关系和谐,亲孩子,以母性作为人生的意义。

第八法
孩子学习好,身体好,就是人缘不好,怎么办?

误区1:没关系

<u>家长 A</u>:孩子,只要学习好,有真本事就行。

误区2:洁身自好

<u>家长 B</u>:孩子,现在的好人不多,结交那么多人干吗?

正确的方法:赞美人

<u>家长 C</u>:训练孩子具有赞美别人的能力。

独生子女是中国的一个特殊现象。现在80后、90后的青年人普遍存在着这种现象:相互猜忌、互不信任、甚至互相拆台,以致两败俱伤。

这和他们从小接触到的家庭教育有关系,他们都是独生子女,从小被溺爱,所以刁蛮、任性,在家里什么都是他(她)的,出门后自己也把自己标榜成最应该受宠的,凡事总把责任推给别人。他们牢骚满腹,横行霸道。本来他是个最难相处的人,最后却成了所有的人都难以相处。这些孩子的父母一般从小都护短,不论孩子在外面发生什么事,都是别人家孩子不好。孩子从小也就认为别人总是有责任的。

当今社会,团队合作就是竞争力。想单打独斗去取得卓越的成果,是绝对不可能的,凭借一己之力的时代已经一去不复返了。孩子们必须懂得,也必须学会与人合作,孩子的人际交往能力对孩子的一生起着决定作用,换句话说,孩子的情商要高。

情商(EQ)又称情绪智力,是近年来心理学家们提出的与智商相对应的概念。它主要是指人在情绪、情感、意志、耐受挫折等方面的品质。情商的高低对孩子能否取得成功也有着重大的影响作用。

情商包括以下几个方面的内容：一是认识自身的情绪。因为只有认识自己，才能成为自己生活的主宰。二是能妥善管理自己的情绪。即能调控自己。要自我激励，因为它能使人走出生命中的低潮，重新出发。三是认知他人的情绪，这是与他人正常交往，实现顺利沟通的基础，加强人际关系的协调，即领导和管理能力。

心理学家们认为情商水平高的人具有如下的特点：社交能力强，外向而愉快，不易陷入恐惧或伤感，对事业较投入，为人正直，富于同情心，情感生活较丰富但不逾矩，无论是独处还是与许多人在一起时，都能怡然自得。

一个人是否具有较高的情商，和童年时期的教育培养有着密切的关系，因此培养情商应从小开始。

拥有赞美人的右脑

有学说认为，人自信、快乐、富有创造力，建议型人格是源于他们的右脑非常发达。左脑与右脑优势比较：

左脑	右脑
世俗的	灵性的
理智的	感性的
线性的	同时并进的
批判的	建议的（赞美的）
思想家	艺术家
分析的	综合的
悲情的	快乐的
自卑的	自信的

情商中的感受、理性、运用、表达和调节情感也与右脑有关。而创造力是左脑与右脑的结合体。

开发全脑的黄金时间是 0～3 岁，大脑的发育在 3 岁已完成了 75%。我们应该从小给宝贝们制订一系列的全脑开发游戏，以开发右脑为主，而且每种类型的游戏中都要有一项社会内容的达标训练——和其他小朋友共同配合完成一个游戏。自 3 个月起，就要通过游戏开发孩子脑部的不同局域。接着，2～4

岁时,着重培养孩子认识自己情绪的能力。

慢慢地,他们的自信心、快乐的心情,对艺术的感悟能力以及张口会说好听话的小嘴就会渐渐显现出来。"妈妈好,妈妈漂亮,妈妈好美,妈妈是世界上最好的妈妈……"这是安琪儿2~3岁时,自己陆续编的一连串赞美妈妈的话语!让妈妈陶醉了好多天!

0~6岁是培养情感学习能力的关键时期,这段时间积累的情感经验对孩子一生具有持久的影响。

家长的言语

家长要严格要求自己的言行。情商不高的孩子,家长的情商很有可能不高。要限定哪些话不能当着孩子的面说。

比如:谁的衣服难看了,谁的身上难闻了,谁不是好人了……孩子听这些挑剔的、排斥的、负面的话语多了,自己就形成了一种思维定式。如果有困难,就在你周围找个人学习吧!这个人要比你聪明,所受教育更好,层次更高,比你更有毅力。但你会在追赶他的过程中,自然提高自己的情商。而且,亲爱的家长们,我们自己也会在压抑自己的需求、满足孩子愿望的过程中成熟。养孩子也可以提高我们自身的情商,努力学习吧!

真真家的晚饭

妈妈:我们单位的小王今天穿了一条裙子,难看死了,她还臭美。

爸爸:她老公在我们单位呢,每天像个哈巴狗似的,见领导就低头哈腰,就讨厌这种人。

真真(附和):他们的孩子在我们学校也没人理,她太难看了。

安琪儿家的晚饭

妈妈:我发现安娜老师越来越漂亮了。

爸爸:不仅安娜,其他的老师也越来越漂亮,我都认不出来了。

安琪儿:我越来越喜欢她们了。

改变孩子的世界——安琪儿的名单

帮助孩子列出他(她)不喜欢的人和事的名单,并分成两部分。

A. 可以改变的　　　　　　B. 不可改变的

首先,解决 A 中可以改变的,然后看有没有把 B 中的人或事移到 A 中的可能,最后,放弃 B 中的人和事。

安琪儿的名单(6 岁)

A. 宿舍姐姐们　　　　　　B. 魏美慧

夏天不热——喜欢上不喜欢的人

6 岁上学后,新的生活环境和人际关系的矛盾给安琪儿带来了新的挑战,这使她必须真正独自面对生活中的每一件事。

宿舍姐姐们对她的管理方式曾让她很难过。在无法改变现状的情况下必须帮助安琪儿快乐起来。

在一次例行的谈话时间,

妈妈:安琪儿,夏天来了,你会想到什么?

安琪儿:我的礼服裙子、拉丁舞鞋、游泳、冰淇淋……

妈妈:夏天热不热?

安琪儿:热。

妈妈:想起你说的这些开心吗?

安琪儿:开心。

妈妈:想起夏天很热,难受还是开心?

安琪儿:难受。

妈妈:那你愿意开心还是愿意难受?

安琪儿:当然想开心。

妈妈:好,我们把姐姐们比作夏天,你说的那些都是让我们不开心的,你能不能想想姐姐们的好呢?

安琪儿:……(沉默)

妈妈:慢慢想,肯定有,这个世界上没有人一个优点也没有。

安琪儿:有一次我的床湿了,3 个姐姐帮我晾被子,孙悦姐姐让我到她的床上去睡。(终于说话了)

妈妈:她搂着你没?

安琪儿:嗯!

妈妈:暖和吗?

安琪儿:暖和。

妈妈:还有呢?

安琪儿:孙悦姐姐舞跳得很棒。张宇姐姐让我用她的电话卡打电话,她不吓我,还帮我做送给你的礼物。紫园姐姐经常把好吃的给我吃,有一次替我说话不让别人吵我……妈妈,我感觉现在不太难过了,其实姐姐们对我也挺好的。

一次一次的努力,安琪儿终于把不快乐的事情变成快乐的事情。妈妈让她把这些话说给姐姐们,并告诉姐姐们她喜欢什么样的姐姐。渐渐地,问题解决了。她换了一个角度考虑问题,就从难过的心情中走出来了。后来聪明的她把这个方法运用到其他同学身上。

安琪儿有一个同学各方面都很出色,她曾经告诉妈妈她们两个在PK,所以两个人的关系时好时坏。

有一天,

安琪儿(突然说):妈妈,我发现魏美慧的优点了,她的字写得很好看,比我强。"

妈妈(高兴地点点头):宝贝,你太棒了,你周一告诉魏美慧好吗?

不久,妈妈去接安琪儿,

魏美慧(跑过来):阿姨好,我是安琪儿最好的朋友。

妈妈(连说):你好,宝贝。安琪儿非常喜欢你,她说你的字写得非常好。

在班级班长的选举中,安琪儿凭借良好的人际关系,以全班第一高票被推选为正班长,魏美慧以第二高票被选为副班长。

孩子们真的很厉害!只要给予正确的引导,他们就能出色地解决很多问题。

带着交朋友的任务出去玩,带着赞美之心去交朋友

孩子周围有这样的人吗?他(她)精力充沛,聪明,快乐,大方,善良。让孩子与这样的孩子交朋友,模仿榜样孩子做的事,以自己的方寸完成。

每次外出都给你的孩子订下交朋友的目标。

安琪儿从架子上拿下一套玩沙子的工具："妈妈，我去沙池玩了，一个小时后见。"

一小时后，妈妈到沙池看到她和一群小朋友玩得热火朝天，小脸红红的，左跑右跑而且还指挥若定。看见妈妈来了，她高兴地说："妈妈，我今天又交了3个新朋友。这是小龙，他非常勇敢。这是亮亮，他特别帅。这是英子姐姐，她一直帮我运沙子。我们玩得可开心了。""妈妈祝贺你完成任务，亲一个。"

这是在安琪儿4~6岁时经常出现的场景。她想独自去社区游乐场玩，妈妈就想出了条件——每次独自外出必须交1~3个新朋友，要知道对方的名字，能说出你喜欢对方的地方。然后等一小时左右，妈妈去验收游戏的战果，认识她新交的朋友。

这个游戏从开始到后来，可以说简直是个奇迹。她从来没有失败过，每次都成功。后来，无论是去轮滑场、游戏厅、跳舞场、游乐场、饭店，她都能交上新朋友，有时还和新朋友约好下次见面的时间和地点。

有一次从游戏厅出来已经7点半了。安琪儿约了一个前天刚认识的小姑娘晚上7点半到文博跳舞场见面。妈妈和她一路狂奔，赶到跳舞场已经迟到了10分钟。为了表示歉意妈妈买了两个冰淇淋拿在手里，在里面转了20分钟后终于找到了那位小姑娘。安琪儿把快化完的冰淇淋递给小姑娘并道歉说："对不起！姐姐，我来晚了。"那个小姑娘开心得一直在笑，她的妈妈也激动地说："我们家孩子没有交过朋友，平时不爱说话。那天你们家小姑娘先跟她玩的，后来又约好今天也来。她提前一个小时就催我，在门口一直等你们。你们家小姑娘真不错，以后让她们多在一起玩吧！"

"让安琪儿和我们家孩子多玩吧！"这是妈妈经常听到的一句话。奥秘就在于——安琪儿是带着赞美的角度去和每一位新朋友交往的。每个小朋友，每个人都喜欢与赞美自己的人玩。

这是安琪儿写下的她1~6岁时好朋友的特点。

1.5~3岁的好朋友（同岁）

瑞查：他从不和我吵架，老是让着我。

小贝：她的眼睛漂亮，头发黑，刘海好看，爱抱我。

1.5~6岁的好朋友（同岁）

亨利:上课乖,识字多,谁都比不过。

2.5~6岁的朋友(同岁)

兰博:他常对我说的一句话——"安琪儿,你的衣服真好看。"

3~5岁的朋友(比她大2~3岁)

汤姆:总是照顾我,而且特别帅,我们两个主持节目他从不出错。

乔思:他爱上课,学东西快,像个大哥哥。

4~6岁的朋友(比她小1~3岁)

格格:她长得漂亮,第一次见她在奥尔夫音乐课上用节奏作自我介绍时,我都晕了,她骑自行车、轮滑都很棒。

叮当:这个小妹妹在奥尔夫音乐课上反应快,长得漂亮,反正我就是喜欢她。

5岁的朋友(比她大2岁)

丁梓琪:刚认识他时,他就冒着危险把我的小手链从沟里捡了出来,特别乐于助人。

6岁的朋友(小学同学)

魏美慧:字写得好,上课发言积极,学习棒。

朱加宁:活泼、可爱,我就爱和她玩。

汪书雨:头发漂亮,说话温柔好听。

郑亚龙:帅,写作业非常认真。

周正教授告诉我们

1. 学习成绩好是人生系统中的一个部分,智力因素占人生的20%,而更多的部分是情商因素。人际交往能力是情商的必备组成部分。人际关系差,往往导致生活不幸。

2. 心理学研究表明,所有人的潜意识中,都乐意与承认和赞美自己的人接触、亲近,而自然地躲避、拒绝那些诋毁、否定自己的人。赞美别人,其实是既简单又可行的社交手段。因为人人都有优势的一面,教育孩子盯住别人好的一面,会受益无穷。

第九法
孩子要零花钱,给不给,怎么给?

误区1:不能给,节俭才是美德

妈妈:小孩要什么钱,都是买些乱七八糟的东西。

真真:我不要零花钱,花钱不是女孩子。

一些家长认为,该买的东西我都已经买了,给孩子钱他都乱花。可以肯定地说,给孩子零花钱,孩子肯定是乱花的,因为他想要的东西和你想要的东西不一样。

其实,家长自己就不乱花钱吗?有些女士买的衣服,回家从来没穿过。那么孩子的钱怎么花,就应该让孩子自己定。不能家长说是乱花就是乱花,家长说不是乱花就不是乱花。

另外一个问题是,教育孩子"不要花钱",是极其片面的教导。很多孩子说:"我不要花钱,花钱不是好孩子。"妈妈说:"有钱的都不是好人。你看你爹,就是有点钱才学坏的。"

那么,到底是不是这样的?可能你说的是真的。但是,对你的孩子来说,他从小就知道钱是不好的,我爸爸是因为有钱才学坏的,才和妈妈离婚的,我爸爸之所以和妈妈生气,是因为爸爸他有钱了。这样孩子从小就敌视金钱。一个敌视金钱的人将来能成为富人吗?很难。你愿意让你的孩子将来受穷吗?你不愿意。那你为什么教育孩子说钱不好呢?为什么要让你的孩子敌视金钱呢?这个世界上,钱没有什么不好,钱压根没有问题,有问题的是人。凡是诋毁钱的人,都是要让孩子将来受苦受穷的人。

因此,要让孩子从小重视金钱,珍惜金钱,知道金钱的能量。

周正教授告诉我们

这种教育方法会造成以下几种后果:

1. 孩子吝啬小气,该花的钱也舍不得花,生活难得轻松快乐。
2. 孩子敌视金钱,不愿为金钱工作而经济拮据。
3. 孩子走上极端,自己去"拿"。

误区2:具体问题具体分析,父母决定合理的开支就给,认为不合理的就不给

真真:我要买一双阿迪达斯的球鞋。

妈妈:多少钱?

真真:300元。

(这个要求合理不合理?)

(不合理!)

妈妈:你怎么能这么做呢?孩子不能追求名牌!不合理!

真真(心想):我们班有三个人穿,别人都觉得他们特别酷!怎么办呢?

真真:妈妈,我想买羊肉串。

(这个要求合理不合理?)

(不合理!)

妈妈:不行,太脏了。

真真(心想):这也不合理,什么才合理呢?

真真:妈妈,我要买海淀区的数学辅导资料。

(这个要求合理不合理?)

(合理!)

妈妈:好,给钱。

"搞定家长一整套俱乐部"

北京有一个小孩,就是这么做的。

他到书店问老板:"海淀区辅导资料多少钱?""12元!""打折吗?打完折几

块?""5折,6元!"

这孩子就找到妈妈,要买海淀区辅导资料,12元。孩子拿了12元钱,给书店老板6元买书,回家对妈妈说:"你看,资料我买回来了,定价12元。"孩子自己呢,就捞到了6元。妈妈看了还很高兴,好啊,你好好学习吧。这孩子心想:就你们这些大人,还跟我玩!

这个孩子在北京和很多学校的孩子一起,偷偷成立了一个"搞定家长一整套俱乐部",相互之间就商量着怎么套父母的钱。可是他们买辅导资料次数多了,父母就问,你买这么多资料,你做了吗?他们就在上厕所的时候随便划上答案:妈妈你看我都做完了!反正父母也不知道做得对不对。孩子们就这样相互商量着,就这样套父母的钱。套的钱做什么呢?买阿迪达斯!

洛阳的一位母亲说,学校开运动会,妈妈去给女儿送午饭,看到孩子正带着耳机听随身听,还喝着饮料。这随身听至少得200多元钱,饮料也得好几块钱,妈妈就问:"这钱哪来的?"孩子赶紧把随身听塞给旁边的同学,"这是他的。""饮料呢?""也是他的。"

还有一位家长讲,孩子的老师给他打电话,说孩子上辅导班没有交钱。家长就问孩子,交钱了没?孩子说,交了。家长给老师打电话,老师,我孩子说钱交了,是不是你忘了?老师说不可能,交钱的我都写了收条,问问你孩子有没有。孩子说,是,老师写收条了,但是唯独没有给我写!

现在许多孩子谎话连篇,其中一个重要原因就是为了钱。许多家长还没有意识到这一点。更可怕的是一些家庭的爷爷奶奶,偷偷给孩子钱,还说:"你自己买一些零食啊,不要让你妈知道。"教孩子说谎。现在许多孩子上课时都在想怎样套父母的钱,因为他们太需要钱了。

郑州外语中学有一个女孩子,长得很漂亮,学习也很好,还是课代表。一天,她偷了家里的200元钱。妈妈一打她,她就说不上学了!她的妈妈领着她来咨询。周教授问这个女孩子为什么。这个女孩子说:"我学习好,又是学习委员,大家有什么问题都来问我,我就给他们解释,所以同学们都很喜欢我。每年过生日,同学们都会送我很多小礼物。可是别人过生日,我问妈妈要钱买礼物时,妈妈总是说,小孩子不要搞这一套!现在三年过去了,马上就要毕业了,老是我过生日收人家的礼物,别人生日我什么礼物都没有。我觉得自己跌份儿!丢人!"于是,快毕业了,她就拿了家里200元钱,把所有同学的礼物都买了。

"反正拿就拿了,就这样了。"

大家觉得这个女孩子的要求合理吗?

合理!

家长们,你不要以为孩子不是人,他也是人,也有朋友,也有他的社交圈,也有心愿。

经常有一些母亲说,孩子不听话,不听父母说话,说:"你们不要和我说话,我不理你们,你们也不要理我!"可如果反过来问这些家长,孩子有什么心愿?家长会说,他没有心愿,问他也不说。其实,孩子怎么会没有心愿呢,每个人都有心愿,只是家长太不了解孩子了。

周正教授告诉我们

这种处理方法会造成以下几种后果:

1. 用钱无计划。
2. 为达到目的,费尽心机、编造理由,哄骗家长。
3. 容易形成说谎、担忧、焦虑、紧张。

那么,怎么把这个问题处理好呢?怎样才能让孩子上课不要动这种心思呢?怎么让孩子不说谎,让孩子听话呢?

举个例子:这里有个圈,周围点上火,让一只小狗跳。小狗肯定不会跳,没有哪个狗是天生喜欢跳圈的。但是怎样才能让它跳呢?引诱它。教育孩子的技巧之一就是诱导他。你在圈的这边放上牛肉,小狗一看,跳了过来,跳过来就给牛肉吃。时间长了,小狗看见你就跳,跳了就有牛肉吃。以后即使你不给牛肉,它也跳,因为它在这个过程中得到了快感,跳过去具有成就感,它已经习惯了。小狗本来不喜欢跳圈,但是它跳圈得到了牛肉,慢慢就喜欢跳圈了。

正确的方法:定时发放,孩子自主,而且一定要和家务活结合在一起

我们一般和谁都敢吵架,和自己的爱人、父母、同事都敢吵,但是一般都不和老板吵,因为老板给我们发钱。我们平时对谁的笑脸最多?对老板。所以,不要小看钱的威力,在孩子的教育上一定要先处理好钱的问题。

我们建议,小学生每周给7元钱,中学生每周10~50元零花钱。家长可以

根据家庭情况决定,定时发放。他买什么不要管,让他自主。很多家长说,这办法不行,钱给孩子,他不到半个小时就花了,花完了还要。这个时候就要看家长的能力,能不能玩住孩子。

我们来看看安琪儿的故事。

5角钱透出浓浓的爱

安琪儿7岁时,妈妈开始每周给她七元零花钱。

有一天去公园玩累了,在广场上休息,安琪儿突然问:"妈妈,我的零花钱真的可以自主吗?"妈妈:"当然!"

安琪儿站了起来走向拐角的一个汽水摊。那是用一个大铁桶装的散装汽水。说实话,妈妈从来没有给安琪儿买过这样的汽水。但因为周教授说过不能管,如果喝了不闹肚子说明她很健康,所以,即使妈妈认为肯定不卫生,也知道今天无法干涉她,要说话算数嘛!

安琪儿:"请问多少钱一杯?"

卖汽水的:"5角钱一杯。"

安琪儿:"我要一杯。"

然后小心翼翼地端着杯子回来,说了一句让妈妈一辈子都忘不了的话:"妈妈,我请你喝汽水。"

妈妈惊奇地问:"这不是给你买的吗?"

安琪儿:"我不喝,今天我有钱了,我应该请你喝,妈妈辛苦了。"

妈妈开心得眼圈都红了,紧紧地抱住了安琪儿,过了好长时间才松开,然后把那杯平时看都不看的汽水一饮而尽。母女俩开心地笑了。

事后,妈妈问安琪儿为什么只买一杯,安琪儿说:"这样,我还有5角钱。"

噢,知道省钱了。

好姥姥

安琪儿的开端很好,但是妈妈知道养成一种习惯至少要三个月。果然,第四天,安琪儿就跑过来:"妈妈,这周零花钱花完了,再给我1元钱吧,我想吃棒棒糖。"

妈妈:"宝贝,花钱本事不错啊,比妈妈都快。"可是当安琪儿说还想要的时候,妈妈果断地说:"说好了,每天1元钱。"安琪儿不依了,开始撒娇。可妈妈说什么也不答应。安琪儿只好无趣地走开了。

晚上去姥姥家,安琪儿悄悄地把姥姥叫到卧室:"姥姥,我想吃棒棒糖,妈妈不给我钱。"

姥姥说:"宝贝,你妈妈几天前给我们开会了,谁也不能再给你钱,也不能给你买零食。我们都答应你妈妈了,一定要守规矩。"

安琪儿傻了,大哭一场。姥姥心疼地搂住了她,但是姥姥还是了不起的,心疼归心疼,钱没给,更没给安琪儿买零食。

从此,安琪儿开始每天计划今天到底最想吃什么,然后再去买。三个月后,每周7元钱的计划成功了。

在此期间,安琪儿也有把钱丢失的时候,心疼得不得了。后来她每天保护那7元钱就像小狗看护骨头一样细心,再也没有丢失过。

逛商场的暗语

渐渐地,妈妈把压岁钱也都给安琪儿攒了起来,一共3600元存进了银行。安琪儿把它叫做"红本子"。凡是安琪儿的大项开支,都从"红本子"里支出。安琪儿更知道节省了,还和妈妈制订了一套逛商场的暗语。

过年了,该给安琪儿买新衣服了。逛街时,安琪儿和妈妈都看中了一条靴裤,试穿起来也好合身。可是安琪儿却张大嘴对妈妈说:"妈妈,不想要(其实想要)!"老板一听就急了:"这么好看,又合适,这孩子……"妈妈:"这孩子就这样,我做不了她的主,要不再便宜点?"最后,开价120元的裤子40元买回来了。所有衣服都是既漂亮又便宜,省下不少的钱。安琪儿的财商意识从此扎下了根!

小小理财师

安琪儿已经基本上能良好地按远期目标,近期规划管理自己的财产。

安琪儿现在都会这样算计:一周7元钱,每天吃一个雪糕1元,还想买本《老夫子》,4元钱,不够用,怎么办?然后,她就到书店和老板讨价还价,3.5元成交;这样还剩3.5元,一天一个雪糕就不够了。那就吃5角钱一个的小布丁,3.5元正好吃七天!这七天有看的有吃的,也不错。她就这样开始逐渐计划着用钱。

有时全家一起上街,买雪糕,问她吃什么,她就说吃蒙牛,1.5元,是妈妈掏钱。如果妈妈说:"不行,你自己掏钱。"那就改吃小布丁了。

安琪儿学会了仔细算账,有计划地用钱,延迟满足,压抑自己的许多欲望,干家务活也更积极了。过年时,她写完作业就帮舅妈、姥姥做饭,挣了不少夸奖。

如果哪天妈妈买了菜想让安琪儿搬到楼上,她张口说"不"时,妈妈就说:"明天该发钱了啊。"她就会乖乖地说:"好吧,那我现在就去。"

安琪儿的自律性越来越强,也从不说谎骗钱,减轻了妈妈不少负担。12岁时,妈妈对安琪儿几乎不需要管理,她已经可以完全独立生活了。

安琪儿12岁时,暑假一个人打了两份工——替一个作家打稿子和兼职主持人。几乎已经济独立了。妈妈曾经说过,既会花钱又会赚钱的人才是最幸福的人,因为他享受了两种快乐。财富来自勤劳,安琪儿现在已经学会了用钱、挣钱和理财的真本事。

总结一下安琪儿妈妈的经验:

3~4岁 安琪儿认币。

5~6岁 币—物——初步体验奉献与索取的关系

7~8岁 赚钱、存钱,储蓄基本理念

9~10岁 制订一周开销计划、一周节省计划

11~16岁 劳务费和家庭理财

亲爱的家长朋友们,中国的财商教育一直是苍白的,作为家长我们应该有危机感。财商教育可以实现我们的强国梦,我们一起努力吧!

安琪儿的家务活

3 岁

1. 自己穿、脱衣服。
2. 大小便自理。
3. 整理鞋柜(有责任目标)。
4. 自己的玩具玩过放回玩具木箱内。
5. 与自己有关的事情作简单的决定。
6. 帮忙为家里的宠物乌龟和小鱼喂食。
7. 学习把自己的衣服挂在自己的小衣架上。
8. 自己刷牙。
9. 自己吃饭。
10. 自己走路。

4 岁

1. 从信箱中取出报纸。
2. 将牛奶从奶箱中拿进屋内,自己倒牛奶。
3. 把用过的玩具放回箱中原位。
4. 明确家中人员的衣橱、抽屉、用具的位置,帮助妈妈把东西归位。
5. 整理鞋柜(有责任目标)。
6. 扫地。
7. 自己穿、脱衣服。
8. 自己刷牙、洗脸、搽香香。
9. 配合喂养宠物、训练宠物。
10. 与自己有关的事情作简单的决定和提出建议。
11. 把自己的衣服、帽子挂在自己的衣帽钩上。
12. 独立吃饭,并适当清理。

13. 自己掌握玩电脑、看电视等活动的开始、终止时间。

5 岁

1. 吃完东西自己简单清理。
2. 自己开、关电器。
3. 学会叠床单、毛巾被。
4. 自己完全洗漱、学习自己洗澡。
5. 负责去运动时取钥匙、划卡、取卡。
6. 自己选择自己要穿的衣服,并搭配好鞋子和帽子。
7. 把脏衣服放进洗衣机。
8. 整理鞋柜,使用礼貌用语,接听电话(有责任目标)。
9. 配合妈妈将全家人干净的衣物放入原位。
10. 帮忙喂养乌龟、小鸟。
11. 自己会系鞋带。
12. 自己洗小件衣服。
13. 自己单独出去购买小件东西。
14. 自觉执行玩游戏、看电视、外出交友的规定时间。

6 岁

1. 按照天气或场合,自己打扮自己,搭配鞋子、帽子、手套、围巾、发卡。
2. 自己负责自己的自行车、踏板车、小汽车的清洗工作。
3. 外出用快餐时,自己购买食品,取回食物。
4. 自己洗澡,拿换洗衣服和洗涤用品。
5. 整理鞋柜、接听电话(目标责任)。
6. 帮助做饭时剥菜叶,学习包饺子、团丸子,使用微波炉。
7. 自己准备要带到学校的衣服、用具、水果、书籍。并自己用拉杆书包携带。
8. 在学校自己管理衣橱,把脏衣服、干净衣服分装,摆放鞋子。

9. 自己叠被子、毯子、毛巾被,整理床铺。

10. 与妈妈外出时,自己负责开自行车锁和锁车。

11. 负责将采购的东西拿回家,并放入合理位置,好吃的东西分配给家中所有人员,并明确多少。

12. 自己洗小衣服并挂在晾衣架上。

13. 帮父母跑腿办事,打电话、处理简单事务。

14. 喂养乌龟和小鸟。

15. 与妈妈一起按计划购买衣服。

16. 固定写家庭作业,不需督促。

17. 自己编写表达谢意的便条。

18. 扔掉垃圾。

19. 自动做家务,不需叮咛。

20. 自己管理每周零用钱。

8 岁

1. 整理鞋柜(责任目标)。

2. 饭后清理桌子、扔掉垃圾(责任目标)。

3. 操作家中所有电器,包括洗衣机、吹风机、加湿器等。

4. 按照采购单采购食品、日用品、文具。

5. 准时起床、睡觉。

6. 管理自己的日程表。

7. 做简单早餐。

8. 接待来访客人。

9. 自己有自己的存折,并有近期目标,远期计划,零用钱学会计划、节省、储蓄、合理开支。

10. 简单急救处理小伤口,会使用工具。

11. 完全管理自己衣物、食品、睡觉、学习。

12 岁

1. 通过负责的家务活或其他帮助赚取零用钱。

2. 自己使用交通工具：自行车、公交车，帮助家人办事、采购。

3. 照顾家中生病的老人、父母。

4. 专门有陪同家中老人、父母聊天的时间。

5. 负责家中开支的记账，重大家庭计划中作决定、提建议。

6. 自己制订学习、生活、特长训练计划。

7. 没人监督的情况下，自己管理自己的一切行为，遵守家规。

周正教授告诉我们

零花钱定时发放，孩子自主，而且一定要和家务活结合在一起的处理方法至少能培养孩子以下几种能力：

1. 经济意识方面：重视金钱，正确认识金钱的地位，愿意为成为富裕者而努力；计划用钱，合理开支，该花的花，该存的存。

2. 情商方面：能够控制自己的欲望与冲动，延迟满足；能够适度满足需要，养成快乐的心境。

3. 认知方面：认为父母通情达理，理解孩子，因而也乐意听父母的话，理解父母。

4. 代币制作用：潜意识中会最大限度地按照家长的话去做，比较听话，不大易形成对立局面，有利于各种良好习惯的养成。长大后，由于习惯的力量，便于父母对孩子的管理。

5. 有正常渠道来钱，预防孩子去"拿"钱行为的出现。

6. 有一些社会学家、行为学家和儿童教育学专家对以色列地区456名儿童作过长达20年的跟踪报道发现，干家务活的孩子与不干家务活的孩子相比，长大后，失业率为1∶15，犯罪率为1∶10，收入为1∶0.8。

第十法
冤枉了孩子怎么办?

误区1：改正但不道歉

<u>家长A：不告诉孩子自己的反省，不与孩子交流此事。</u>

妈妈不道歉

真真妈妈回到家发现自己书桌的抽屉又被动了,抽屉里面自己的钱包像有被人翻动的迹象,一数,少了1000元钱。

真真妈妈怒火中烧,肯定是真真! 她这不是第一次拿钱了,上次拿了100元,这次胆子更大了,竟然拿了1000元。

真真这时刚进门,正在换鞋,妈妈冲上去"啪"给了真真一记耳光。

真真被打傻了,捂着脸吃惊地问："你干吗打我?"

真真妈妈像个怒吼的老虎,"我干吗打你? 我就是打你! 我打的就是你! 装得挺像,你又偷我的钱。"

真真气得直哭,"我什么时候拿你的钱了? 没有,我没有拿你的钱!"

真真妈妈："你拿了!"

真真："没有! 就是没有!"

真真跑出去了,一晚上都没有回来。

很晚,真真爸爸回来了,他一进门真真妈妈就大嚷：真真太不像话了,又拿了我的钱,1000元啊!

真真爸爸马上问："什么时候?"

真真妈妈："今天下午。"

真真爸爸："我从你钱包里拿了1000元钱去修车了。"

真真妈妈傻了。

真真妈妈："你怎么不说一声,我以为是她拿的。"

真真爸爸："真真呢?"

真真妈妈："跑出去了,我打她了。"

真真爸爸："哎呀!你怎么不问清楚呢?"

真真爸爸跑出去找真真了,真真妈妈也后悔得不得了。

深夜,真真被爸爸从网吧找回来了。她理也不理妈妈,径直回屋锁上门睡觉了。

第二天,真真妈妈做了好吃的,真真看也不看。真真妈妈想说句道歉的话,但见真真的样子又咽回去了,心想以后不冤枉她就是了。可是真真却非常生气,就是不理妈妈。这种状况持续了很长时间,母女俩一直不说话。真真妈妈主动找她说话,真真总是冷冰冰的,家里气氛异常压抑。

后来,真真与同学们说起妈妈,总是对自己的妈妈嗤之以鼻,不愿多谈。

真真妈妈也多次反省自己下手太重,但是她就是不愿道歉,总认为是真真不懂事,最终也没有向真真说一句"对不起"。

就这样,真真的情绪一直都不好,一进家门就不说话,这件事对于她一生的影响都很大。

周正教授告诉我们

在这种情况下,孩子会产生这样的想法:生活就是冤枉,没有公正,没有希望。这种感觉的强烈程度与遭受类似经历的次数成正比。

误区2：都是孩子的错

<u>家长B:他不惹我发火,我怎么会打他,谁让他惹我了呢。</u>

在这个世界上,真的有这样的家长:他们永远认为自己是正确的、完美的,他们拒绝接受任何人的建议,凭自己固有的观念生活下去,尽管给家人、孩子带来了无穷无尽的苦难,他们还会一条道走到黑。我们经常会同情地看着一些孩子被这些家长带走,惋惜、痛心,可是,我们无能为力。周正教授经常说这样一句话:娘就是孩子的命。这些孩子的苦难命运就这样被注定了。

暴力家庭

有这样一个家庭。爸爸是高级干部,妈妈是演员,他们生养了3个孩子——2个女儿,1个儿子。

爸爸是绝对的大男子主义,在单位呼风唤雨,在家事事做主。妈妈稍有不从,就被打得几天出不了门。孩子们就成了妈妈的出气筒,稍有不从,妈妈就把孩子们打得哭天喊地。在这个家里,没有沟通,没有道理,只有拳头。

渐渐地,孩子长大了。有一次爸爸又对妈妈动手时,儿子勇敢地站了出来把爸爸"修理"了一顿。此后,妈妈和儿子成为这个家的"权威"。妈妈把儿子当做了自己的靠山和寄托。

儿子结婚了,妈妈不能容忍别的女人和儿子如此亲昵,在孙子刚出生时她挑拨儿子打跑了第一个儿媳,随后又打跑了第二个。儿子再也找不到老婆了,就把责任推到妈妈身上,开始折磨妈妈,并开始"教育"年幼的儿子。

大女儿40岁才结婚,结婚后马上离婚,因为新郎不能忍受她的暴力。

二女儿幡然醒悟,远嫁国外,后来再也不与妈妈联系。因为老外女婿发现她只要与妈妈通话就会发怒,大声嚷嚷,情绪抑郁,就不让她联系了,她自己也不愿意再与妈妈联系了。

再后来,爸爸得病死了。病重期间只有二女儿来看看。儿子和女儿互不来往。妈妈一人独居生活,晚景凄凉。儿子的儿子早早就逃学,离家出走,找都找不回来。

这个家没有爱,没有沟通理解,只有武力。正常家庭的孩子和这种家庭的孩子结婚,就如同一个细皮嫩肉的姑娘碰上了一个张牙舞爪的装甲车,被伤害得体无完肤。

在中国,这种家庭真不少。

周正教授告诉我们

在孩子的世界里,若生活无公正可言,那么暴力就是一切。儿子当上爸爸了,也会这样对待他的孩子,子子孙孙无穷尽,你愿意这样吗?

正确的方法:道歉

家长C:孩子,上次爸爸不应该打你,请你原谅爸爸。

周正教授讲课时，经常给大家讲我们国家伟大的领导人邓小平的一个故事。在邓小平少年时代，有一次爸爸打他。后来，小平的爸爸发现是冤枉了他，就诚恳地向他道歉。这件事情对邓小平的一生影响很大，他的传记里面多次提到这件事。为什么他面对人生的三起三落泰然自若？为什么他每次遇到不公正的时候总能忍辱负重继续顽强生活工作？因为他相信人间自有公理在，总有平反昭雪的那一天。所以，在那样灰色的年代里他都坚强地生存了下来。他坚持到了最后，也笑到了最后。

我们发现很多家长都不曾给孩子道歉。但是，在教育孩子的过程中，家长的道歉对于孩子来说却是无价之宝。

没有问题孩子，只有问题父母。这是我们这么多年来一直向家长倡导的理念，许多家长听过周正教授的讲座后幡然醒悟，深深忏悔由于自己的原因，错过了培养孩子的很多关键期，深感对不起孩子。

但是，据我们了解，真正给孩子道歉的家长却寥寥无几。

有些家长说，道歉了孩子会看不起我，会更不听我的话了。

只是这些家长没有考虑到，道歉可以使家庭教育脱离困窘，也让孩子真正感受到你的歉意，一家人可以马上和好如初。

所以，家长们，当你做错了的时候，当你冤枉了孩子的时候，请选择给孩子道歉。

道歉将使你在孩子心目中的形象突然高大，道歉会使孩子感受到家庭和父母的温暖和爱，道歉会使孩子觉得生活有希望。

如何给孩子道歉

当然，道歉不能是冷冷的道歉，随便给孩子一句"对不起"是不行的，要打动孩子的心，让他感觉出你的诚意。

真真15岁时，真真的爸爸妈妈来咨询安琪儿妈妈如何向真真道歉，安琪儿妈妈给他们制订了几个原则：

1. 父母先做好心理准备，要真心道歉，不是为自己狡辩，更不是骗孩子的伎俩。他们必须感到自责，勇于承认在教育真真过程中的失误。

2. 父母做好资料准备，如果孩子发现父母做了大量工作再来向自己道歉会受感动的,效果会更好。

3. 要选择恰当的时候,最好是孩子心情好的时候。

4. 针对真真现在这种情况,父母要承担全部责任。因为孩子出生时都是完美的,是家长与孩子沟通、交流出现了问题,才出现这种情况。不要找借口。

5. 请求孩子原谅,给父母一次机会。

6. 尝试着补救,请孩子配合你们的补救措施,也可以全家一起制订完善的计划,告诉孩子自己能做什么,能改正什么。

7. 询问孩子的心愿并努力帮助孩子达成。

和好如初

两个人回去后做了一个星期的准备。周六晚上两人看到真真心情还可以,就邀请真真到客厅来坐会儿。

真真坐下了。

爸爸妈妈各自先拿出了一个本子,然后爸爸清了清嗓子。

爸爸:"真真,今天爸爸妈妈叫你来只有一个目的——向你道歉!"

真真依然面无表情。

爸爸:"我们知道从小到大委屈你了,今天好好给你道歉。"

真真仍然一言不发,爸爸示意妈妈说话。

妈妈拿起本子:"真真,妈妈现在开始真心地向你道歉。"

妈妈竟然流下泪来,真真有点慌了。

妈妈平静了一下,继续说:"真真,首先妈妈对没有用母乳喂养过你向你道歉。这是在你出生初期妈妈本该做的事情,但是妈妈没有做。你现在和妈妈不亲近、不爱笑,不善于与人交往等等都是那时候造成的,因为妈妈没有在你的心底编织一张爱的大网,所以你一直不快乐。其次,妈妈对你0岁到3岁时没有亲自带你向你道歉。那时妈妈让奶奶带你,奶奶对你特别溺爱,妈妈也不管。还有去做亲子游戏时妈妈总是缺课,妈妈对没有把握住你0~3岁这段黄金时间向你道歉。你现在的任性、学习偏科都是幼年造成的。你数学不好,妈妈一直吵你不用功,老是拿你的数学和别人比,妈妈太委屈你了……"妈妈说不下去了。

真真其实根本就听不清妈妈说什么,她始终低着头。忽然,她发现自己手上有水滴,她下意识地摸了一下脸,才发现自己已经泪流满面。看着沾满泪水的手,真真再也坚持不下去了,哭出声来。

事后,真真突然发现,自己在家时好像轻松了许多,有时会莫明其妙地微笑了,这在以前是不可能的事。

半年后,真真和妈妈才和好,两个可以拉着手上街了。

真真妈妈真后悔,为什么不早说道歉的话呢?

在生活中,安琪儿也会听到妈妈的道歉。

有一次,妈妈没有征求安琪儿的允许把她的长袜借给安吉拉,安琪儿很生气。第二天妈妈专门给安琪儿道歉。

妈妈:"对不起,不知道这件事会让你这么生气,抱歉。我以后一定先征得你的允许再借你的东西。原谅我吧,我可以不可以拥抱你一下呢?"

安琪儿装作还生气的样子和妈妈拥抱了一下,但是马上就笑了。

妈妈错了

安琪儿3岁的那一年,六一儿童节会演在一个饭店进行。安琪儿化好妆,换好衣服,就以超常的意志力让自己坐下来安静地候场,而其他小朋友都在打打闹闹,一会儿就把化好的妆弄毁了。安娜老师表扬了安琪儿,让小朋友们学习她。整场表演下来,安琪儿一直都像一个专业演员一样严格要求自己。

演出结束了,小朋友们都兴高采烈地找爸爸妈妈了。此时安琪儿却终于忍不住扑到妈妈怀里哭了起来,而且越哭声音越大。大家都在笑,只有她一个人在哭。妈妈怎么劝也劝不住,就在她屁股上打了一巴掌,安琪儿哭得更厉害了。本来是表现最好的一个,现在看来却成了最差的一个了。回到家,安琪儿一直闷闷不乐。妈妈怎么想也想不明白她今天怎么哭得这么厉害。妈妈很生气,就想惩罚她,不和安琪儿说话。晚饭时安琪儿吃得很少,吃过饭就自己去画画了。妈妈做完家务就坐在客厅看电视。母女俩还是不说话,这气氛太难受了。

过了一会儿,安琪儿走到客厅,默默地站着,妈妈还在生气,就说:"干什么?自己去洗脸吧,妈妈今天不想理你。"

安琪儿没有回答,径直向妈妈走来,在妈妈脸上亲了一下,轻声说:"妈妈晚安。"然后朝着自己的小床走去。

妈妈惊呆了,一时不知如何是好,但马上就意识到自己错了!如此可爱懂事的女儿在自己斥责她后,还不忘记晚上临睡前要亲吻一下妈妈。

妈妈开始后悔了,回想今天下午,自己的所作所为太不像一个妈妈的样子了。妈妈走进卧室,安琪儿已经自己盖上被子躺下了,小脸上写满了委屈。妈妈替安琪儿披了披被角,柔声说:"宝贝晚安,睡个好觉。"说完,又俯身亲了安琪儿几下,安琪儿翻了翻身睡着了。

过了很长时间,妈妈从老师那里了解的情况中分析到,安琪儿是有理由哭的。因为她在三个小时里一直以超常的意志力约束着自己的行为,像一个大人一样克制着自己。看着其他小朋友们无拘无束,自己却乖乖坐着静静候场,小安琪儿觉得自己很委屈,因为她毕竟还是个孩子呀!

妈妈这才意识到,真的是自己错了,是自己没能体会到孩子的心。她把安琪儿紧紧地抱在怀里,看着安琪儿的眼睛一字一句地说:"安琪儿,宝贝,妈妈向你道歉,妈妈错怪你了。你能原谅妈妈吗?"

安琪儿骄傲地笑了,然后认真地点了点头。

家长们,你们能像安琪儿妈妈一样给孩子道歉吗?相信你们会做到的。

周正教授告诉我们

孩子最终得到了公正,他会联想到以前的情境得出以下结论:人都会有受冤枉的时候,而冤枉终有一天会平反的。所以,生活总是有希望的,只要学会忍耐和等待,公正自然会到来。

第十一法
您希望孩子长大后成为一个什么样的人？

误区1：出色的专家

爸爸：真真是一个好娃娃，长大要当科学家。

真真：我的理想是长大成为艺术家、文学家，成为最出色的人，超越前人。

在很多发达国家，你随便问一个女孩子，长大后想成为一个什么样的人？她会兴奋地告诉你："我长大后想成为一个出色的家庭主妇。"而很多男孩子的理想则是，长大后想成为一个出色的汽车修理工、调酒师。中国的家长们听了会大吃一惊，转身就嘲笑这些孩子胸无大志。他们从来没有意识到自己的好高骛远，不切实际。

家长们的虚荣心从小就把孩子置于尴尬的境地。许多孩子选择了放弃人生，许多孩子厌学、逃学，许多成年男子30岁了还在依赖父母，大多是因为父母从小就给孩子树立远大的理想。比如说，很多家长从小都让孩子树立一个远大理想——只考清华、北大。但是有多少孩子能考上清华、北大？清华、北大对绝大多数的孩子来说，是一个和自己生活永远无缘的事物。家长都说清华、北大好，孩子对清华、北大朝思暮想，甚至魂牵梦绕。

在奔向清华、北大的路途中，有些孩子突然清醒地意识到自己和家长都太可笑了，我永远也考不上清华、北大，再努力也无济于事。于是，他们早早放弃了学业。还有一些孩子没有考上清华、北大，考上了其他的院校，但是他们对自己的学校、老师、同学百般挑剔、横加指责。这些孩子无法自我认同，难以生活在幸福之中。因为他们身在此处，心却不在此处，他们认为自己的人生是失败的、无望的。这其实就是自虐。

这些孩子的生活由此会产生一系列的问题：

一、中学时代开始厌学，沉湎于网络游戏。

二、成年后"吃老"、"啃老",整天无所事事,事业无成。

三、婚姻生活不幸,对自己的配偶怎么看都不顺眼,只夸赞一些明星或身边别人的配偶,对自己的配偶百般打击,整日生活在悲哀中。

周正教授告诉我们

成为心理专家的概率为3/100 000,99 997人会因此遭受不应有的挫折感。往往是不出色的人才希望自己的孩子出色,只有自己自信,才能培养出出色的孩子。

误区2:知名人士

<u>妈妈:孩子,好好练声,长大当歌星。</u>

<u>爸爸:孩子啊,爹娘就是因为没上大学,才被人瞧不起,你可一定要考上大学,为咱家争气。</u>

不管孩子是否喜欢这方面,有无优势,家长都一意孤行、扭曲人性,让孩子生活在自己想象的生活中,摧残孩子。自己没有考上大学,孩子一定得考上大学。自己喜欢钢琴,孩子必须喜欢钢琴。自己喜欢舞蹈,孩子就要去学习舞蹈。中国一代又一代的孩子背负着父母的理想艰难前行,稍有不从,父母的打击和责备就铺天盖地,压得孩子喘不过气来。家长们何时想过,孩子有他(她)们自己的人生。让我们回归生命的原生态,尊重他(她)们生命的意义,还孩子们幸福、快乐的生活。

周正教授告诉我们

成为名人的概率为3/1 000 000,999 997人会因此遭受不应有的挫折感。经过了太多挫折的孩子容易导致自卑、自虐、自残。往往是无地位的人,才希望自己的孩子成名。您真的希望孩子有自卑的情绪吗?

正确的做法:彰显天性

其实,这种做法我们的老祖先早就告诉我们了。

《三字经》云:子不学,非所宜。孩子不爱学习,可能他就不适合学习。所幸他及早地认识到,自己本身之长并不在功课上面。我们应该高兴,没准儿这孩子天生就是一名商人、工程师、医师、教师……

千秋大业,以人为本——从来没有以学习为本、功课为本、学历为本!

《大学》开篇第一句是这么说的:大学之道,在明明德。第一个"明"乃名词活用作动词,当"彰显"解;第二个"明"仍为名词,大意就是"天性"。天性指的是上进心、自尊心、责任心、好奇心和价值观。所以,要彰显孩子的天性。

孔子曰:人分三,生而知之为之上,学而知之为之中,学而不知为之下。这个就是孩子优势所在,家长要经常问自己,我的孩子的"上"在哪儿?

人的许多优秀心理品质,是每个孩子天生就有的。教育就是把孩子本来拥有的天性发掘出来。

中国还有一句最经典的古语——三岁看老。现代早期教育也强调0~3岁是人生唯一的黄金时间,自3岁起就是发现、培养孩子兴趣与优势的机会。孩子偏科了,就是有优势了,就是发现孩子"上"在哪儿了!

家长要做的就是找到孩子的优势,成就孩子终生的幸福。

很多人成年以后常常慨叹,真遗憾我没有去做什么,都是我父母非让我做什么,如果我当时不听父母的,我现在就……

我们在前面已经谈过,大家要只看孔雀的前面,看孔雀的前面带给我们的都是幸福和快乐。我们希望家长这辈子都站在孔雀的前面,一辈子都只看到孩子的优势,将孩子培养成一个幸福、快乐的人。

有一个孩子,14岁,自杀了两次。他的母亲就来问周教授,说:"我的孩子都死了两回了,什么话也不和我说,怎么办?"

周教授就问她:"你孩子的优势是什么?"

"哎呀,我的孩子她就是不说话……"

周教授说:"我问你的是,你孩子的优势是什么?"

"那孩子他就是不听话,不好好学习……"

周教授说:"我问的不是这个。我第三次问你,你的孩子优势是什么?"

她的孩子都死了两回了,她还是不听周教授的话。她一张嘴就是"不爱学习,不听话……"她已经定了格了,你想救都救不了。

然后,周教授就问周围其他的家长:"我刚才问了她什么问题,你们跟她说说,我今天一定要救这个孩子。"

其他家长就说:"周教授问你,你孩子的优势是什么?"她竟然一个也说不上来。

这位家长就好像做梦一样,她已经定位了,已经迷失了。而孩子则受到极度摧残。

家长们,你们家有这种情况吗?

一个人到了三四十岁的年龄,应该知道,在社会上能站住脚,靠的是什么?靠的是专长,是优势,不是毛病。许多家长,从孩子小时候开始,就专盯孩子的毛病。盯毛病是盯不出优势的。有的家长说了,那我是为了让孩子学习好啊。可是要让孩子学习好,就必须让孩子自信;有自信的人碰到困难才能跳过去。那么怎样才能给孩子建立起他的自信?要找到他的优势。你老是找孩子的毛病,他就越来越厌学。学习对他来说是一种惩罚,他连想都不敢想!

现在,请各位读者家长立即想:你的孩子的优势是什么?说十条,立即说!自己给自己说孩子的十条优势。

能说出五条的及格。不考虑立即能说出十条的是好家长,你的孩子将来肯定有出息。说不出五条的都是不合格的家长。

用爱培养出 180 个成功人士的老师

家长朋友,假如孩子真的智力不高,是否就没有希望了呢?下面的故事可以解答这个问题。这是一则关于爱的故事,爱的奇迹。

故事发生在美国。有一位大学教授带着他的研究生们,到一个美国的黑人社区作调查。

一般来讲,黑人社区都属于比较贫困的地区。他们进行调查以后,就对200名黑人孩子的前途作出预测。所有的学生们都很认真地参与,学者们也很认真,运用的都是国际通用的量表。

报告出来了,结果令人沮丧。这200名孩子无一例外都被认为将来会是一无是处,无所作为、碌碌无为的人。200名孩子没有一名被测为天才或英才。

这个报告很让人沮丧,调查组就撤走了。

40年以后,当年主持这个课题的老教授去世了,他的继任者从当年的档案里发现了这份报告。这些孩子现在应该都有四五十岁了。好奇心驱使这个当

年教授的继任者,来到当年作调查的这个社区。调查的200名孩子当中,有20个离开了这里,杳无音信,没有办法去查找。其余的180个孩子还在。而这180个孩子,大多都获得了相当大的成功,其中不乏银行家、商人、律师、优秀运动员。

这个继任者很奇怪,很诧异。这是为什么?为什么当年用心理学的量表那么认真做出来的结果,会和现在的事实大相径庭呢?

他就下工夫对这180个成年人又进行了一次调查,他问的问题就是:当年这个测验证明你们都不行,预测你们都不会有什么作为,那为什么你们现在能成为优秀的运动员、银行家、律师、商人?

这180人几乎不约而同地都提到了一个老师。说有一个小学老师,他给我的印象最深。

研究者为了揭开这个谜,就又找到了当年的这位老师。老师已经是迟暮之年了,80多岁了。

各位家长,你们能不能猜一猜可能是什么原因,使这些当年被认为智力不是很高,将来不会有成就的孩子在成年以后都有相当大的成功呢?这个老师用了什么样的魔法呢?

这个成就了180多个成功学生的小学老师,已经吐字不太清楚了,但是他说的内容让人们印象深刻。他说,我教的这些孩子都挺可爱的,我真的很喜欢他们,我爱他们。

一个家长如果从心里喜欢孩子,爱孩子,孩子将来就会成功。

有些家长说了,如果这样说的话,那这些心理测试又有什么意义呢?

心理测试测的是智力。美国哈佛大学的心理学家,在1995年就公布,智力只占人生的20%。一个人的自信心、自尊,融入社会的程度、支持别人的程度、对别人欣赏的程度,这些被我们称为情商的东西占80%。所以,所有的家长,所有要做妈妈的和已经做了妈妈的家长,如果我们想让孩子成功的话,就要做到爱自己的孩子,欣赏自己的孩子。一个普通老师都能做到,何况你们是孩子的亲生父母!即使他真的有缺陷,依然会有奇迹!

爱你们的孩子吧!

优势墙

安琪儿不到2岁时,妈妈就在她床对面的那面墙上做起了文章。

一天清晨,安琪儿醒了,她忽然发现大床对面那面墙上挂了好多花花绿绿的纸,上面还写了好多字。她爬下小床走过去看,有几个字她认识——安琪儿。可还有许多她不认识的字。她把妈妈叫来,妈妈也表现出吃惊的样子,然后想了一下,告诉安琪儿:"可能是小精灵们太喜欢你了,在你睡觉时,把你的优点写在墙上鼓励你呢!"

"哇!真的吗?这么多呀!"安琪儿高兴极了。然后,一个上午都和妈妈站在墙边,让妈妈给她讲上面的内容。

"这上面写的是'讲话好听'。说明安琪儿这个优点最突出了,宝贝要继续努力噢!"小安琪儿认真地点了点头。

"这个粉色纸上写的是'举手发言'。宝贝上亲子课是不是经常举手发言,回答老师的问题呀?"

"是。"安琪儿赶紧点头。

"瞧,这个绿色纸上写的是'大老虎声音'。我不明白啦。你知道是什么意思吗?"妈妈问小安琪儿。

"我唱歌声音大,我背儿歌声音大。"安琪儿边想边回答,一脸骄傲。

妈妈心想:游戏开始了,今天第一场非常成功。因为1~2岁是孩子语言的敏感期,如果多加强孩子语言能力的培养,能增加孩子在这方面的自信心和浓厚兴趣。多说话的小孩子不会自卑、羞怯,而会乐观、大方。

"妈妈,妈妈,接着讲啊!"小安琪儿等不及了。

接下来,妈妈把所有的字都给安琪儿念了好几遍,安琪儿才心满意足。一个星期以后,妈妈竟有了意外的收获——安琪儿把墙上的字都认识了,2岁时一口气能说三四十个字!

看来,事半功倍呀!妈妈心里乐开了花。

2~3岁

2~3岁是孩子模仿大人,形成最初价值观、道德观和行为方式的关键期。

安琪儿的妈妈把优势墙上花花绿绿的纸片摘下来更新了一下,然后开始和安琪儿玩新的"优势墙"游戏。

"自己穿袜子,自己穿鞋,自己刷牙,自己洗脸……"安琪儿一回到家就发现"优势墙"变了。

"妈妈,妈妈,快来看呀,小精灵们又来了,又写了好多我的优点呀……"安琪儿又中招了。

"爱说'请',爱说'谢谢'……妈妈,我就是这样的。原来小精灵们天天都在我身边,它们能看见我。"因为从这个年龄开始强化礼貌用语,最近安琪儿确实说得很多。

妈妈立即说:"那是当然,它们很喜欢你呢,要不会天天跟着你?"

"妈妈,我再学穿更多衣服吧,小精灵会再写的。"安琪儿又动心了。

"好的,现在就练习吧!"

"好。"安琪儿兴致勃勃。

果然,第三天早上,安琪儿又发现"优势墙"上增添了新的内容:自己穿外套。

"妈妈,我要学穿更多衣服。"安琪儿大喊。

后来,安琪儿3岁就生活完全自理,有礼貌、讲文明。

4~7岁

安琪儿现在已经不需要妈妈帮忙念"优势墙"上的字了,她自己已经完全认识了,而且还能把优势墙上的内容记下来。

在一次教学游戏中一个家长在吵自己的孩子:"你能不能坐下来5分钟?你怎么就不能安静一会儿呢?"这个孩子就像没听见一样,继续在教室乱跑。谁也没想到安琪儿说话了:"阿姨,你看我,我就注意力集中,爱上课做游戏,上课不捣乱……"

4岁安琪儿开始做小主持人。6岁已经是社区内有名的优秀主持人了!

安琪儿上学第一次数学测验考了78分,妈妈觉得有些奇怪,找到数学老师后了解到,原来大多数同学考得都不好。

晚上安琪儿心事重重地说:"妈妈,我下次一定考100分"。

妈妈大吃一惊:"孩子,你千万不要这么想,你给自己定的目标太高了。妈妈想,下次考试你能考80多分就已经进步很大了。

安琪儿想了想:"80多分?那不是很容易吗。我只要不粗心大意就能考80多分。"

妈妈:"好,妈妈相信你。"

果然,期中考试安琪儿考了86分。妈妈拿着考试卷亲了又亲安琪儿:"进步了8分,了不起。"妈妈在"优势墙"上画了几个台阶,把两个分数填了上去。

安琪儿说:"妈妈,下次我要再上两个台阶。"

妈妈说:"宝贝,一步一个台阶是最稳的,一步两个台阶就不保险了。"说完,妈妈领着安琪儿专门到楼梯上去试试。果然,安琪儿觉得还是一步一个台阶走得最稳。妈妈又给安琪儿找了一根竹竿横在两个小凳子之间,让安琪儿从上面跳,安琪儿轻松地跳了过去。然后,妈妈突然把竹竿升得很高很高,让安琪儿跳,安琪儿一看就撅起了嘴巴:"这不可能跳过去呀。我不跳了。"妈妈笑了:"那以后你不要给自己订自己实现不了的计划。"安琪儿想了一下恍然大悟,两人又玩起了游戏。

中国的家长大都从小给孩子树立了远大的理想,从没有想过这个理想是否能实现。对已经成为差生的孩子制订了孩子永远达不到的目标,这样的现象实在是太多。

一天,爸爸妈妈带安琪儿一起去山上玩。妈妈指着一块鸡蛋大小的石头,对她说:"你能把它拿起来吗?"安琪儿点点头,走过去轻松地把小石头拿了起来。

妈妈又指了指旁边一块稍微大一点的石头,这块石头像足球那么大。妈妈问安琪儿:"你能把它搬起来吗?"安琪儿点点头,费了九牛二虎之力气,将石头搬了起来。妈妈和安琪儿都为这一成功而高兴。

妈妈又指了指另外一块石头,这块石头比刚才的还大,安琪儿让爸爸帮忙把石头先抬起来,然后用胳膊紧紧地把石头抱在怀里。此时,安琪儿已经筋疲力尽,浑身是汗了。

这时,妈妈又指着自己坐的大石头,对她说:"把它也抱起来吧!"安琪儿想都没想就拒绝了妈妈的要求。

妈妈说:"安琪儿,你的举动证明了,每个人给自己定目标时都不能脱离自

己力量的局限,不能好高骛远呀!"

妈妈很聪明,从不让安琪儿做自己做不到的事情!

放寒假了,有一天安琪儿对妈妈说:"妈妈,你把我寒假中表现特别好的内容写下来吧,我要交给梁老师看,还要在全班同学面前讲呢。"

"好吧,你说,我写。"妈妈很好奇小安琪儿到底会说些什么。

"帮助姥姥、舅妈团丸子、炸红薯片、炸带鱼,每天叠被子;每天坚持练习写汉字、数字、拼音共5张;每天写2张寒假作业,如果明天有活动提前写完;共画画23张,其中水墨画儿8张;从开始不喜欢写寒假作业到后来转变为把写寒假作业作为快乐的事情;还有去唱歌,是'麦霸';语言表达能力强,普通话标准;吃快餐时一个人去买;独自和姐姐去拜访两家亲戚,还表演了新年节目。

听着安琪儿滔滔不绝、眉飞色舞地讲述着自己,妈妈心里乐开了花。

读者朋友们,孩子的"优势墙"你心里有吗?如果没有,马上在家里创建一个吧。然后,你的孩子会伴随着优势墙内容的丰富而健康、快乐地成长。我们的标准是:一个好家长,心里应该有面孩子的优势墙,牢记在心里!

第十二法
如何中止孩子的过度行为？

误区1：武断制止

误区2：扩大恐吓

孩子正在兴高采烈地玩游戏机。

爸爸：游戏打了这么长时间了，不能再打了！

真真：不！我还要打。

爸爸：你说了算，还是我说了算？（上前关掉电源）

真真：哇……（孩子哭起来）

爸爸：哭什么，你自己不讲理，还要哭，不许哭！

妈妈：不听话是不是，回来让你爸爸揍你。

爸爸：再打，我把你的游戏机给砸了。

妈妈们有时管不住孩子了就向爸爸告状。有些爸爸回到家不分青红皂白，就把孩子训一顿，甚至揍一顿。许多家长在做事的时候，不把自己的孩子当人看。他们对孩子为所欲为，还说自己很爱孩子。

我们代表所有正在经历家庭暴力的孩子，请求这些家长，以后无论遇到什么事，请不要动手。一个男人到了动手来教育孩子的时候，就是到了最没有办法的时候。孩子一生之中，有一些特别重大的事件，你打他一两次，可能免不了。但是，假如一年之中，你打他就超过两次，就说明你没有办法了。如果再动手打老婆，就说明你已经完了。

家庭文化的传承——家庭暴力

周正教授在中央电视台《心理访谈》节目中做的很多节目都涉及父母对孩

子的打骂,有的家长已经把孩子伤害致残。

周正教授让这些有家庭暴力行为的父母回忆一下自己的童年,他们的经历大都一样。

第一,很小的时候就经常见父亲打母亲,自己也会挨打。

第二,自己从小都非常痛恨这种行为,而且也暗自发誓——长大决不打人。

第三,在自己婚姻生活中因为一些矛盾无法控制,有一天扬手打了配偶一耳光,忽然有了一种如释重负的快感,而且当时还对对方有暂时的震慑。从此一发不可收拾,一有矛盾产生就控制不住自己,不断地殴打自己的亲人。打过之后深感内疚,但是下次依然如故。有的人,出手一次比一次狠。当在孩子教育的问题中出现孩子不听话时,就把暴力行为应用在孩子身上,使孩子与家长之间的关系更加恶化。

周正教授对此类爸爸的评价:男人无能的表现。

这些家庭培养出的孩子大多不听话、厌学、说谎、没有毅力、效率低,长大后婚姻不幸,事业不成功。因为他们将父辈的家庭文化照搬到自己的小家庭中,使家庭生活陷入了恶性循环,就这样一代一代传下去,一代一代在苦难中生存。

真真在3岁时,妈妈、爷爷、奶奶已经管不住了,谁的话她都不听,让干什么不干,不让干什么非干什么。妈妈向爸爸求助,爸爸就把真真打了一顿。

一天,幼儿园老师打电话让真真家长去谈话。

老师:"今天真真又把小朋友的脸抓破了。她最近经常打小朋友,已经很多次了,你们管管她吧。要不你们就退园吧,其他家长已经有意见了。"

爸爸火冒三丈:"几天不打她了,回家就修理她。"

回家后真真又挨揍了,这次爸爸下手更狠。真真更厉害了,一到幼儿园见谁打谁。不久,真真被劝退园了,爸爸怎么求老师都无济于事。

后来,真真被送到一个私立幼儿园,收费很高。真真由于经常打人,老师就把她关在一间小屋里,放学了才让她出来。真真回到家,爸爸妈妈也把她关在家里,怕她出去闯祸。真真就开始在家里搞破坏了,什么东西在她手里,转眼之间就会坏掉。

上了小学,真真上课不注意听讲,经常捣乱。爸爸妈妈经常被老师叫来谈话,回去当然就是一顿皮肉之苦。真真已经无所谓了,越打越皮,哭也不哭了。

到了初中,真真开始逃课,到网吧上网,偷拿家里的钱离家出走。爸爸妈妈此时已经拿真真没办法了。有一次爸爸打真真后,真真竟然叫了社会上的一些男孩子把爸爸痛打了一顿。从此真真不再回家,妈妈伤心地哭了好多天,找了好多天,真真就是不回来。

后来,真真结婚了,有了孩子。有时回家,但是从不和爸爸说话。妈妈以为这下真真会好好生活了,没想到,真真的爱人有次鼻青脸肿地来诉苦,"妈妈,你说说真真吧!她脾气太坏了,动不动就打我。这还不算什么,几个月的孩子她也说打就打呀……"

真真的妈妈彻底傻了,这是为什么呀?她已经欲哭无泪了。

因此,用武力制止孩子,只能使孩子的问题更严重,波及孩子一生的幸福。

周正教授告诉我们

1. 孩子是父母的翻版,尤其是在情绪、情感和行为方面。父母对孩子会产生潜移默化的影响。经常武断地对待孩子,孩子成人后也会武断地对待家人、同事。

2. 孩子兴致所致,往往不顾及后果。恐吓导致了对抗性行为出现,久而久之,形成习惯,父母与子女之间的和谐互补关系就会被破坏。对抗逐渐强化,孩子就难以管理了。

正确的方法:事先提醒,适当放宽

所有的有过度行为的孩子,都是因为小的时候,父母从来没有给孩子制订合理计划的习惯,更没有与孩子互相尊重、共同商量有关孩子事情的习惯。

所有的行为习惯没有和孩子讲清、说明,只是自己笼统地用嘴说合理不合理、可以不可以、行不行。更有甚者,自己高兴,孩子就干什么、干多长时间都行;自己心情不好,孩子做什么看着都不顺眼。这是完全情绪化的家长。

共同遵守的协议书

为了合理管理孩子和家长自己,最好的办法就是所有与孩子有关的事情都商量好，有协议。比如：看电视、玩电脑、做家务等，都可以用非常明确的规则让孩子自律。执行初期，孩子自律的同时家长要给予奖励、鼓励。

日本的家庭教育手册谈到三个问题：第一个问题是心理，交流与沟通；第二个问题是吃饭，家人的祥和感；第三个问题就是讲法治。家里是不是有法治，就牵扯到这个家里的孩子有无过度行为。

不知为什么，孩子的缺点跟父母总是很相似。那些从来都是只要自己好就行，别的什么都不管，不守公德的孩子，让人讨厌，不可信赖。如果孩子自己这样做事，大人不予纠正，孩子会误以为自己做的是对的。这样，就可能慢慢变成一个不讨人喜欢的人。应该抛弃只要自己孩子好就行，别的我不管的想法，孩子做错事的时候要以父母之爱严正指责，严加管教。

同时，大人自己也要注意尽量不要做出轨的事情。要做一直能让孩子信赖，尊敬的父母。在家里孩子有的时候守规矩，有的时候犯规，由此逐渐学会处理人与人之间的关系，了解社会规则的重要性。

为了让孩子懂得规则，并一直遵守规则，父母要认真讨论，定出明确的家规。父母和孩子要一起遵守这个家规。父母也是家庭的成员，这个规则不是只为孩子定的，也是为家庭定的。

比如说许多父母规定："今天晚上要学习。""好。"吃完晚饭7点钟了："去读书啊。""那你干啥？""我看电视。"很多家庭都是这样的，父母不能够以身作则，已不正何以正人呢！"孩子，你去看书，我们打麻将。""你少管我！""去洗澡！""那你咋不洗呢？"

很多家长都觉得，小孩儿就得守规矩，我是大人了，我可以不守规矩。有一点咱们传统的多年媳妇熬成婆的感觉。我现在熬出来了，想怎么样就怎么样，你就得听我的。这是一种恶习。

我们讲过，在国家的范围之内应该是"王子犯法，与庶民同罪。"那么，在一个家庭里边，应该是所有家庭成员按照一个规矩来，大家都要守规矩，规矩面前人人平等。这个规矩有很多很多内容，比如现在有很多家庭都为孩子痴迷于电脑而苦恼。有一个家庭，就是因为孩子玩电脑，爸爸把电脑给砸了，砸了以后孩子就骂他，一见爸爸张口就骂。还有一位妈妈，自己管不了孩子，就让爷爷奶奶过来把电脑给砸了。结果，孩子就彻底不上学了。

这样的例子很多。家长们都在愤愤不平，说这都是电脑把孩子给害了，这都是网络游戏害死人。可家长们怎么不想想,为什么别的人玩网络游戏就不会这样?中国这么多家庭,为什么别的家庭的孩子就不会这样?从小规矩没定好,长大家长就吃苦头。这种普遍存在的网络痴迷就是一个规矩问题。

规矩首先有一条,必须进行讨论,不能说定规矩就是为了治孩子的。你得考虑这个规矩怎么让孩子养成良好的习惯。而且在这个制订规矩的过程中,应该听取孩子的意见,听从孩子的建议。比如看电视,家长定个规矩说,谁都不能看电视,这样做就太武断了。

应该听听孩子的意见,孩子会怎么样。这样做的话,孩子会很自觉、很认真地去考虑问题。因为他可能要考虑得更周全,要能够说服父母,同时让自己的利益得到保障。我们不能小看孩子这方面的能力。

因为,所有的人天生就有一种守规矩的天性,孩子也有这种天性。当他离幼年越近,他的天性越强。人往往是年龄越大,天性越被改变、淡化。

实际上,孩子们说话是最算数的,孩子们是最认真的,孩子们是最守信用的。在这个时候,习惯更容易遵守,规矩也更容易养成。孩子以后碰到什么事都会说话算数。在这样的家庭环境中长大的孩子更善于、更勇于表达自己的情感和思想。

孩子的许多良好的习惯都会被放大。你只要在看电视这些事情以及他最重要的事情上言而有信,替他着想,他以后会在很多事情,在你的事情上替你着想。所以说,先定规矩,大家一起来守规矩,这是非常重要的,这是中止孩子过度行为的唯一办法。

家务活的协议书

甲方：安琪儿
乙方：妈妈

1. 我，安琪儿，是家庭的一员，家庭需要我，我愿意承担一项家务活，每天回家后第一件事必须把鞋柜整理好。
2. 我，妈妈，当安琪儿做好负责的家务活后，我奖励给安琪儿一支冰淇淋。
3. 如果安琪儿做不好，妈妈就不给冰淇淋。

签字：安琪儿
妈妈
年 月 日

看动画片的协议书

甲方：安琪儿
乙方：妈妈

妈妈和安琪儿为了保护安琪儿眼睛正常发育，使安琪儿将来有一双美丽、漂亮的眼睛，甲乙双方商定以下办法：

1. 每天从幼儿园回来，安琪儿可以看40分钟的动画片，不能超时。
2. 妈妈每天睡前奖励安琪儿40分钟的按摩（安琪儿可随意挑选按摩部位）。
3. 如果看电视超时，晚上按摩取消，第二天也不能再看电视。如果妈妈出差当天不能给安琪儿按摩，另选时间补上。

签字：安琪儿
妈妈
年 月 日

安琪儿已经看了30分钟电视了。

妈妈走过来擦了擦桌子。安琪儿立刻明白了怎么回事:"妈妈,还有10分钟呢。"妈妈:"我知道,只是提醒你一下,时间快到了。"

安琪儿继续看,10分钟到了,可这一集还没有演完,妈妈就睁一只眼闭一只眼等着这集演完。1分钟后这一集放完了,安琪儿长出一口气:"妈妈,谢谢你,我不看了。"说完把电视机关了。

妈妈说:"好孩子,守信用,明天还可以继续看。"

自4岁起,安琪儿就养成了按时玩游戏、看电视、做家务的好习惯。长大后,又有整理房间、按时回家的好习惯。安琪儿已经是一个养成了许多好习惯的好孩子。

周正教授告诉我们

未终止之时先打招呼,使孩子心理上有个缓冲期,逐渐"刹车"。"刹车"时再给予鼓励,并给出自觉停止的好处,使孩子看到自己行为所带来的新希望,便于情绪的平衡。

最后要给家长讲讲习惯问题:

印度和巴基斯坦人养大象时,有一个规律:他们用手指粗的绳子就可以拴住大象。这么细的绳子事实上是不能拴住大象的,但是为什么又可以呢?大家可以猜猜原因——对,习惯。小象一生下来,主人就用这根绳子绑住了它。它开始时要挣脱,但是小象是挣不断这绳子的,它挣了半年,没有挣断,半年以后,就不再挣了。他习惯了。你的孩子听话惯了,家务活干惯了,先学习后玩耍惯了,就养成好习惯了。

因此,有哪些习惯,必须让孩子从小养成:

在孩子3岁时,要开始洗衣服,洗自己的袜子和手绢。

4岁开始要让他整理自己的房间。

5岁就应该教他吃完饭以后擦桌子。

从6岁开始,就应该每个星期抽出半天陪孩子出去玩,雷打不动。

7岁的时候,要开始培养孩子英语语感,可以用动画片的形式引导孩子。找一个孩子最爱看的动画片,想要假期每天看动画片,那么,每天要读上五句英语。开始的一个月,要有家长盯着孩子学。到三个月的时候,孩子基本上就可

以养成读英语的习惯,逐渐培养出英语语感。不要让孩子苦学英语、背单词、背语法,就用动画片的形式,去诱导。

小学的时候,一定要找一个数学教得好的老师为孩子补一个假期的数学课,让孩子不恐惧数学。

14岁以前,一定要和孩子每周共同讨论五篇作文,让孩子不害怕作文。

14岁以后,你就可以天天喝着茶、喝着咖啡,等着你的孩子给你好消息了!

实际上这些事情花的时间并不多,加起来一共可能有半年时间,就终生足矣!但是如果这些习惯没养成,等到孩子出现问题:作文不会写了,数学公式记不住了,英语又得倒数了,回头再补,就不好办。就像养大象一样,孩子要从小把好习惯养成,长大了家长就会非常轻松,你的孩子也会走在同龄人的前列。

第十三法
保障孩子生活幸福的第一要素是什么？

误区1：有钱、有房

孩子：爸，妈，长大了我要当大款，买车买房，过上幸福生活。

心理学家们已经花了几十年时间研究金钱和幸福的关系。哈佛大学的心理学家丹尼尔·吉尔伯特（Daniel Gilbert）在他的畅销书《跌倒的幸福》中说，"他们得出这么一个普遍的结论：当一个人从一贫如洗上升到一个中产阶级时，财富的增长使人们感到更幸福。可是，接下来的财富增长就不会再使人增加多少幸福感了。"也就是说，经济学家总结出的金钱越多越幸福，是不对的。在一项全球调查中人们发现，富豪和贫民的幸福程度一样。尽管中国近十几年经济急剧上升，但人们的压力却越来越大，沮丧和不信任在不断增加。

孩子们生活在经济高速发展的时代。那些原来的奢侈品（如家用电器）已经成为孩子们生活的必需品。祖辈们的幸福观已不适用于现在的孩子，他们不能从金钱那里得到幸福。

金钱买不到幸福，但幸福却可以"带来"金钱。

如果一个孩子从小到大都觉得自己是幸福的，那么多年以后，他们会比那些说自己不幸福的人要更有钱。幸福的感觉会给人带来更大的生活主动性，幸福的人更适合结婚并能更好地保持婚姻，身体会更加健康，而这两点又为人们增加了幸福感。

周正教授告诉我们

人可能会有很多钱或不很有钱，但人应该努力追求坚实的经济基础，虽然幸福与钱的数量并不是直接相关的。

误区2：有名、有地位

孩子：爸、妈，长大我要当官，让别人都听我的，什么事儿都好办！

很多孩子要做明星、做高官，认为做了明星、高官才能幸福。

打开电脑，满眼的明星。他们没有自己的隐私，没有自己的生活，常年的压力使他们苦不堪言。迈克尔·杰克逊变态了，小甜甜布兰妮进了精神病院，张国荣自杀了……他们幸福吗？

但凡有虚荣心的家长都会把孩子往这条路上引。高处不胜寒，在拼命往上爬的路途中，孩子没有其他的想法，太多的东西离他而去。做明星也不一定幸福。

当然，也有幸福的明星。他们感激生活点点滴滴的赠予，心态如百姓人家。只是这样的明星太少了。当上明星却没有感激之心也不可能幸福。

再说做官。现在很多用人单位要的都是大学里的精英，可精英能有几个？同样高处不胜寒，有多少人能做上高官。认为做上了高官就不幸福，那是愚蠢的；但认为做上了高官就能幸福，也是痴人说梦。

人类是一种能够利用聪明智慧谋取幸福的动物。幸福是家长不能给予孩子的，幸福是孩子由于理想的实现或接近而引起的一种内心满足。因此，家长要想让孩子幸福，就要在开始教育孩子时玩住孩子，使孩子从小就学会幸福，长大才能靠近幸福、拥有幸福、积累幸福。

周正教授告诉我们

人可能会成为高官，但更多的人必然是平民百姓。人可以追求高位，但若把达到某种地位作为幸福获得的筹码，则是愚蠢的。

真真考上了一所普通大学，她经常打电话来向妈妈报怨，"妈妈，这里的校园太小了，破学校，破教室，破宿舍……"

"妈妈，老师的水平太低了。""妈妈，我在这里没有一个能谈得来的朋友，同学们都俗气得很。"

"妈妈，我算完了，这个学校不是名牌大学，毕业了工作都不好找，我整天都烦死了，上课根本就没心思听……"

真真毕业了，对用人单位都不满意，屡屡跳槽。

"妈妈,我今天辞职了。老板水平太低了,她竟然大学都没有上过,还对我要求这么多……"

"妈妈,我把老板炒鱿鱼了,我是应聘单位法律顾问的,他们却让我当资料员,他们太不尊重我了……"

"妈妈,这个单位也不能干了,就给我发这么点钱,这点钱够买什么呢?我的同学都挣好几千呢……"

后来干脆回家什么也不干了,每月向妈妈要钱花。

真真结婚了,新婚旅行就开始吵架。

"听着,我要和你离婚。你竟然这么不关心我,自己洗洗就睡了……"

"我不能和你过了,你挣的钱太少了。我同学的老公一个月挣好几万……"

"你看你那样,看着都恶心,你看梁朝伟、刘德华,哪一个不比你强……"

后来,真真离婚了。

正确的方法:感激之心

从"谢谢"开始

汤姆是个很帅气的小男生,今天第一天入幼儿园。快要发加餐了,"老学员"们都安静地端坐好等着。老师们开始发好吃的了,汤姆听见了此起彼伏的"谢谢"声。发到汤姆,老师笑着对他说:"汤姆宝贝,你说——谢谢,好吃的就发给你了。"汤姆不知所措,后面一个小孩着急地对他说:"快说吧!不说,老师不发给你。"老师笑着又说:"宝贝,你说——谢谢,这就是你的了。"汤姆小声说了句:"谢谢!"手里就拿着一个大苹果了。

汤姆拿着苹果想心事,还沉浸在悲伤的心情中:爸爸妈妈把我放在这里就走了,我真想你们呀。想着想着又想哭了,刚咧开嘴,旁边小女孩推了他一把,"你怎么不吃呀?你吃吧,可甜了。"说着小女孩咬了一大口又说话了,"我叫安琪儿,今年3岁了。我告诉你,在这里多说'谢谢'你就可以得到很多好吃的和玩具。你不说,老师不给的,是不是亨利?"小女孩边说边扭头,旁边的一个小男孩边吃边回答:"是,我就爱说'谢谢'。说'谢谢'受欢迎。"

说"谢谢"受欢迎,汤姆记住了。

两周后,汤姆也和安琪儿、亨利一样,每次领到教具、加餐和任何东西时,都会先说一声"谢谢"了。

周末,妈妈来接汤姆,一上车就递给他一支冰淇淋。"谢谢。"汤姆随口说了一句,因为他已经习惯了。妈妈吃惊地张大了嘴:"宝贝,你说什么?""谢谢。"汤姆又说了一句,他不明白妈妈为什么这么吃惊。妈妈问:"在幼儿园学的?"汤姆说:"嗯。"妈妈欣慰地笑了。

回到家,汤姆发现自己比平时受欢迎了,大家都夸他。因为他无论从谁手中得到一件东西都随口说声"谢谢"。所有的人都像妈妈一样先吃惊后高兴,对他更好了。汤姆生平第一次受到这么多夸奖,心里甜滋滋的,浑身轻飘飘的,一个劲儿地笑。他不知道,这种感觉就叫幸福。

家长们,请记住,幸福从"谢谢"开始!

孩子会说谢谢,出去之后就会很有礼貌,孩子受的夸奖也会越多,人也会越听话懂事。如此一来,受的夸奖就会更多,礼貌用语就会更多,一家老小的幸福生活就开始了。

有些家长就奇怪了,为什么我们让孩子说谢谢,他就是不说呢?

在西方很多发达国家,一个理念在人们的心中根深蒂固,那就是带着感激之心生活。许多有宗教信念的人每天在餐前、睡觉前都要祷告:感谢上帝赐予我们氧气、水、食物……经研究表明,有宗教信仰的人比无宗教信仰的人幸福感要大得多。因为,你有什么样的感受,你就有什么样的生活。

比如,有一天,你的爱人给你端来了一杯茶。对他的这个举动你可以感谢他,也可以不感谢他,更可以无所谓或不高兴(因为送的不是你平时爱喝的)。这个时刻,我们的反应就是我们的情绪,我们的生活就是由这些情绪决定的,我们生活的质量就由情绪的质量主宰着。

如果此时我们选择感谢自己的爱人,我们的情绪是快乐的、美好的,幸福感就会油然而生。所以,如果我们每天对所有事情都心存感激,从我们的内心滋养出一股幸福之泉,我们的一生就真的幸福、快乐!

因此,感激之心是幸福之源,我们选择了怀着感激之心生活就是拥有了幸福的生活。

中国人之间特别缺乏说谢谢。我们总觉得没有必要,总认为不好意思,总是说不习惯。我们就这样从不给予关心、帮助我们的人感谢,一代又一代。

是改变这种现状的时候了,为了我们中华民族的幸福感!

2岁,感谢每天有充足的食物

在安琪儿很小的时候,每天吃饭前妈妈都要在安琪儿耳朵旁边说:"感谢生活给予安琪儿充足的牛奶,宝宝开始喝吧。"在吃水果餐时妈妈会说:"感谢生活给予安琪儿香甜的水果,宝宝吃香蕉吧。"到了安琪儿1岁半的时候,她已经可以和妈妈一起说了,那时,安琪儿只能发出"感谢"两个字。到了2岁时,安琪儿已经可以把这句话说完整了。

有一天,她问妈妈:"为什么要经常说这些话呢?"妈妈给安琪儿找了许多非洲儿童的照片,那些骨瘦如柴的儿童照片把安琪儿吓坏了。她从来没有想到过人还可以这个样子。当她知道这些儿童是因为没有东西吃时,她喃喃地说:"他们太可怜了,我太幸福了。我每天有这么多好吃的,谢谢妈妈!"

从此,安琪儿在吃饭时每次都把碗中的每一粒米用勺子送到嘴里,还在小朋友们中间开展了"不浪费一粒米"的活动。从那以后,每次小朋友排队加饭时,每个人的碗都吃得干干净净,吃完送到洗碗池时,每个碗也是干干净净的。

4岁,爸爸妈妈辛苦了

妈妈和安琪儿经常一起看电视。有一天,妈妈找了一个《动物世界》的片子和小安琪儿一起看。

片中小鸟的妈妈每天辛苦地叼来虫子给饥饿的小鸟吃,小狮子的妈妈出去打猎,回来把肉撕给小狮子吃……安琪儿看着看着,突然抱着妈妈的脸说:"妈妈,我知道了。你就是小动物的妈妈,我就是那小动物。妈妈你辛苦了,你比它们更辛苦,你还要给我洗澡、洗衣服、打扫卫生……爸爸也辛苦,爸爸要出去挣钱……"过了一会儿,安琪儿说:"妈妈,我也想为你做件事……我给你洗脚吧。"妈妈笑着答应了。

在外公病重期间,安琪儿提出要帮外公洗脚。外公的脚在"文革"期间被伤得很厉害,青筋外露,伤痕累累。安琪儿被外公的脚吓住了,但她仍然坚决把手放进了水里。当外公的脚被那娇嫩的小手抚摸着时,外公微笑着享受着外孙女的爱。后来,外公转危为安,大家都说有安琪儿的功劳。

6岁,今天,你感谢什么?

妈妈和安琪儿在睡觉前都要亲一下对方。后来她们固定了一个内容,给对方说一说——今天,你感谢什么。

妈妈:"今天你感谢什么?"

安琪儿:"今天,我感谢下雪了。刚才我们玩得太开心了,世界变成白色的了,太美了!妈妈,今天你感谢什么?"

妈妈:"今天我感谢生活给了我安琪儿,这么可爱的心肝宝贝!"

安琪儿睁大了眼,"真的?"

妈妈亲了她一下说:"当然是真的。妈妈还有一首诗要送给你呢。"妈妈搂着安琪儿,把自己写的诗念给她听:

"我的前世一定天天都在祈祷,不然今生怎么会拥有你。

我的前世一定是感动了上帝,今生天使才会送来你。

我的前世一定是你的另一半,因为今生和我深情相拥的只有你。

我的前世可能是你的心,今生能让我痛的只有你。

我的前世一定就是我自己,所以今生做我女儿的只能是你。"

安琪儿被深深地打动了,她紧紧地攀着妈妈的脖子,在妈妈耳边说:"妈妈,谢谢你。我真高兴你是我的妈妈,我好幸福呀!"

妈妈开心地笑了,"我也好幸福呀,宝贝。"

后来,安琪儿睡觉前总是一副幸福无比的样子。

"妈妈,我今天感谢友谊,我又交了一个新朋友。"

"我今天感谢绊倒我的树枝,以后我走路会更注意的。"

"我今天感谢吃饭时遇到的那个阿姨,她那么漂亮,那么优雅,我以后知道该如何做女孩子了。"

"我今天感谢妈妈,谢谢你把我培养得这么好,尽管这句话我已经说了好多遍,但我今天还要说,我做你的女儿太幸福了。"

7岁,感谢老师

安琪儿上小学了,进步特别快。一天,安琪儿拿着妈妈的手机给在外地的爸爸发短信,终于成功了!妈妈和安琪儿欢呼万岁。

兴奋之余,妈妈问安琪儿:"你的拼音是谁教的呢?""当然是梁老师教的。"安琪儿回答。妈妈故意不做声了,安琪儿想了一想马上大声说:"我要感谢梁老师,我要做个好看的贺卡给他。""好啊。"妈妈马上响应。

正做着,家里突然停电了。安琪儿着急起来,因为明天是元旦晚会,然后就放假了。妈妈马上作出决定——到温泉去!

安琪儿在温泉茶室坐了近两个小时,因为她又陆续想起了数学杨老师、辅导员薛老师、英语凯特老师、美术张老师、经常辅导她唱歌的朱老师、一年级的何老师……在一张张彩色的卡纸上,安琪儿一字一句地写上感谢的话,每一张都画着一个幸福的小女孩——安琪儿。

以后,每年安琪儿都要给每位辛勤培养过她的老师送上自己的贺卡。每张贺卡送上时,老师和安琪儿都幸福无比。

12岁,感谢社区

暑假,安琪儿被妈妈安排去乡下住了几天。回来后,她立刻把妈妈拉到外面,转了好大一会儿,才坐在小公园纳凉。

安琪儿:"妈妈,你觉得在这里生活得怎么样?"

妈妈:"当然好了,因为这是一个非常美的社区。"

安琪儿:"妈妈,我告诉你,能生活在这个社区真是太幸福了。我过去不知道,去我同学家住过以后,才知道我们太幸福了。"

妈妈:"为什么呢?"

安琪儿:"第一,这里干净,地上没有污水、垃圾。在这里生活的人都很文明,从不往地上扔东西。第二,我们社区里从没人吵架、打架。第三,保安叔叔特别好。有一次下雨天,我晚上回来,从大门口到23号楼,再到我们单元门口,三个保安用通话机告诉下一岗'我'正往那边走。我当时看见每一个保安叔叔都远远地跟着我,最后一个保安叔叔站在门口看着我进去才转身离开。当时,我并不觉得什么,现在,我感到好温暖呀。还有上次抬钢琴,我没有让他们帮忙,结果一下子来了6个人帮忙,抬完转身就走了,连水都不喝。还有,每次只要我拿东西多,马上就有保安叔叔来帮忙拿着送到咱家门口……"

安琪儿滔滔不绝。妈妈发现安琪儿对社区里邻居、保安、工作人员态度更好了,她比过去更快乐了。

16岁,感谢生命

电视里正播放着一个患白血病被遗弃在医院里的小女孩的故事。安琪儿和妈妈看得很专心。

第二天,安琪儿和妈妈一起拿着礼物到医院去看望小女孩。

小女孩虚弱地躺在床上,身上插满了管子。安琪儿拉着小女孩的手泣不成声。小女孩却平静地安慰安琪儿:"姐姐,我没事,你别哭了。"安琪儿哭得更厉害了。

从医院出来,妈妈轻轻拥着安琪儿的背,安琪儿一路无话。

晚上临睡前,安琪儿到妈妈床前说了一番让妈妈无比感动的话:"妈妈,我要感谢你给我生命,而且你不离不弃养育我这么多年,从没离开过我。我现在突然明白,妈妈是世界上最好的妈妈。我还要感谢我的身体这么健康,我要珍惜你给我的生命,爱惜生命,好好活着。"

"还有,我要感谢遗弃这个小女孩的父母,他们的遗弃让小女孩变得很坚强。你看她多了不起呀,我还要去看她,告诉她,不要再恨她的父母。因为她心中有恨就会不快乐。她如果一辈子心中都记恨她的父母,一辈子都不会快乐,除非她原谅他们,才会感到幸福。"

妈妈放心了,安琪儿这一辈子会幸福的。

18岁,感谢大学

安琪儿考上了大学,每周六依然像在家一样和妈妈在网上视频聊天、谈心。

"妈妈,我们学校很不错。校园虽然不大,但很干净、整洁,还有一个小花园,里面有我喜欢的百合花。"

"真的吗?妈妈真为你高兴。你报了几个学校,在你焦急等待通知书时是你们学校录取了你,让你有学上。"

"是啊,我非常感激我的学校。还有,我们宿舍的同学都不错,很朴实,老是有人帮我打开水。"

"看来你人缘不错呀,人家是喜欢你才会帮助你的。"

"我已经向她们宣布,谁需要了解这个城市,我帮助她们。因为我是个百事通,她们肯定需要我!妈妈,我现在不再想其他任何学校了,我要在我们学校好好生活、学习。虽然有些同学的学校比我的学校名气大,但那是她们的学校,与我无关。我要重视现在!我要重视我现在的学校、老师、同学,积极发展自己。我同学刚才还问我北大好还是我们学校好,我大声回答她,当然是我们学校好!"

安琪儿和妈妈都笑了。

盲 行

傍晚,妈妈拿着一个眼罩拉着安琪儿,"今天我们俩做个游戏,妈妈用这个蒙住你的眼睛,然后我扶着你去转一圈,你保证不许看。"安琪儿兴致勃勃地点点头。

母女俩人小心翼翼地走出楼道,走向社区小路,转到小桥边,走过小渠旁,踏过鹅卵石又回到了家门口的小亭子。妈妈竭力为安琪儿介绍路况,紧紧抓住她的手。安琪儿听从妈妈指挥走得很稳,两人配合得非常好。

摘下眼罩,安琪儿长出一口气。

"说说,什么感觉?"妈妈也累得够呛。

"要信任妈妈,要帮助别人,要听话……"安琪儿想不起来了。

"你没有想到要感激吗?当你在黑暗中行走,妈妈尽力帮助不让你摔倒。你知道吗?中国有4000万盲人,你是不是该为自己拥有一双明亮的眼睛感到幸运?是不是该对自己所拥有的平凡却珍贵的财富心怀感谢。但妈妈希望你不要等到失去了什么,才怀念起原来的生活是那么幸福。"

安琪儿从没见过妈妈这么严肃,想了很长时间,她终于明白了妈妈的良苦用心。每当她心情低落时她都会闭上眼睛……

不是任何时候任何人都有饭吃;

不是任何时候任何人都有衣服穿;

不是任何时候任何人都有眼睛;

不是任何时候任何人都有妈妈……

亲爱的家长们,请记住这段话,并告诉你的同事、爱人、孩子、亲人,定能让你的家庭祥和幸福,让你的事业蒸蒸日上。

心理学的最高原则:感激之心。

周正教授告诉我们

　　获得幸福的直接要源是感激之心。感激之心是人类一切幸福的根源。如果没有感激之心,就没有幸福可言,甚至会导致灾祸临头。心存感激越多,幸福就越大。感激之心是幸福的钥匙,如果失去这个钥匙,幸福就会在刹那间化为乌有。

　　父母应从点滴入手,感谢所穿的衣物,感谢周围人的关怀……感激之心是十分容易获得的。形成这种感激之心,会让孩子感到自己幸运的成分,他会珍惜他所拥有的,并以积极的心境去赢得更多感激之物,达到良性循环。

第十四法
家长因何导致孩子过于胆怯、过于敏感？

原因1：限制过多、恐吓过多

孩子过于胆怯、过于敏感是家长导致的。首先要告诉大家，孩子的胆怯、敏感与3岁前的生活经历有关。一般都是大人吓的，也就是说，限制过多、恐吓过多。

在中国，觊觎孩子最多的不是爸爸妈妈，不是老师，不是罪犯，而是爷爷奶奶。爷爷奶奶对孩子的危害最大，他们可以破坏我们教育的一切成果，孩子养成的所有习惯到了爷爷奶奶那里，可以在眨眼之间被彻底摧毁，他们还认为自己是"疼"孩子。

把0~3岁的孩子撇给老人和保姆带的后果就是，到了3岁以后，孩子大多在外面胆怯、敏感，回到家多动、逆反。

真真的世界只有"不"

真真站在沙发上，欲往下跳。

奶奶看见了，大喊一声："孩子，太高了，不能跳！会摔伤腿的！"

真真没有动。

奶奶又提高了嗓门："你要敢跳，我就要你好看！"

真真坐了下来，不跳了。

真真趴在爷爷的椅子下，正想往里钻。

爷爷："太低了，不能钻。敢钻，看我不打你！"

真真想了想，退了出来。

真真口渴了,看见桌上有一杯水,就去拿。

奶奶:"别碰,烫着!"

真真被吓得浑身一哆嗦,缩回了手。

奶奶走过来摸了摸杯子,不烫。

真真又想拿杯子。

奶奶:"别碰,洒身上了。"

于是奶奶端着让真真喝。

真真的两只手在空中胡乱挥舞了几下,不知所措地垂了下去。

真真看见一把剪刀,刚要伸手去拿。

奶奶:"不能碰,扎手!"

真真只管摸了一下。

奶奶飞奔过来,一把抢走剪刀,还打了她一下:"不能碰。不听话,打屁股。"

真真躺在床上翻来覆去睡不着。

奶奶:"快点睡,要不大灰狼来把你抓走。"

真真惊恐万分抓紧了被子。

真真下楼了,出了楼门就小跑起来。

奶奶:"别跑,摔着!"

真真迟疑了一下,停止了跑步,不一会儿又开始跑了。

奶奶赶上来拉着真真的手:"不能跑,我说了不能跑,摔倒了怎么办,会磕流血的。"

真真被奶奶拉着无趣地走着。

回到家,爸爸回来了,买了好多东西。真真欢快地跑过去,想看一看。爸爸突然说:"不要动!这是贵重东西,弄坏了,要你的头!"

真真想看看另外一件东西,爸爸又说:"这也不能动,玻璃的,打碎了,就不能用了。"

后来,家人发现真真渐渐地不再碰任何东西。家人说真真变乖了,很乖,干什么都要大人帮忙,不帮忙就大哭大闹。出门很老实,在家像淘气鬼,谁也管不了。

周正教授告诉我们

限制过多,惩罚过多,孩子渐渐缩手缩脚,每次行为都要过多地考虑后果。胆怯的反射机制就出现了。

原因2:歇斯底里、疑神疑鬼

世界上著名的女人卡耐基夫人曾写过这么一段充满了睿智思想的话语:"一个男人的婚姻生活能否幸福,他太太的性情比任何事情都重要。她可能拥有全天下所有的美德,但如果她脾气暴躁、挑剔、唠叨,那么她所有的美德都等于零了。"

这句话说得酷一点就是:犟女人什么都不是,无论她拥有怎样的美貌、怎样的身段、怎样的才华、怎样的气质……她们的坏脾气、倔强会让家人生活在紧张、焦虑、不安之中。严重者会使生活充满仇恨、敌视、不信任。这些劣质就像磁铁一样,吸引着宇宙间的碎屑,麻烦不知道哪天就会降临,而且会永远地跟随。

周正教授有一句名言:家中有一个过分挑剔的母亲,就会有一个无能的丈夫和一个懦弱的儿子。

现在很多妈妈对孩子保护得很苛刻,洗手一定是舒肤佳,喝水要喝纯净水,餐具一定是消过毒的,不能在教室游戏,因为地板太脏,出门不能乱碰东西,因为到处是细菌。这些妈妈把孩子当作一个"珍稀物种"来养,而不是把孩子当做"人"来养。在大学里拉肚子最多的,最不适应大学生活的,就是这些妈妈的孩子!

以前,周正教授就碰到过一件特别痛心的事。一位母亲曾经找周教授辅导,她是学医的,孩子半岁。她告诉周教授,孩子每次大便后,她都要给洗屁股。周教授告诉她这个习惯不好,人类的口唇、肛门黏膜上都有一层油脂,这层油脂什么都可以碰,人类所有的疾病都可以防,除非这层油脂被刮掉。我们人类胃肠皮肤上保持一些正常的菌类是有好处的。可她不听。后来,她的孩子在两岁的时候,得白血病死了。

我们不敢说这两件事有必然的关系,但是要告诉家长们的是,不要逆天而

行,不要让你的孩子成为"珍稀物种",要把他作为一个自然的人来养。你不可能把你的孩子封闭在一个绝对干净的世界里,这样只会让孩子胆怯、敏感。

真真不知所措地站在门口,用手捂住胸前。

妈妈大怒,"看看,衣服弄脏了吧!快过来,打屁股。我还要洗,养孩子真是烦死人了!"

真真吓得大哭起来。

妈妈更气了,"再哭,你还哭。你天天不把衣服弄脏我会这么累吗?不许哭!"

真真手里拿着一个玩具,站在屋里不敢出来。

妈妈一看就知道了,"看看,搞坏了吧,过来,打手!"

真真:"我不是故意的。"

妈妈:"我还不知道你,你天天都不是故意的,什么东西到你手里都会变坏,过来!"

真真没有评上三好学生,回到家告诉妈妈。

妈妈:"是不是隔壁李巧巧说你的坏话了,不许你和她玩。你什么也干不好。你说,为什么三好学生选不上你!是不是上次在街上见老师没打招呼?要不老师为什么这么不喜欢你!

真真和妈妈在亲子课上,真真要往地上坐。

妈妈:"别坐,太脏了,妈妈给你垫个东西。"

真真小心地坐了下来。

老师发了教具,真真要拿。

妈妈:"先别摸,这么脏,妈妈帮你用消毒巾擦擦。"

真真眼巴巴看着别的小朋友在玩。

下课了,妈妈很生气,"以后不来这儿上课了,太脏了,还是在家玩。"

后来,真真变得不爱说话,不爱交朋友,不爱碰任何东西,整天"乖乖"地坐着,出门就躲在妈妈的后面,面无表情地看着别的孩子玩耍。

周正教授告诉我们

不合理归因,无端妄加联系,使得孩子过多、过细地考虑因果关系,敏感反射机制就出现了。

原因3：反应过激

有一些家长,过分关注孩子的身体,自己意志薄弱,听风就是雨。

真真和妈妈在公园里,一阵风吹来。

妈妈:"哎呀,有风,吹着凉风你就要有病了,快回家吧!"

走到草地上一个蝈蝈爬过去,真真正想弯下腰看。

妈妈:"哎呀! 有虫,吓死我了!"

听妈妈一说,真真跳了好远,吓得脸都白了。

真真在写作业,妈妈在旁边辅导。

妈妈:"又错了! 你怎么这么笨,你就是个猪,什么都做不好!"

真真吓得不敢下笔了。

妈妈更气了,"快写,你要气死我不是? 我真要被你气死了! 我怎么养了你这么个不争气的孩子,看来你这辈子就是这样了!"

后来,真真就真的多生病,看见小动物就尖叫,甚至夜里从梦中惊醒,对什么都没有兴趣,少言寡语。

周正教授告诉我们

对不该反应的事情作出了反应,本应是一般性的反应却作出了极端反应,凡事都反应过度,这增强了反应的频率、强度,扩大了范围。在人的基本心理构成气质上固化下来,孩子就形成了过敏、怯懦的气质。

安琪儿的世界充满爱

安琪儿的妈妈从安琪儿3个月起,就把姥姥、姥爷善意地劝回了老家,独自一人养育安琪儿,所以安琪儿的教育不受任何干扰。

安琪儿站在沙发上欲往下跳。

妈妈看见了笑着走过来,"宝贝,想往下跳吗?先拉着妈妈手练习几遍,来,跳吧!嘿,真勇敢!"说着顺手把厚毛毯拉在了沙发下面。安琪儿连着跳了几次,然后松开了妈妈的手自己跳,安全着陆。妈妈看着放心了,又去忙别的事情。安琪儿自己一直上上下下,偶尔摔一下,因为有厚毛毯垫着也无碍,自己站起来接着跳。

安琪儿趴在椅子下面,正想往里钻。妈妈走过来把几个椅子对好。"宝贝,想钻山洞吗?妈妈给你建造了一个大山洞,来钻吧!"安琪儿高兴地爬呀爬,一路欢声笑语,每次钻到"山洞口"妈妈都会亲她一下。妈妈知道爬行对孩子四肢协调能力和四肢与大脑的协调有很大帮助,可以避免孩子的感觉综合失调,也就是晕车、注意力不集中、爱哭闹。妈妈巴不得安琪儿多爬爬呢。

妈妈看着表,知道安琪儿该喝水了,就在桌子上放了一个儿童专用的隔热塑料杯(家里易碎、贵重物品早在安琪儿会走路时都收拾起来放在安琪儿够不着的地方),倒了半杯温水。一会儿安琪儿渴了,看见桌子上有一杯水,就去拿。妈妈在旁边看着没出声,只是停下手,看着她。安琪儿吃力地用双手捧着茶杯,笨笨地举起来送到嘴边,大口大口地喝了起来,喝了半天才喝完,然后很满足地放下杯子又去玩了。

妈妈在旁边很开心,因为这毕竟是安琪儿第一次独自完成喝水任务,妈妈更加相信孩子的潜能是无限的。

安琪儿突然发现妈妈手中有一个亮闪闪的东西,正在剪着什么。

安琪儿很感兴趣地走过去说:"我要。"

妈妈知道安琪儿想干什么,马上拿出一个小的塑料儿童安全剪刀,又递给安琪儿一张纸,"给,玩吧。"

于是,安琪儿就学着妈妈的样子剪起来。过了一会儿,妈妈走开了,一会儿又回来了,告诉安琪儿换用左手剪。安琪儿很好奇,兴致勃勃地继续玩。妈妈这是在让安琪儿玩"开发全脑的游戏"。用左手剪是开发右脑,右脑非常重要,自信心、快乐的心情、艺术、创造力都在右脑。妈妈看着玩得专心的安琪儿,边干活边哼起了小曲。

安琪儿下楼了,出了楼门就小跑起来。妈妈紧跟几步拉着她的小手,两个人一起跑,跑到广场,妈妈撒手了,"跑吧,宝贝!"安琪儿自己在广场上飞奔,偶尔跌倒就会自己站起来,继续跑!妈妈知道,双脚奔跑可以促使安琪儿左右脑的交流和发育,多奔跑孩子才会健康快乐。

安琪儿欢乐地奔跑,妈妈的心也随着安琪儿快乐的步伐飞上了天。

安琪儿站在门口,"妈妈,对不起,我把衣服弄脏了。"

妈妈:"没关系,宝贝,衣服就是为了保护皮肤才脏的,妈妈给你换一件干净的,妈妈会洗净的。"

安琪儿:"妈妈,我会注意的,要不,你太辛苦了。"

"谢谢宝贝,只要你开心,辛苦点不算什么。"

安琪儿手里拿着一个拆散的娃娃,站在门口。

妈妈一看就知道坏了,"宝贝,你把它分解了?真厉害呀!想重新组装吗?看来要等爸爸回来了,爸爸回来和你一起玩。"

爸爸回来后和安琪儿一起把玩具重新安好,对损坏的部分,爸爸说:"宝贝,以后要爱惜它,它受伤了会不舒服的,好吗?"

安琪儿听话地点点头,然后充满怜爱地抚摸着受损的部分,"对不起!"

安琪儿没有评上三好学生,心里很难受。

妈妈:"宝贝,没有评上三好学生吗?别难过,你们班上40个同学,有35个都评不上呢。可你的钢琴弹得多好呀,歌唱得也很棒!妈妈认为你已经很棒了,没有十全十美的事情。走,我们去打球吧!"

亲子课上,安琪儿一进去就坐在地板上,妈妈自小就给安琪儿穿的封裆裤。发玩具了,安琪儿第一个站起来跑到老师前面,转身作自我介绍,拿到玩具还说了声谢谢,又连忙跑回来开始操作。操作完,又飞跑过去交给老师说声谢谢,又

第十四法 家长因何导致孩子过于胆怯、过于敏感?

领回下一个玩具。一个小时的时间她集中精力玩了十个游戏,每次都成功,也越来越喜欢上亲子课。老师说:"下课了。"安琪儿说:"不想下课,还想玩。"妈妈笑着说:"好的,下午还来玩!"

妈妈和安琪儿在公园玩,一阵风吹来。

妈妈:"好温柔的风呀,像安琪儿的小手,还伴着花香。"妈妈陶醉地闭上眼睛沉浸在无限的遐想中。安琪儿也模仿着妈妈的样子闭上眼睛,母女俩沉浸在美好的遐想中,生活对于她们总是如此的快乐和幸福。

安琪儿回到家喝了杯水就打开书包开始写作业了,自小学一年级开始就是这样。写完作业安琪儿对妈妈说:"妈妈,来检查吧!"妈妈认真地看了一会儿说:"不错,很干净,字写得也工整。只是第四行有个小问题,你再检查一下吧。"安琪儿仔细一看写错了,赶紧改过来了,和妈妈一击掌,妈妈说:"真厉害,一下就看出来了,好了,亲一个,去玩吧!"

爱是准备,不是累赘

问爸爸们一个问题:母亲和媳妇都掉到河里了,先救谁?

可能很多朋友听了之后,都会一笑了之,因为这是个老掉牙的故事了。但是在这里,还是要再重复一遍。假如说发大水了或是海啸来了,妈妈和媳妇都掉进水里去了,你站在岸边,你去救谁呢?

提醒你一下,你必须比脑筋急转弯还要急转弯,凭第一直觉。这个问题体现了心理学的精髓,爱的精髓。

为什么全世界大部分的发达国家实行杀人不偿命呢?为什么他们要取消死刑呢?为什么治疗疾病方面,医药只占8%的因素,而其他92%的因素不是医药呢?就是因为心理学在告诉大家一个新的观点。

这个问题并不是一种学术性的选择,它有一定的心理学意义。

有人说,谁近救谁。在感情上没有办法区别,妈妈和老婆没有感情的远近区别,只有从物理的远近上区别了。这个回答基本上还是属于在心理学范畴之外的。

其实,这个问题所要告诉大家的就是,爱不能是累赘。

假如爱是累赘,你成为你所爱的人的累赘的时候,我们就可以判断它不是爱。

爱是一种准备,爱是一种扶持,爱是一种支持,爱是一种有用,爱是一种资助。

说到这里,妻子应该用这种观点重新审视这个问题。假如你爱你的丈夫,你一定会帮着你的丈夫去救你的婆婆。为什么呢?因为你会游泳。为什么女人掉到水里就永远是一个被救的角色呢?为什么你不早一点去学游泳呢?假如娶一个能游一千五百米的太太,对丈夫来讲,这个本来是悲剧的事情就变成了喜剧。本来多么壮观、多么悲烈的一件事情,现在变成什么了呢?变成太太和丈夫一块去把老人救上来。我们完全可以做到的,因为所有的太太都可以学会游泳。

那么,从这个角度上来说,不要等到孩子出问题了再去找方法,就如同学习游泳一样,好好学习教育孩子的方法。这是一个寓言式的问题。如果我们能预见到孩子将来会出现什么问题,并已早早准备好解决问题的"法宝",这才是人类最伟大的爱。爱是准备、爱是支持,爱不是累赘。

许多女人在谈恋爱时,总是给男人惹些麻烦,出些难题,用这些方式来检验男人到底爱不爱她。偶尔如此可以,但就怕养成习惯。在生活中每当遇到困难,你就等着男人来救你,时间长了,爱慢慢就会成为伤害,就会出现很多壮烈的、凄惨的、悲剧性的故事。

为什么许多爱情,美好的爱情最后会是凄惨的结局呢?就是因为有一方总是在等待着对方来救,而不是想着在这个时候怎么去自救,或是当对方出现什么状况时,我怎么给予他帮助。当爱的双方都不给对方造成累赘,不给对方造成困难,只想着怎么给对方解决问题、解决困难、怎么去支持他的时候,悲剧的东西就会减少,我们的喜剧、美好的事情就会增多。

所以当妈妈和太太都掉到水里的时候,你就会勇敢地跳到妈妈的身边,和太太一起把妈妈救上岸,因为我的太太会游泳。这时,就有了一个完美的、健康的结局。

从这个故事中,我们希望读者朋友还要收获另外一个完美的结局,那就是在孩子出生前就知道他(她)成长中会出现什么问题,因此早就学好了教育他的

亲子教育理念

所有办法。作为一个家长,看到了爱人给予我们的力量。爱就像周教授所说的,是要时刻做好准备的,是需要我们付出的。爱不是累赘,不是等待,不是索取,而是奉献。我们要时刻准备着,为孩子作出自己的贡献,时刻准备着去支持孩子、爱孩子。出发点不同,就会带给孩子不同的人生。

周正 亲子二十法

第十五法
为什么孩子有事不跟大人说?

原因1:没有交流习惯

1. 孩子没有胎教。
2. 孩子生下来没有母乳喂养。
3. 孩子0~3岁时交给老人、保姆喂养。
4. 孩子长大后对孩子的交流烦躁制止

父亲必看的章节

几年前,中国的高校出了一件非常令人震惊的事情。一个叫马加爵的大学生残忍地杀害了同宿舍的几名室友,而且他还不是一次杀完,而是杀一个藏一个,非常镇定。杀完以后他就跑了,很多天以后才被发现。这个事情震惊了整个教育界,有关马加爵的分析也很多。在马加爵的事件出现以后,很多高校邀请周教授去讲对马加爵的心理分析。

有一个高校的领导对周教授讲:"周教授,你知道我们为什么要请您来讲课吗?我本来以为大家听了马加爵的事情应该很震惊,应该觉得马加爵这种人要千刀万剐喽!他伤害了多少大学生,伤害了多少父母,伤害了多少家庭。现在都是独生子女,那些被害学生的家长多伤心啊!"

周教授说:"是呀,大家肯定都是这样的感觉。"

校长说:"不是。您去看一看,了解一下,很多学生居然把马加爵的头像贴到电脑上面,他们竟然崇拜马加爵!竟然出现了这种现象!跟我们想象中真是大相径庭。我们请您来就是这个原因。要是同学们都痛恨马加爵,就不请您来了。现在很多学生都把马加爵当作崇拜对象了,不能让孩子们这样啊!我们现

在就怕再出事,现在是最敏感的时期,要是再出个什么乱子,就麻烦了。您看这个事该怎么办?"

后来,周教授就到该校学生的宿舍去看了看,果然有很多宿舍都有马加爵的照片。有一个宿舍里大概放了三台电脑,两台电脑背面贴的都是马加爵的头像。像这种情况,怎样解释呢?

学校的管理在生活规律方面、学习文化知识方面肯定是有益、有效的,但是对人的心理健康、对养成教育,他们几乎是无能为力的。

养成教育,是在养成孩子的过程中产生的。养成教育,就是健康的人格,健康的心理,它基本上诞生在父母的怀抱中,它基本上诞生在父母的人格理想之下。到了老师阶段,到了这个大学阶段,对这个教育,可能会有一定的改良作用。但是基本上它在童年时期就已经定型了。全世界为什么这么注重家庭教育,就是如此。

实际上,中国古代也很注重家庭教育。《大学》里边讲的就是,修身、齐家、治国、平天下。家庭是社会的细胞。就像每个人一样,我们身上有许许多多的细胞,假如我们身上的每个细胞都正常了,那么,我们的生活,我们的身体就是正常的。如果某个部分出了问题,那可能整体就会出问题。我们经常看到的是,很多家长寄希望于学校、社会给予孩子更多的关注,而忽视了自身在孩子教育当中所承担的重要责任。

比如有两位母亲,一位母亲的孩子偷钱,是因为母亲从不给孩子零花钱,孩子就去偷!另一位母亲的孩子是大骂母亲,因为母亲把他的电脑拿走了,他就大骂母亲!其实,这个母亲本身就很爱骂人,就很冲动。因此,可以得出一个结论:因在母亲。这个结论也很符合心理学在家庭教育人格培养中的一个原则,就是天下没有一个问题孩子,只有问题父母。

可以说父母是孩子的一面镜子,折射出的就是你自身的一些现象、问题。因此,去求助于专家,求助于别人,都是不行的。因为只有孩子的亲爹亲娘才会对孩子的人格产生影响。专家并不能对孩子的人格产生影响,这是所有的家庭必须明确的。

从这个角度来说,家庭当中有孩子,父亲的这种角色扮演是非常重要的。我们来看看到底有多重要。马加爵在临死之前写了一封信,他作了许多分析。其中提到,今天走到这一步是因为他心中有太多的不满、怨恨。平时看他体格强壮,考到云南大学前都是很优秀的孩子,学习成绩也好,而且在班上很长一段时间,他替大家打饭、替大家打扫卫生,他还是一个很有公德的人。为什么会这样呢?他希望别人认可他,和他交朋友、和他沟通,那又怎么会杀人呢?这里面就分析到他的早年,他的父亲对他人格的影响。

马加爵的父亲没有跟马加爵玩耍过。在马加爵的印象当中,他父亲一直就是个严厉斥责的形象。马加爵说,我的父亲跟我谈话,在我的印象中,最长没有超过10分钟。

很多人谈到自己的父母,就会有一种很感动、很亲切、很慈祥、很温暖的感觉。但是,马加爵的家庭和他的父亲给他的感觉是冷酷。他在12岁的时候曾经逆反过一段时间。有一次,他的奶奶跟他抢电视看。他的奶奶要看一个频道,他要看另一个频道,奶奶不让他,还跟他抢。那时,他就在日记本里写到,我要把我父亲杀掉。

多么可怕的一件事情。这种怨恨在幼年的时候、在他少年的时候就埋藏在心中了。到了学校,他觉得同学们对他依然不冷不热、不友好!于是,心中的恨就如洪水猛兽般汹涌而出。

由于马加爵所有的沟通渠道都被堵住了:父母不与他交流,同学不与他交流,他有什么心事都无处诉说。他最后得出的结论就是,再也没有任何人与他交流,他要干掉这些看不起他的人。最后,他还是有适当的自制,没有去杀掉自己的亲人。这个事件是很可悲的,但其中包含的东西却是值得所有家长认真思考的。

日本的家庭教育手册谈到的第一个定律就是沟通、交流。一个父亲在孩子成长的过程中,与孩子交流、说的话还不足10分钟,那还不如一个陌生人。在沟通交流这一部分,日本的教育手册是这么说的:在现代社会,如果什么都不说,就想达到理解是很困难的。就是你不交流,你怎么知道对方是怎么想的,孩子下一步会怎么做,或者孩子曾经做过什么,孩子的愿望是什么,孩子的心思是什么,孩子的后果是什么,你永远不知道。人的这一生就是表达自己情感的过程,你不说、不去表达,别人就无法知道你的思想。所以说,不断增加夫妻之间、父母和孩子之间的对话是建立幸福家庭的基础。

一个人为什么犯罪?心理学家经过近百年的追踪发现,那些重罪犯,95%

第十五法 为什么孩子有事不跟大人说?

以上都是问题家庭、破碎家庭的孩子,或者是被遗弃的儿童、孤儿院长大的孩子。正常的家庭,夫妻和睦的家庭,孩子生活稳定良好的家庭,气氛和谐的家庭一般不会出罪犯。

罪犯从哪儿来？从母亲的腹中和怀抱里来。

孩子在出生后24小时会干什么？

比如,有一个小宝宝出生了,是独生子女,三代单传。

爷爷来了,说:"哎呀,总算生下来了！我这心落地了！三代单传,咱家的香火总算延续下去了。"这个小娃娃有没有反应？对他的亲爷爷,他有没有反应？没有反应。

姥姥来了,"哎呀！俺这闺女真有本事,自己才80斤,生个儿子都8斤2两！"这小娃娃有没有反应？也没有。

孩子的爸爸:"像,像我！不用作亲子鉴定！"娃娃有没有反应？还是没有。

没有反应。这个孩子出生后24小时内,对所有的亲人都没有反应。

现在,有一个年轻的姑娘来了,说:"小宝宝长得多漂亮啊！"小孩子有没有反应？

有！婴儿在出生后24小时内,只对年轻的女性有反应。

他在找谁？他在找妈妈。

现在有很多女性,要讲男女平等。"为什么孩子要我照顾？我管白天,你管晚上。"母亲,不能讲这个公平,是孩子不要爹,就要娘的。母亲不到场不行。

请大家记住,心理学给人类的一句话:"人类需要爱先于食物。"

三天才下奶,可孩子一天都不能离开娘。亲情从哪里来？亲情不是生来的,而是养来的。因此生了孩子,一定要母乳喂养。因为母亲抱过孩子,对孩子的影响是终生的。

母亲抱孩子,可以培养出来许多优秀品质:悦纳、安定、欣赏。

母亲抱孩子,一般头靠左的多还是靠右的多？靠左的多。为什么？因为心脏在左边。刚出生的小宝宝,到了晚上睡觉前:爷爷抱,哭；奶奶抱,哭；保姆抱,哭；爸爸抱,哭；妈妈抱,不哭了。他连眼睛都不睁,就知道是妈妈。为什么？有人说是闻味道,闻到母亲的味道就不哭了。他不是靠闻的,他是听出来的,从心脏的跳动听出来谁是亲娘。一到亲娘身上,孩子就有安定感。

因此,在孩子最初的几年,最重要的是妈妈、爸爸陪。陪着孩子干吗呢？请记住——交流、交流、交流。交流会给生活带来更多的奇迹和惊喜。

交流起跑线

我们现在经常说的一句话,不要让孩子输在起跑线上。但这个起跑线在哪里？很多家长也许并不知道。现在我们告诉你,这个起跑线就是从胎儿期与胎儿的交流开始。

读者朋友们肯定要大吃一惊,不可能！

是的,所有人往往觉得一个胎儿那么小,甚至还算不上严格意义上的人,他（她）懂什么呢？我们听到过很多家长说过这样的话,特别是老人,才不相信呢。但是,中国有句古语,三岁看老。其实三岁时,孩子已经基本定型了,所以起跑线应该从胎儿期的教育开始。

读者朋友们可能会问,零岁的孩子还在母体内,还在孕育过程当中,他（她）能懂什么呢？我们能和他（她）交流些什么呢？

那么,在回答问题前,我们要问读者朋友一个问题。在 21 世纪,人类正在被一种更隐秘、更微妙、更可怕的疾病所困扰,你能猜出是什么疾病吗？

大家可能会想到,以往的章节当中,通常是从心理学的角度去分析问题,那会不会是心理方面的疾病呢？

肯定是。

是什么样的一种疾病呢？更隐秘、更微妙、更可怕,而且很具体,表现得很充分。

答案是焦虑。

曾经看到过一个寓言故事,有一天早晨,死神降临一座城市。他对一个人说："今天,我要带走 100 个人的生命。"于是,这个人赶紧把这个可怕的消息告诉了全城的人。到了晚上,这个人气愤地找到死神,质问他,"你不是说只带走 100 个人的生命吗？为什么你却带走了 1000 个人的生命？你言而无信！"死神淡淡地答道："我没有言而无信。我确实只带走了 100 个人的生命,剩下的 900 人,是被焦虑带走的。"

焦虑的危害可见一斑。它会像铺天盖地的蝗虫一样,所到之处,心灵的安

宁立刻被啃噬得干干净净。

第二个问题,请读者猜一猜,焦虑最早会出现在人生的哪一个阶段呢?

答案是胎儿期。焦虑最早出现在胎儿还在母亲子宫内的时候,因为母亲的一些焦虑特性会直接影响到胎儿的身心健康。可能大部分孕妇知道不能吃哪些药,不能吃哪些食品,但是很少有人告诉你,你的情绪不好也会给胎儿带来种种严重的身心伤害。

很多医学研究证明,在孕妇情绪良好的时候,她的内分泌、生理和消化系统,在血液循环中表现为一种增强胎儿生命力的状态。如果孕妇心情不好,焦虑、愤怒、郁闷,血液中就会产生一种对胎儿神经系统有害的化学物质。

成人的很多心理疾病就是在胎儿、婴幼儿时期留下的。那么现在,我们就从原始、最初阶段讲讲家庭健康教育中非常重要的一个内容——交流。

胎儿期的交流

母亲必须知道,胎儿时期,焦虑、愤怒、郁闷这些因素对胎儿的心身都是不利的,甚至会影响胎儿神经系统的健康。

以往大家并没有关注,觉得胎儿是在母体之内,怎么可能感受得到外界呢?

我们希望家长从现在开始,对于胎教方面一定要给予一定的关注,在这方面要掌握足够的知识。

1952年,有两名德国医生调查了柏林和其他地区的55所医院后发现,在1933年希特勒上台前7年间,婴儿的神经系统畸形发生率是1.25%;在希特勒统治下的7年间,这一比例增加到2.58%;1946—1950年是战后最困难的时期,这一比例又增加到了6.5%,翻了几番。因为在那种动荡不安的环境下,母体的焦虑、母体的担忧、母体的愤怒,种种不良的情绪会深深影响胎儿的心理和身体状况。这些不良交流对胎儿的发育具有极大的危害。

以往,我们只是注重饮食方面的营养和胎儿身体方面的健康,并没有注意到胎儿精神方面的发展。

我国的统计数字显示,每年大概有40万婴幼儿是属于神经畸形的,只是没有分类有多少是因为母亲情绪不良引起的。所以,作为母亲,一定要提前学习正确与胎儿交流的知识,避免当孩子长大之后才发现他(她)有问题,而这个问题是在他(她)形成之初就造成的,到那时后悔也来不及了。

人生第一阶段的交流,也是孩子人格大厦的基础。

0~1岁的交流

我们沿着人生的历程走。孩子出生后就开始了独立的生理活动,这时,我们该如何与他(她)交流呢?

答案是按摩。

从他出生那天开始,用你温暖的大手和孩子交流,每天都要给孩子做辅助按摩。

有的读者会问,为什么我们要给孩子按摩,不是要交流吗?

是的,这就是交流。

婴儿从母体内出来前,在妈妈肚子里温暖的羊水中呆了10个月,然后,当孩子一下子被从母体里挤压出来时,孩子的安全感在这一刻消失了,他(她)感到恐惧。他(她)好想回到温暖的羊水里边,让羊水抚摸他(她)周身的肌肤,他(她)渴望找回自己的安全感。

辅助按摩的重要性

按摩是婴儿的精神食粮,就像矿物质、维生素、蛋白质一样必不可少。发育心理学专家认为,婴儿是自然的守候者,按摩就是父母为婴儿提供了基本的安全感,婴儿通过皮肤触及父母的世界,从身体上、心理上和精神上充分、健康地发展起来。

医学研究证明,从脑部发育来说,按摩可刺激婴儿脑部神经组织、身体器官以及心理的发育,还可促进食物吸收等。我们对一岁多、体重偏轻的小婴儿进行观察实验,每天午休的时候给他们做按摩,在很短的时间里,就会有显著的成效。婴儿首先表现为情绪稳定、注意力集中,然后就是食量大增。

按摩还可以改善孩子的免疫功能。另外,针对一些患有湿疹、哮喘和糖尿病的婴幼儿,按摩的影响力也非常大。但是,我们最想给大家说的,是这种交流手段可以改善父母与孩子之间的沟通,加深父母与孩子之间的心灵感应。这种

心灵感应太重要了,当一个孩子感觉被认可的时候,那种幸福感会伴随一生。

按摩可以使孩子以一种安全,而不是恐惧的方式来适应世界。这个世界就是以爱和温暖来迎接他,孩子会觉得这个世界是美好的。这也使他和周围的一切能够更好地相融,那么他的人际关系也会非常好,他也更容易进入集体生活中。

比如早产儿,早产儿对这个世界的感觉是针头、管子,孩子对我们触碰的反应经常是身体收缩,想远离我们对他的触碰。但如果我们经常给他做按摩,孩子的这种恐惧感就会得到很大改善。

还有一些有特殊需求的婴幼儿,如发育障碍、听力视觉发育迟缓,或者烧伤烫伤等,这些婴幼儿也都需要这种方式来改善他们的心理和身体状态。

心理学专家对接受过按摩和没有接受过按摩的两种婴幼儿作了跟踪调查,然后他们得出这样的结论:婴幼儿的依附类型可以预测他成年以后具有什么样的人际关系。

依附类型可分为安全感满足和安全感不足两种。

第一种婴儿被母亲经常拥抱、亲吻,或者用悦纳的眼神交流,那么他会有很敏感的触觉,能感受到来自母亲的关爱,然后他就像海绵一样把这种关爱吸进去了。长大以后会与人沟通,依存,彼此信赖,恋情持续时间长,离婚率低,因为他有来自家庭的稳定和温馨。这对家庭的稳定和社会的稳定都有很大的帮助。

第二种婴儿因为母亲早期没有与他进行认真的交流,成年以后就会出现这样那样的问题。长大后少有同情心,缺乏信任感,无法与外界正常交流,经常妒忌别人,不敢承担义务和责任。

家长们要明确一点,我们要早早帮助孩子重新认识这个世界,解除他的痛苦、悲伤和恐惧,让他(她)敞开胸怀去拥抱爱和快乐。如果我们教婴儿焦虑时如何放松,这个放松反应在孩子生命的早期就能获得,那么,它就可能成为孩子自然系统的一部分,然后陪伴他终生。

让孩子从小就学会自我释放郁闷的情绪,保持健康的心态。

几千年以来,恐怖分子、残暴杀手,都有过被忽视或被独断者专制的童年。也就是说,他今天的行径、今天的作为,其实跟他(她)幼年时期有着紧密的联系。

按摩是一种心理沟通,为孩子一生的信任、勇气、独立和忠诚奠定了牢固的基础。

这就是辅助按摩的目的和作用。

读者朋友也许会说,我们生活压力特别大,还要去工作,都早早地离开了孩子,没时间。所以,像这样的情况,按摩辅助就可以帮助家庭重新建立感情的联系。

妈妈回家以后放下手中所有的事情,给孩子按摩40分钟,所有不好的心理问题,都可以得到缓解。即使每天只给孩子按摩半个小时,也能极大地拉近母子之间的距离。

有读者会问,我一天当中亲吻他、拥抱她的时间会零零散散的,但加起来的时间超过半个小时,可以吗?

我们的回答是,做永远比不做好,这是可以肯定的。但你还是尽量要有一个集中的时间,让孩子充分享受父母的爱。

以上这些内容,谈的大多是母亲的一些作用,而没有说父亲的作用。

在这方面,我们也建议父亲,在周六、周日不上班的早晨,让妈妈放松一下,你来给孩子做做辅助按摩,然后和孩子单独呆上半天,让孩子更自信,他们就会身体更强壮。可能父亲说了,我的手非常硬,非常粗糙,我怎么给孩子按摩?包括母亲也会说,害怕他伤了孩子。

其实辅助按摩并不见得要非常专业的手法,你只要把手心搓热,把指甲剪了,不要伤到孩子皮肤就可以了。甚至你可以用静止的手法,把手搓热放到孩子背上或者头上,给他一点点压力,那就是按摩。孩子就会感觉到你的爱、享受你的爱,爱会源源不断地向孩子的身心传递。他能体会到,这就够了。

当然,如果有一定的时间,有一定的精力与条件,你还是可以到专业机构参加相应的培训、辅导,然后回家再自己做。

读者会问,像这种按摩,如果父母真的是没有时间,老人可以帮助去协调完成吗?

可以,但这是下下策。因为孩子出生以后找的就是妈妈,所以最好由妈妈或者爸爸来做。

所以,这个阶段最需要爸爸妈妈给孩子进行精心的辅助按摩。这时,孩子的精神需求大于对食物的需求,按摩可以使孩子情感的需求得到满足,孩子就

不会再恐惧、焦虑。如果到孩子出生第 5 个月,我们依然没有这样关注孩子的情感需求,孩子肯定会出现呆板、畏缩、不活泼、哭闹、不好照管、易生病、厌食、夜惊、消化系统紊乱、反应迟缓等症状。这些都是某些精神疾病、病态人格发生的根源。

在这个过程中,父母给予的爱的交流是孩子一生的财富。

1~2 岁的交流

孩子 1~2 岁,这个阶段是孩子语言发育的敏感期,是孩子与世界互动交流的开始。

可是,中国的家庭大多数就是在这一关失败的。

在孩子 1 岁左右,孩子的妈妈基本上已经离开孩子了,把他们留给老人或者保姆照看。留给老人,是因为孩子父母相信他们。但是,老人的特点是行动缓慢,不善于与人沟通,不爱说话。此时,正在语言发育阶段的孩子生活在一个相对孤僻、语言贫乏的环境里,无人交流,无法积极刺激语言中枢的发展。

也有一些母亲,没有上班,天天在孩子身边。但正因为她对孩子的过度理解,也会延迟孩子的语言发育。比如,孩子需要喝水,还没说话,她就明白了,赶紧把水拿过去。孩子还没有用语言、行动去表达的时候,她就反应了,马上满足了孩子。久而久之,孩子就以为不用交流也可以得到,干脆不说。

这两方面都容易让孩子语言发育迟缓,阻碍孩子与世界的交流,造成交流不良发展。

家长应该给孩子充分的自由和空间,让他表达自己的感受,帮助孩子养成交流的好习惯,而不要去剥夺他与外界交流的生活能力。

引起孩子语言发育滞后的,大多是高智商、高学历的妈妈。她们很容易犯这种错误,认为我很聪明,我理解孩子,我是个好妈妈。

那么,孩子到了这个阶段,出去在社区里面和孩子们玩的时候,如果别人的语言发育都很正常,唯有他不会说话,别人说七个字他只能说三个字,他就会羞怯、自卑,觉得交流的本领不如别人,干脆不使用吧。因为他没有交流的成就感。

1 岁多的小孩,如果别人会说他不会说,他自己是很孤独的,他无法向别人敞开自己的心扉。在这种情况下，情绪不稳、人缘不好，不能与别人合作就随之而来。因此，1~2岁时，交流、沟通对孩子的心理就已经非常重要了。否则，羞怯、自卑、郁闷、自闭、孤独这些负面情绪将非常严重。

通常情况下，1岁半的孩子，一般说两三个字是很正常的，1岁8个月的孩子就应该说三个字、七个字。但是如果这个阶段还没有说话，甚至孩子表情很呆板、不活泼，经常哭闹，夜里睡觉突然惊醒，这就说明1~2岁这个阶段的交流之路没有走好。

2~3岁的交流

再说2~3时与孩子的交流。到了2~3岁这个阶段，孩子走路非常稳，甚至会跑了，所以他的生活圈子就更大了。这个时候家长的语言、家长的行为方式、家长的交流方式、家长的教育观念，对孩子的影响就更大了。这个阶段的孩子处于心智理念发展的成熟期，就是心理方面和智力方面都到了成熟期。

所以，对于没有学习过家庭健康教育方法的家长来说，这个年龄的孩子可能是最让人头疼的。我们所见到的这个时期的孩子大概分为三种类型：

第一种：多动型。孩子很淘气、很调皮，爱哭闹，什么样的交流对他都不起作用。家长几乎无能为力，一家人头疼得不得了。有60％的孩子都属于多动型的，但其实并不是真正的多动症。

第二种：呆板型。孩子特别老实，常常坐在一个地方一动不动，你喊他，他好像没听见一样，表情很木然。出门躲在家长身后，在众人面前从不表现自己，什么事情都不愿意去做。这些就是我们常说的问题孩子。

第三种：阳光型。孩子特别健康，特别快乐，特别自信。可以一个人独处，也可以在众人面前落落大方地表演节目。但是，相比较而言，这种正常的孩子反而占的比例很小。

问题出在哪里呢？

就出在掌握正确教育孩子方法的家长太少，就出在父母跟孩子的交流太少，即使有交流，方法又不正确。

有一些家长是高学历、高收入的社会成功人士。但是，他们大多数都是把孩子留给保姆或者是老人，从孩子才几个月时就开始了。他们所给予孩子的就

只是物质方面,衣服一千多块一件,玩具一千多块一套,但是他们一星期都抽不出半个小时的时间来陪孩子玩一玩,做一个辅助按摩,来一段亲密的心理沟通,都没有。

这些家长不知道孩子需要这种精神食粮吗?他们不知道。他们觉得事业比孩子更重要。他们不知道爷爷奶奶给予孩子的爱对孩子来说是只是杯水车薪,更何况保姆。

刚才我们分析了从胎儿期到3岁,孩子成长过程中的交流需求。

如果孩子不能与家人沟通,没有一个朋友,不能与任何一个同龄的或者是不同龄的小朋友交流、玩耍,你想一想,这个孩子将来的路怎么走?成人之后如何与社会接触?当这个世界只是他一个人的世界的时候,他能不出现问题吗?

更何况还有一些家长,在跟别人说话的时候说:"你看,我的孩子他就是不爱说话,和谁都不说话。"虽然孩子就在旁边,他以为孩子听不见,孩子不知道,其实孩子都在听,这又加重了他对自己不会说话的认识。这种暗示很有用,孩子们会真的朝这个方向走,去付诸沉默行动了。

在这种情况下,孩子长到3岁以后,就会出现多动、少动、呆板、过分依赖、意志薄弱等不健康的表现。如果到了7岁,可能就发展到人格不健全,影响到孩子的一生。

所以,最好的状态是你还没孩子之前,就进行家庭健康教育的培训,认为合格之后,也要等有了充分的心理准备、经济准备之后再要孩子。在我们做父母或准备做父母时候,我们要为孩子作好准备。周正教授的"亲子二十法",非常实用。只要你掌握了,孩子就会一生幸福健康。

接下来,胎儿期要保持心情愉快。如果自己保证不了,可以求助于专家。

孩子出生后,要执行最重要的交流手段——辅助按摩。

当孩子语言发育阶段来临,要经常与孩子保持有效沟通,把握好支持与干涉的尺度。

以上属于婴儿3岁之前,我们可以做的一些事情。接下来介绍一个3岁以后交流的理念——优势交流法。

优势交流法

有一种交流方式,对于家长来说最行之有效。这种方法既能够引导家长实现与孩子畅通交流的美好愿望,又能够帮助孩子们达到发挥自身优势的最高点,具有典型的事半功倍的效果。

这种交流方式就是优势交流法——孩子有好的行为方式,就大张旗鼓地交流、表扬;有不好的行为方式,则闭口不谈、不去关注。让好的行为方式得到巩固和强化,让不好的行为方式悄悄淡化、消失。

这种交流能使孩子的优势、优良品行、自信心得到全面提升。就像是在孩子身上淘金子一样,淘到金子——自信、快乐和创造力,去除泥沙——自卑、忧郁和呆板。自信、快乐这两方面都是在交流中产生的,创造力则是人体心理机能的最高表现,有创造力的人是一个心理非常健康的人。也就是说,假如我们进行了优势交流教育,在前面章节中所谈到的问题,就均可迎刃而解了。

想让孩子一生顺畅、自信、快乐,能与人和睦相处、有协同精神、人格健全,那么,在0~3岁这个阶段就要把握好,对他进行充分的优势教育。

当宝贝的所有优点都被强化时,自信就会越来越强;当他所有的不良行为都被淡化时,慢慢它就会自动消失。从此,孩子将充分发挥他所有的优势能力,而没有或很少有不良行为,自主去创造,去体验生活。这样,孩子就形成了一生的良性循环。

让我们来看看安琪儿和妈妈的故事。

妈妈与孩子的交流——从胎儿期开始

真真妈妈和安琪儿妈妈是一起怀孕的,这天真真妈妈去找安琪儿妈妈。

真真妈妈:"我都快烦死了,什么时候才是个头,她来的太不是时候了。"

安琪儿妈妈:"天哪!你怎么这个样子呢?快别说了,孩子会听到的。"

真真妈妈:"你太可笑了,不可能。"

安琪儿妈妈:"孩子对我们是有心理感应的,孕妇长期不高兴,情绪的变化会输送导致生病或激发恐惧的化学物质到孩子全身,'信息'被胎儿全身的细胞接受,出生前她就会无意识地感受这个世界,感觉到我们对她出生前的感情,对她一生都有影响。"

真真妈妈:"那你是怎么做的呢?"

安琪儿妈妈:"我从怀孕起就开始和宝贝交流了,我告诉孩子我们全家人都

欢迎她,我会告诉宝贝我现在去哪里,去做什么,看到了什么,妈妈嗅到了什么花香,并请求宝贝和我一起吃饭、洗澡、睡觉、起床……"

真真妈妈:"你这样做有什么用呢?"

安琪儿妈妈:"发育心理学家说这样做会给胎儿安全感。胎儿触及母亲的世界,从身体上、心理上、精神上充分健康地发育起来。21世纪人类最大的疾病是焦虑,焦虑在婴儿未出生前就可对她产生影响。很多人从胎儿期就开始焦虑,就是因为母亲给她不安全的情绪太多了。我每月除了检查身体还去见周正教授,这样做是为了保持心情愉快。因为专家说,情绪不好就会分泌毒素,对胎儿是极大的伤害。我偶尔情绪不好,就会给孩子放一些轻松的音乐吸引宝贝的注意力,然后自己再去烦躁,尽量减少对孩子的不良影响。"

真真妈妈:"我真是佩服你,还有什么?"

安琪儿妈妈:"每天按时弹钢琴把孩子叫醒,然后开始一天的生活。将来孩子会和我一起作息,带起来就不辛苦。每天和她有一个准时的交流时间,宝贝在我的肚皮上跳舞,我用手指回应着宝贝的舞蹈,可有意思了。孩子和我传递情感的时间越来越长,我现在越来越喜欢这个小家伙了。我经常对她说:我们欢迎你,我们已经深深爱上你了,你快点来到这个美丽的世界吧!"

安琪儿妈妈自顾自地说着,完全陶醉在自己美好的叙述中。真真妈妈也被感染了。

安琪儿妈妈:"现在几点了?"

真真妈妈:"快4点了。"

安琪儿妈妈:"你等着看,时间到了。"

4点了,安琪儿妈妈把裙子拨开,两个人盯着妈妈的肚子,可是没有动静。安琪儿妈妈想了想说:"可能她听见你的声音了,平时都是我一个人,我先主动和她打招呼吧。"

说着妈妈在肚脐旁边轻轻按了一下,"宝贝,妈妈在这儿,我们玩游戏吧。"

果然,话音未落,妈妈肚脐旁边真的鼓了一下,接着又鼓了一下,妈妈回应了两下。小家伙在里面越来越频繁地在妈妈肚皮上跳舞,两位妈妈高兴地和小家伙玩了一个多小时。后来,渐进的动作越来越少,安琪儿妈妈说:"休息吧,宝贝,睡会儿觉,妈妈去做饭,一会儿叫你起来和妈妈一起吃饭。"

没动静了。

真真妈妈:"你真神了,我也回去试试!"

出生,这个世界伸出充满爱的双手欢迎他(她)

两个孩子出生了,都是女孩。这天真真妈妈又到安琪儿家取经来了。安琪儿妈妈正在给安琪儿做按摩。

真真妈妈:"为什么要做按摩呀?"

安琪儿妈妈:"她们两个都是剖腹产。剖腹产的孩子与顺产的孩子出生时的心理历程不一样。安琪儿是在毫无准备的情况下从温暖的羊水里挤出来的,那一瞬间她的安全感受到了威胁,她好想回到温暖的羊水中。她患上了严重的皮肤饥渴症。孩子渴望被抚摸、拥抱。这时,只有一种方法能让安琪儿重新得到安全感,那就是来自妈妈的抚摸。它有助于帮助孩子重新认识世界,消除她们的痛苦、悲伤和恐惧,让她们敞开胸怀去拥抱爱和快乐。许多人都说,抚摸对婴儿就像食物一样重要,它让安琪儿的身体以安全而不是恐惧的方式适应这个世界。妈妈的手温暖而充满了爱,安琪儿真实地感觉到了这个世界以爱和温暖来迎接她。如果0~6个月内没有按摩,可能给孩子造成一生的不安全感。"

真真妈妈:"这么严重呀?"

安琪儿妈妈:"当然了,这也是一种和孩子最重要的交流方式。我每天按时给安琪儿2个小时的抚摸。我觉得抚摸加深了与安琪儿的心理感应,安琪儿一到这个时候就与我充分配合,我们两个完全沉浸在爱的交流中。这种爱抚的交流通过肌肤使我们二人充分地了解对方。我感觉到安琪儿情绪越来越稳定,不在晚上哭闹了,因为安琪儿感受到了妈妈浓浓的爱。"

真真妈妈:"你真行,我可坚持不下去。"

安琪儿妈妈:"记住,拥抱、抚摸对婴儿来说和食物一样的重要,是婴儿的精神食粮。这种食粮如营养物质一样必不可少。别让将来后悔。"

周正教授告诉我们

安琪儿的妈妈给安琪儿的这种亲和力将持续一生。母女之间肌肤的交流是一种伟大的心理沟通,为母女二人一生的信任、为安琪儿将来的幸福生活奠定了坚实的基础。

母乳喂养与犯罪、疾病

安琪儿妈妈抱着安琪儿下楼了,真真和真真妈妈也在楼下玩,安琪儿妈妈问真真妈妈:"你们最近怎么样?"

真真妈妈:"不怎么样,累死了!"

这时,安琪儿妈妈开始喂安琪儿吃奶。真真妈妈摇着头:"你怎么还自己喂呀!我都让她喝牛奶了。"

安琪儿妈妈:"对不起,这会儿我要专心喂安琪儿吃奶,等她吃完了再说。"

于是安琪儿妈妈垂下头静静地让安琪儿吃奶,还不时说一些爱抚的话语,"吃吧,我的小宝贝,妈妈爱你。多吃点,吃胖点,长得快快的。你是妈妈的小心肝,小美人……"边说还边抚摸安琪儿。安琪儿心满意足地享受着妈妈的爱抚,边吃边看着妈妈,目光平静、安定。不一会儿吃完打了个饱嗝,美美地睡着了。

真真妈妈已经急了,"哎!为什么不理我,孩子吃个奶你为什么就不说话了?"

安琪儿妈妈:"你听我解释。喂养孩子时一定要专注,把妈妈温柔贤惠的一面展现给孩子。所有的事情,特别是烦恼的事情都要放下,因为喂奶的时候孩子会把妈妈的情绪全部吸收,不管是好的还是坏的。现在北京、上海有很多人都有高血压,其中有压力的因素,也有幼年时期母乳喂养不足的因素。现在35岁以上的人大部分是"文革"期间出生的。"文革"期间的产假是一个月,而很多母亲为了表明自己的革命性,休息28天就开始上班,孩子就放在托儿所里。趁工作中午休息的15分钟、10分钟去给孩子喂奶,急急忙忙地跑着过去:来来来,我孩子是1号,1号抱出来……这是大忌。中华民族有许多传统都不一定是科学的,不一定是真的,但是有一句话是真的。老年人都说,给小孩子喂奶不能吃"热奶"。什么是"热奶"?就是急急忙忙喂的奶。为什么不能吃"热奶"呢?因为你的焦虑、不安、紧张、烦躁传染给孩子,他全盘吸收,孩子从此就有不安全感。因为他没有享受到母亲温暖的爱。人类几岁开始记事?3岁。3岁以后才开始记事。但是心理学家发现,越是没有记忆的东西留下的痕迹越重,对孩子的影响更大!"

真真妈妈:"天哪!你别吓我,我从没有像你刚才那样喂过一次奶,怎么办呢？会发生什么事情呀？"

安琪儿妈妈："问题会很多，比如孩子情绪不稳定，睡眠不好。"

真真妈妈："你这么一说还真有些对，她睡眠一直不好。"

安琪儿妈妈："你刚才说你已经不喂了，断奶了？"

真真妈妈："是的，要不我什么也干不成。"

安琪儿妈妈："才两个月，时间太短了，起码要喂半年。因为半年后奶水就没有营养了。否则，孩子就缺乏母爱，母乳喂养的过程就是在孩子心中留下足够的爱。"

真真妈妈："没有母乳喂养的孩子会怎么样？"

安琪儿妈妈："没有母乳喂养的孩子就像盖一座大楼从打地基开始就偷工减料，你说问题严不严重？母乳喂养可以满足孩子很多心理需要。有些孩子长大后自制力差、有暴力倾向。因为从小孩子亲近妈妈乳房的欲望未被满足，内心潜藏了容易引起性犯罪的导火线。没有被母亲用爱温暖够的孩子到青春期就会变得不听话、叛逆。"

真真妈妈："那有些母亲没有奶水怎么办呢？"

安琪儿妈妈："那也应该把孩子紧紧抱在胸前，把奶瓶紧贴着乳房，让孩子以为吃的还是妈妈的奶。妈妈仍然爱他，使孩子安心、快乐、情绪稳定。"

真真妈妈："我有些担心了，回去我一定按你说的做。"

交流的奇迹

3个月 叫"妈妈"

在一个美丽的夜晚，妈妈和爸爸、姥姥在客厅坐着，安琪儿正在吃奶，突然，她松开嘴，用标准的普通话叫了一声："妈妈！"

妈妈简直不敢相信自己的耳朵，以为听错了，急忙问爸爸和姥姥："你们听见了吗？她刚才叫'妈妈'了？""听见了，听见了。"再低头看她，安琪儿已经若无其事地开始吃奶了。三个大人激动地不知怎么办才好。她真的知道了那个世界上最爱她的人——妈妈，并且从今天开始呼唤妈妈的名字。在那一瞬间，妈妈感到自己是世界上最幸福的人。

姥姥说:"这简直是个奇迹呀,我养了那么多孩子,3个月叫妈妈的还没有听说过。这是因为你天天教她吗?"

妈妈:"不完全是。关键是我从胎教时就开始与安琪儿交流,交流时我都会说,妈妈现在和你一起吃饭,妈妈现在和你一起听音乐。到了她出生后,我不管去做什么都会告诉她,比如,妈妈去拿尿片了马上回来,妈妈亲亲你。上个月我开始看着她的眼睛告诉她——我是妈妈,妈妈爱你。一定是她听'妈妈'这两个字听得太多了,所以学会了。最让我高兴的是她已经能用语言和我交流了,她认可我,喜欢我,爱我,要不怎么会如此急切地呼唤我呢!"

爸爸、姥姥看着妈妈得意的样子都笑了。

妈妈又说:"从她出生开始我就努力通过我使她相信这个世界是安全的,是热爱她、欢迎她的。看来她开始相信我,通过我开始接纳外面的世界了。"

4个月 拉、坐、站、起

惊喜不断,第4个月时,母女俩肢体与心灵的交流已经达到非常完美的境界。妈妈喊"一",安琪儿会拉住妈妈的手;"二",她会用劲拉着妈妈的手坐起来;"三",她会用劲蹬腿自己站起来。从那时起,母女俩就为遇到的每一个认识或不认识的人表演,每一次都很成功,然后妈妈会紧紧地拥抱、亲吻安琪儿作为奖励。

6个月 向妈妈发出求救信号

连续几天凌晨,安琪儿会用一种像"花腔女高音"式的歌唱来把妈妈唤醒。家人说是唱歌练嗓子呢,可是只有妈妈一个人知道,这是安琪儿发出的饥饿信号。妈妈的奶水已经不够她吃了。三天后,全家人作好充分的思想准备。妈妈把想法讲给安琪儿听,她眼睛睁得大大地对妈妈笑,妈妈更有信心了。在她整7个月这天晚上,妈妈开始抱着她"断奶"。

妈妈听说过很多人断奶的方法:涂药水、妈妈消失等。以自己和安琪儿交流的程度,妈妈想她能理解,她知道妈妈要做什么,她愿意妈妈陪着她一起渡过难关,而不是母女俩分开独自面对。

果然,只有第一天晚上她哭得厉害。妈妈抱着她安抚她,她并没有怎么闹。第三天清晨,当她咕嘟咕嘟把一瓶牛奶喝完时,全家人都不相信断奶已经成功了!但是,确实成功了。妈妈很欣慰,"我和安琪儿共同努力度过了这三天。我没有在她需要我的时候离开。她也深深领悟到妈妈的良苦用心,积极配合妈妈顺利'断奶'。"

果然,每天凌晨的"花腔女高音"消失了。她们又一次读懂了对方的心。

7个月 不尿床了

因为妈妈从胎教起就和安琪儿交流生活起居的时间、规律,从一出生到第3个月,她的生活就已经很规律了。断奶后,她一觉深睡到天亮,夜里竟然也不尿尿了。从她7个月开始,夜里妈妈就不再给她用纸尿裤了。而且妈妈也变成了一个轻松的妈妈,一觉睡到大天亮。每天晚上看着她熟睡的脸,妈妈意识到:这是个非同寻常的小家伙,她将会给我带来更加幸福快乐的生活体验。

9个月 第一次安慰妈妈

一个阴雨天,傍晚6时,妈妈用背带抱着安琪儿坐上了公交车。

妈妈今天心情不好,烦躁地看着窗外,心思不知跑到哪里去了。大约过了20分钟,妈妈突然意识到怀抱中的安琪儿今天特别安静。平时一上车她都会乱动乱叫,可今天几乎没有动。妈妈低头一看,安琪儿也正在看妈妈,而且好像很长时间了。眼睛和嘴巴都张得大大的,眼神中的内容和平时不大一样,好像有一种担忧、探询。

妈妈终于读懂了,她今天的异常表现是因为妈妈今天的异常表现使她担心了,她用自己的安静来表现她的担忧,用眼睛里无声的、充满爱意的语言安慰妈妈。妈妈把安琪儿紧紧地搂在怀里。她用脸庞轻轻地触及着妈妈的肌肤,依然那么安静。妈妈在她的耳畔轻声说:"宝贝,妈妈爱你!"

在这个冰冷的雨天里,妈妈突然意识到,在这个世界上自己再也不孤单了,有一个如此贴心的小宝贝,再遇到什么困难也不害怕了,生活是如此幸福和美好。

1~1.5岁 妈妈的忏悔

安琪儿1岁时,因为工作繁忙,妈妈有一段时间忽略了安琪儿。后来,有时

为了照顾其他培训的孩子,妈妈经常牺牲安琪儿的课程。再后来,有几次电视台来采访,妈妈总让其他宝贝来展示,如果安琪儿跑进来,妈妈就叫老师把她抱走。

那段时间,妈妈和安琪儿说话的时间都很少,有时抱着她,眼睛也在看着别处,几乎完全没有了交流。安琪儿开始闹人、尿裤子、摔东西,变得特别敏感和烦躁。

一天,在看"快乐每一天"的录像时,妈妈突然发现,大家都在笑,只有一个小宝贝表情木然地坐着发呆。那竟然是安琪儿!妈妈简直不相信自己的眼睛。回想这几个月自己真是太冷落她了,她肯定以为妈妈不喜欢她了。为什么妈妈老是不要她、不理她,她内心不明白妈妈为什么不喜欢她了。所以,她很无助地用这些不良行为引起妈妈的注意,今天终于唤回了迷路的妈妈。妈妈把那一幕定格,看得妈妈的心揪着痛。妈妈把熟睡的安琪儿从床上抱起来,向她道歉:在以后的日子里,我会永远用心去关注你,和原来一样,时时刻刻用心与你交流。

这是安琪儿出生至今,妈妈唯一和她没有用心交流、没有认真关注过她的一段时间。现在回想起来非常可怕。

在这个世界上,有多少个无助的孩子没有真正得到父母的关爱。妈妈感到做母亲是多么的伟大,因为家长担负的是孩子的未来。

那么,孩子长大后,我们该怎样和孩子交流呢?

真真和安琪儿每天都在楼下玩,安琪儿妈妈和真真妈妈就在一起说些教育孩子的问题。正聊着两个小家伙过来了。

两个人一起向各自的妈妈说:"妈妈,咱们去散散步吧。"

真真妈妈:"去去,妈妈正说话呢!大人没有时间,自己去玩吧!"

安琪儿妈妈吃惊地说:"真真妈妈,你不可以这样子的。孩子正常的要求应该支持回应,你总是这样吗?"

真真:"阿姨,我妈妈总是不理我,我爸爸也是。我想和他们星期天一起去划船,可是爸爸说,我忙得很,哪有时间呢,不行!"

安琪儿妈妈:"你们这样做,等于把与孩子交流的通道堵住了,将来会发现孩子什么也不和你们说了,你们也不知道她在想什么,那就有大麻烦了。"

真真妈妈:"什么麻烦?"

安琪儿妈妈:"孩子有烦心事不能解决,有委屈无处诉说,有大事没人商量自己决定。你说孩子快乐还是不快乐?到时你后悔都来不及,快改正吧!现在她还小,还来得及。"

原因2:心不在焉

有一个大学校长,为了彰显自己的辛勤工作,请人为他写了一篇专访。这篇专访是这么写的,"我有一个女儿,可我为了工作,我把所有的时间都给了实验室,给了学生,给了这个学校,很少去管我的女儿。我的女儿现在都已经上学了,但是从小到大我没有接过她一次,我没有给她买过一次玩具,没有领她看过一场电影。我的孩子多次要求,但是我没有答应过她,我很内疚。我为了工作,为了事业,我必须这么做……"

我们生活中也有很多家长正在这么做。当我们非常痛恨马加爵的时候,当我们觉得这种事情令人震惊的时候,类似马加爵父亲的家长,类似马加爵父亲的教育理念还是很强大的。他们对孩子不管不问,心不在焉。

工作不是你摆脱教育孩子的借口。周教授经常问一些家长,你怎么能把所有的时间都给了工作呢?你们有些变态倾向。你们非得把人世间最珍贵的情谊、最美好的事情给破坏掉,以此来证明你多么爱工作。话虽然很重,但难道不是事实吗?

现在全世界都在强调以人为本,不是以工作为本。这需要所有在工作岗位上的人都能清楚地认识到:我们绝不是以工作为本,我们一定是以人为本。以人为本就是在任何时候你都应该牢记自己肩上的责任。可能这个观念需要我们慢慢扭转。在以往,一个人因为工作而贡献自己的一切,可能会受到人们的追捧和赞赏,但是在面对孩子时,这种理念是极其错误的。

父母不与孩子沟通,谁与孩子沟通?他是你的第一责任,你是最有资格与孩子沟通的。因此,如果我们一方面为马加爵事件而震惊难过;另一方面,还去学习马加爵的父亲,不关注自己的孩子,就太不应该了。有的老师认为,我工作中的学生才是我应该关注的。实际上,你自己的孩子也是个学生,你才是他的第一任老师,他的人格老师。你对孩子的影响肯定要大于你对学生的影响。如果每个家长都不关注自己的孩子,而去注重工作中的对象,那么每个孩子都会被忽略,就像马加爵一样。

有一些家长觉得自己在工作当中的勤奋、努力可能会给孩子带来榜样的力量,会产生一种效仿作用。这一点当然不容否认。一个家长在工作中表现出积极向上的态度是应该的。但是,你不能因此就不去幼儿园接送孩子,不带他去动物园,不给孩子买一次玩具。

这种情况,实际上我们经常遇到。孩子出问题了,家长们才泪水涟涟,痛不欲生。因为他们内心深处有着深深的愧疚感,但往往为时已晚。孩子觉得他们是虚伪的,"在平时说工作多么繁忙无暇顾及我,那他为什么有时间顾及实验室呢?还是没有把我放在心上。"希望家长在顾及孩子和顾及工作这两个方面,能够平衡合理,否则,就会出现下面的情况。

真真家里每天都很热闹,因为爸爸喜欢打麻将,所以很多人都来。
一天,真真想吃冰淇淋,开了几次冰箱打不开,于是去找爸爸。
真真:"爸爸,有个事想跟你说说。"
爸爸不耐烦地说:"等我打完这一盘。"
这一盘打完了,真真又去,"爸爸,有个事跟你说说。"
爸爸刚才输了钱,正恼着,"去去去,再等一会。"
后来真真睡着了,爸爸打完麻将也想不起来问真真找他什么事。
真真想买本画画书,那是本在安琪儿家看到的书,她也想有一本。
真真:"妈妈,有个事儿想跟你说。"
真真妈妈正在看电视,"等我看完这一集再说。"
真真就自己去屋里玩了,等着妈妈。妈妈看完电视洗洗睡了,根本就想不起来真真有事和她说。
真真躺在床上翻来覆去睡不着,她受到了伤害:爸爸、妈妈都不理我,不喜欢我。算了,以后我也不理你们。

周正教授告诉我们

心不在焉,孩子受到漠视,孩子在自尊心的作用下产生了逆反心理,干脆就不说了。

原因3:反应过激

在家庭中如果不管什么事都可以交流与沟通是最好不过的了。但是,沟通是要有技巧的,家长要把握好尺度才能使沟通畅通!

如果有一天你的女儿回来告诉你,"妈妈,今天有人给我写条,他说我长得貌似天仙,他说为我彻夜难眠。"你怎么办?这可能会出现几种情况。有的父母可能会说太好了,孩子,你长得漂亮,被大家认可了。有的父母可能会说,谁这样做的,我找他去!

如果你属于后者,那么对孩子的心态肯定是有影响的。她会觉得这不是好事情,以后要是有人再给她写这个条,她就不会告诉妈妈了。这个沟通就从此被阻隔了。作为孩子的父母,对孩子的掌控、了解就从此隔断了。

我们有很多孩子之所以不和父母交流,是因为父母说了很多让孩子难堪、难以接受的话,因此,孩子断绝了与父母之间的信息交流。因为孩子会给你定位,我妈这个人跟不上时代,心理专家都讲了,母子之间要沟通,她就不跟我沟通。我一跟她沟通,她就跟我大惊小怪,我再也不引火上身了。我们很多父母就是这样不合格。

第十五法 为什么孩子有事不跟大人说?

作为家长,沟通需要找到技巧,那我们也来看一看我们的沟通技巧掌握得如何。面对下面这样一个问题,面对孩子给您讲的这个事,你会怎么看,你会怎么回答?几乎90%以上的女孩子都会碰到这样的问题。如何处理好这个关系,是家庭教育中一个很重要的内容,这也是家长的一个学习过程。

真真放学回到家闷闷不乐,她今天没有评上三好学生,心里非常委屈,真想找个人谈谈,真希望有人来安慰自己一下。妈妈在做饭,真真心里憋得难受,走到妈妈跟前。

真真:"妈妈,有个事儿我说了,你可别急啊!我没有评上三好学生。"

真真妈妈勃然大怒,"什么?又没有评上!安琪儿已经评上两次了!你说清楚,老师为什么这么讨厌你?同学们为什么不喜欢你?你说清楚,你气死我了,今天别想吃饭!我辛辛苦苦养你,连个三好学生你都得不到,白养活你了,一点都不争气……"

真真泪流满面地走回自己的房间,关上门上了锁,然后失声痛哭。她伤心自己没有评上三好学生,更伤心自己没有一个像安琪儿妈妈那样的妈妈,最后不知过了多久,她擦干眼泪,心中暗暗发誓,以后不管什么事,再也不给妈妈说了!真真把妈妈锁在心门之外。

一天,真真收到了一封男同学的求爱信,她第一次遇到这种事,不知如何是好。回到家把自己关进房门,怎么办?怎么想也想不出来。和谁商量商量呢?妈妈是肯定不能告诉的,她会像疯子一样的……

正想着,真真见爸爸回来了。就给爸爸说说吧,只能这样了。

真真把爸爸叫进来,"爸爸,有个事我说了,你可别急啊!有男生给我写求爱信了。"

爸爸脸色突变,"什么?是谁?这个小流氓,快告诉我他是谁,信呢?我马上去找你们老师。"

真真还没有明白过来,爸爸已经夺过信冲出门外,去学校找老师了。

晚上妈妈也知道了,"真真,苍蝇不叮无缝的蛋,你给我说清楚,你们多长时间了……"

真真彻底傻了。

后来,学校里老师和同学们都知道了,大家对真真的做法议论纷纷,真真头都抬不起来,比死都难受。

真真万念俱灰,学习一落千丈,爸爸她也不理了!再也不理了!

周正教授告诉我们

反应过激,把孩子吓怕了或给孩子带来难堪的后果,孩子不敢再说,于是越大的问题越是避开家长。

第十六法
如何让孩子有事跟大人说?

建议1:建立常规对话机制

2岁,每晚睡前谈心

安琪儿2岁起就可以用语言来和妈妈交流了。两个人约定,每天晚上临睡前都将今天自己发生的事情跟对方讲一讲。开始时,安琪儿几乎每天都有许多不开心的事,可是经过母女俩的讨论,不开心的事都被抛到了九霄云外。就这样,烦恼越来越少,欢乐越来越多。安琪儿几乎每天都是含着笑意进入梦乡的。这个习惯一直持续到安琪儿4岁。

安琪儿:"妈妈,又到了散步时间了,我要出去玩。"

妈妈:"好,我们一块去。"

安琪儿:"妈妈,我告诉你一件开心事吧。我今天又交了个新朋友,她叫辛迪,她说她特别愿意和我一起玩。"

妈妈:"是吗?妈妈真替你高兴。"

安琪儿:"妈妈,又该说烦心事了,有个事我说了,你可别急啊,我这个星期没有评上小红花。"

妈妈:"哦,你觉得是什么原因呢?"

安琪儿:"我午睡时总唱歌,影响小朋友休息了。"

妈妈:"那以后怎么办呢?"

安琪儿:"妈妈,我以后午睡后再唱歌,这样就不影响小朋友休息了,老师就发小红花给我了。"

4 岁,每周六例行家庭会议

自安琪儿 4 岁起,妈妈将交流时间固定在每周六晚饭后。一家三口坐在一起共同讨论一周内发生的事情,安琪儿总是滔滔不绝地说个不停,不仅乐于说说自己的烦恼和开心事,还十分乐意为爸爸妈妈排忧解难。日子就这样轻松地过去了,家庭会议帮助安琪儿解决了很多学校生活中的矛盾。

上小学之前,每周六晚上的家庭会议上,安琪儿总是最活跃的一个。可就在上学一个月后的周末,安琪儿居然在家庭会议上撅着小嘴,一言不发。

爸爸妈妈很纳闷,便试着温和地问安琪儿发生了什么事。原来是因为学校宿舍里有三个女孩儿,总以一种严厉的口吻去管教、责备她。安琪儿从小到大都是在赞美激励声中长大的,一个月的打击让她受到了前所未有的伤害,她不知道该如何去解决了,所以就撅起了嘴巴。

周日晚上,妈妈把情况告诉了辅导员薛老师,薛老师向妈妈道歉,说安琪儿说过,但是她没在意,她向妈妈保证一定帮助解决这个问题。

后来,学校解决得很完美,安琪儿说,姐姐们责备她的次数越来越少,到寒假前就再也没有了。她画了一幅画,画上三个美人姐姐在温柔地向她微笑。每次送她到宿舍,她都高兴地和姐姐们一起与妈妈挥手告别。

18 岁,两地家庭会议

18 岁,安琪儿到另外一个城市上大学了。

每到周六晚上 7 点半,爸爸妈妈就打开电脑,等安琪儿上网以后,一家三口就如同在家一样聊上半个小时,各自说说最近的变化与苦恼、开心的事情。不过,现在大都是安琪儿来替父母解决问题了。现在她和爸爸妈妈的关系就如同朋友一样,分享欢笑和泪水。

有时,周六安琪儿妈妈会外出讲课,安琪儿就打电话到宾馆和妈妈聊天。有一次,她说:"妈妈,你真了不起。我真高兴我们有这样一个交流习惯。同学们都说我有世界上最好的妈妈。第一,我看着很阳光,因为我每周都可以把'心理垃圾'清理出去;第二,不管发生什么事情,我都有一个世界上最贴心的朋友可以商量,到了周六,想不说都不行。我真服了你了!"

妈妈笑了,"那是因为你已经习惯了。不管什么时候,你都会想到妈妈。养成这个习惯,我们都付出了许多精力,但是,这个好习惯使我们心心相印、相亲相爱,非常值得!"

安琪儿:"将来我有了孩子也一定这样和她交流,真的!"

妈妈幽默地说:"那你们只能在晚上交流,不要占用我的时间呀。"

母女俩都笑了。

周正教授告诉我们

有了常规谈话机制,父母和孩子经常在一起交流,不知不觉孩子的情况家长就自然了解了。

建议2:重视孩子

安琪儿的婚纱照

4岁那年,一天晚上吃晚饭,安琪儿心事重重地对妈妈说:"妈妈,我有事跟你说。"妈妈:"行,孩子,咱到里屋说。"进屋后,安琪儿郑重其事地告诉妈妈,"妈妈,我请求你答应我一件事,我要和瑞查拍婚纱照"。"啊?!为什么呀?""因为瑞查要走了,我怕见不到他了,我长大要和他结婚,所以我们要先拍婚纱照。"说着说着眼圈就红了。妈妈把安琪儿抱在怀里,被她内心纯洁的爱感动了。

原来,和安琪儿朝夕相处已经两年的瑞查要去南方生活了。他们俩从1岁多开始,就天天在一起玩,睡觉床挨着床,走路手拉着手,吃饭时桌子挨着桌子,游戏时是最完美的团队,演出时是最佳搭档。瑞查总像个大哥哥一样呵护着她,从不和安琪儿斗嘴。

妈妈心里当时就答应了,告诉爸爸后,爸爸说:"我非常理解孩子在面临离别时的痛苦。也许留一些合影会减轻他们的思念的。明天我和瑞查的爸爸妈妈商量一下。"

瑞查的爸爸妈妈也是豁达开明的家长,凡事以孩子的快乐、幸福、健康为基

准,他们听了安琪儿爸爸的电话后马上就同意了。

在一个春日的下午,两家家长带着安琪儿和瑞查去拍了一组照片。那天,两个人非常开心,叽叽喳喳闹个不停,相片也拍得非常成功。两个孩子的心愿达成了。回家之后,安琪儿在爸爸妈妈的脸上亲个不停,她在用这种方式向爸爸妈妈表达谢意呢!

从那以后,她更加快乐、懂事、听话了。现在,安琪儿在学校的床头上还放着一个影集,里面就有她和瑞查的照片,临睡前她经常拿出来看看,每次脸上都洋溢着满满的幸福。

周正教授告诉我们

重视孩子,孩子的良知在自然状态下,是不愿意让父母担忧的,而且,如果孩子总能得到父母的理解与适当帮助,他们怎么会不说呢?

建议3:适当反应

安琪儿14岁了。一天晚上回到家后,她坐下来神秘地对妈妈说:"妈妈,有个事我说了,你可别急啊!有男生给我写求爱信。"

妈妈:"哦,就这事呀,你现在收到几封了?"

安琪儿:"什么?还几封?就这一封。"

妈妈:"宝贝,没什么了不起的。每个人都有这些经历,妈妈在你这个年龄收到了好几封呢。"

安琪儿:"真的?原来是这样呀。"

妈妈:"这种事在中学里不是经常发生吗?将来到了大学,写信的人会更多,你可要做好准备啊。"

安琪儿笑了!

周正教授告诉我们

要想让孩子长期与家长交流,就永远不能作出过激的反应,越是遇到严重的问题,越是要沉着,并在言语中暗示给孩子出路。

亲亲你的宝贝

除了以上三条,我们给妈妈提的建议是:

孩子回到家,一定要抱抱、亲亲。

每天晚上睡觉之前,孩子最后得到的应该是妈妈的亲吻。曾有一个妈妈对周教授说:"我们那儿不兴这个。"为什么全世界都兴这个,就你那儿不兴!尤其是今天你责备孩子了,尤其是今天孩子被人欺负了,尤其是今天父亲动手打他(她)了,尤其是孩子今天考试成绩不好了,你更应该让孩子在母亲的亲吻中睡着。这样,第二天一早醒来,一切都会化解。孩子会想:我今天犯错误了,今天这么不出色,妈妈仍然过来抱我亲我。他会知道,妈妈是永远都不会丢弃他的,不管他怎么样,妈妈都会一如既往地爱他。这样的感觉会是一个最有力的交流,他会全身心地信任你,把所有的事情都告诉你。这样的孩子才能拥有健全的人格。

周教授经常说,拥有健全的人格比学习成绩更重要。

陪陪你的孩子

大部分中国的男家长在教育孩子的工作中都是甩手掌柜,全权交给妈妈负责。他们是在重大教育关键时期最大的偷工减料者,往往是妈妈管不了孩子了,爸爸回来后就严厉地斥责一通,说教无用就演变成家庭暴力。

有一天,一位爸爸找周教授咨询,第一句话就是:"周教授,我很忙。我也知道我对不起孩子,但是我没有办法、没有时间。要不这样,要花多少钱,需要做啥事,你跟我说,我的孩子就交给你了。"有很多人都这样跟周教授讲:"孩子交给你了。"

周教授问这位爸爸:"你能不能保证一天和孩子交流十分钟?"

他说:"没有时间,哪有时间呀?我天天不回家,我家人都见不着我。"

"那一个星期一次呢?"

"我在外面做生意呢,事特别多,星期六星期天也好多应酬,没时间,回不来!"

"一个星期你都拿不出半天来陪孩子,你生他干吗?"

很多父亲都是这样,口中说着爱孩子疼孩子,却又不陪孩子。

举个例子来说,一个人跟你说:"小王啊,我听了你的讲座后,非常喜欢你。我最崇拜你了,你的讲座是我听到的最好的讲座……"这时电话响了,"哦,老板

啊!"说完冲你一摆手,"小王,我走了啊!老板找我。"

那么,他刚才说的那句话你还信不信?你肯定不信,他是胡说八道!他喜欢老板更甚于喜欢你。

但如果他说:"哦,老板啊。你能不能稍等会,我正和小王谈话。这样吧,等我谈完了咱们再见面。"这样的话你信不信?你肯定相信!老板他都不见,他见你。

同样,孩子的问题也是如此。孩子对你说:"爸爸,星期六能不能带我去公园玩啊?"你说:"能!"

星期五,你接一个电话:"老板啊,星期六一起去钓鱼?好,一块儿去!"

那么,孩子呢?"我出去钓鱼!你一边玩去!"

一天两天可以,时间长了,你的孩子就得出了一个结论:"谁都能把你叫走。谁都重要,你的客户,你的领导,你的老板。唯独我,不重要。"你给他钱也好,你给他买东西也好,但是他从内心里面会觉得"一到最关键的时候,我爸爸是会放弃我的。"不久,孩子就会完全不信任你了,你也完全不了解孩子了。孩子不学习了,出事了,到那个时候再去后悔,已经没有意义了。

所以,我们对所有男士家长提个要求:一周半天,陪陪孩子。

你的孩子知道你很忙,知道你事情很多,但是一到星期六下午或者星期天下午,雷打不动,就是陪他的时间。你一听电话:"老板啊,周六下午不行,有重要安排,其他时间可以。"你的孩子会想:"老板找他,我爸爸都不去,看来他对我很重视"。他会说:"爸你去吧,我自己玩儿。"孩子会主动理解你。你说:"我不走,今天谁都没有我儿子重要!"有你这句话,有你的这个举动,每周六都雷打不动,你再看看孩子,他会十分听话懂事。他知道你最重视他、最爱他,你平时说的话,他就愿意听,也会愿意和你交流,有什么事也会乐意跟你讲。

第十七法
孩子0~6岁早期教育真的很重要吗?怎样进行?

很多早期教育机构都在宣传0~6岁的重要性,但很多人都会有疑问,有这么重要吗?0~6岁的孩子什么都不懂,什么也说不清楚,有什么重要性可谈呢?其实,这是大家普遍存在的误区。

误区1:孩子那么小,懂啥?

误区2:不重要,瞎说。

误区3:重要也没办法,那是有钱人的事情。

每个父母心目中都有一个梦想,自己的孩子能有一个最佳的人生。殊不知人生开端是最重要的环节!

首先,读者朋友要弄明白什么是早期教育。

早期教育针对的是0~3岁婴幼儿,依据各个月龄的敏感期,对其进行身体潜能开发的教育,在时间上具有唯一性。所以,很多专家称之为"黄金时期"。而且,早期教育和青少年许多心理问题的成因有直接关系。

大脑中共有一百亿到一百五十亿个神经元,每个神经细胞从胞体中伸出一个树突或多个树突,并通过它们与其他神经细胞进行联系。平均每个神经元可与其他神经元形成两千种左右的联系,一个神经元的神经冲动通过联系树突在5秒钟内使下一级神经元活动起来。每个神经元在婴幼儿生活时,都与其他神经元产生相互作用,并产生很多的单元体。大小不同的单元体,因其功能及位置的不同,在大脑中形成不同的功能区。各功能区主动联系在一起,协调活动,从而产生了孩子的各种心理现象。

因此,在孩子0~6岁的成长过程中,家长们应该依据功能区原理,通过游戏的形式,将各种各样的信息传递到孩子的大脑中,刺激、锻炼、完善孩子的大脑，使孩子脑部的每个功能区都真正被激活。

正确方法1：牢牢把握孩子的0～3岁，这是唯一的黄金时期。

0～3岁——全脑开发的唯一黄金期

科学认为，大部分人仅使用了4%的潜在脑力，还有96%的大脑功能等待开发。婴儿出生时，脑重为成人的10%。第一年内发展速度最快，6个月时已经达到成人的50%。第二年末，达到75%，第三年末，达到90%。到6岁时，孩子的脑重就与成人没什么差别了。

孩子脑重量的增加，并不是孩子脑细胞数的增加，而是脑细胞之间联系的突触增加了。每两个相邻的脑细胞平均每秒传递一百个信息，突触的多少决定着信息量的多少，也就是孩子智力水平的高低。突触就好比是孩子大脑中的一条条高速公路。

俗话说，要想富，先修路，就是这个理。

要想提高孩子的智力水平，在孩子0～6岁，特别是0～3岁时，进行大脑锻炼、刺激，能决定脑细胞之间突触的多少，从而使脑细胞之间的联系更紧密、更牢固，达到脑部每个区域都联结并运动起来，使孩子脑功能终生完整。

但是，在家长的观念里面，就是否有必要对0～3岁的孩子进行早期教育存在诸多误区。

真真的妈妈爸爸由于各种原因都没有时间陪孩子上0～3岁的早教课。奶奶更是不愿意对孙女投入。姥姥对于孩子3岁以前去上学，抱着嗤之以鼻的态度，认为祖祖辈辈都是这样过来的，3岁以前的孩子怎么会需要去上学呢？因此，真真在3岁之前完全由姥姥和保姆陪伴在家。

姥姥在代养真真的过程中，使用的是限制、干涉、保护、溺爱，因此，真真在0～3岁过程中，已经养成了任性、焦虑、怯生、敏感等行为习惯。

那么，如何把握孩子0～3岁这段黄金时期呢？

首先，家庭成员要进行良好沟通，观念一致。

在孩子降生以后，安琪儿的爸爸和妈妈对孩子0～3岁的生活进行了一次深入讨论。

妈妈:"现在宝宝已经3个月了,我打算带着孩子去上早教课。"

爸爸:"这么小的孩子能上课?学什么?"

"告诉你,早教课就是全脑开发教育,就像淘金子。我们都知道,金粒存在于河床中不计其数的石子和沙粒中,这些石子和沙粒就像所有可以利用的功能,但是它们的功能都不如这些金粒的功能。因此,为了淘到"金子",也就是孩子伟大的创造性思想、自信心,就必须搜遍大脑河床中所有的思想沙粒,然后才能为孩子找到真正的精华。"

爸爸说:"这么神奇啊?"

"是的。给孩子大脑淘金的时间非常紧迫,只有0~3岁的时候才可以进行。3岁后,孩子的脑功能区就基本不再发展了,6岁时智力水平基本已经定型了。"

安琪儿爸爸嘴张得很大,"是这样的吗?我可是第一次听说!那它对孩子具体有什么效果呢?"

妈妈:"大脑分为左半脑和右半脑,之间的区别是很大的。举例来说,左脑是批判型的,右脑是建议型的。有些人对谁都看不惯,习惯于直接用尖刻、批判的语言。但有些人是以建议为主,很少挑毛病,所以,他们人际关系好,处在一种和谐的生活环境中。"

"对呀!我们单位开会的时候,发现很多爱挑毛病的人,他们说不出解决问题的办法,只是一味挑毛病,那样有什么用呢?——太好了!就这一条,我同意让我们的孩子去上全脑开发课。"

妈妈说:"全脑开发课可以让孩子的左脑和右脑完美地对话。所有伟大的发现都是左右脑之间完美对话与合作的结果,是全脑创造力的一种完美表现。比如,我们认为爱因斯坦是左脑型的,而相对论正是左右脑功能融合后的综合产物,他通过整理大脑中出现的一些幻想,然后将其形式化、体系化,从而成就了泽及后世的物理学理论。人们认为贝多芬是一位右脑型的创作天才,但他谱曲时的按行书写、节拍是跟左脑次序有关的,都是以数字为基础的,而且遵从数字的逻辑,节拍像是上帝赐予他的礼物,恰如其分的重音都是极其确切的数学速度。因此,他是一个十足的全脑型天才。"

妈妈舒了一口气,接着说:"全脑可以进行创造,大脑的各种技能都在创造皮层中发挥作用,其中每一种技能都对其他技能起着补充和支持的作用。因

此，要想让孩子有一个天才型的头脑，就必须左右脑平衡发展。在我们中国，习惯让孩子用右手，不擅长让孩子用左手。但西方国家的人，多是左右手并用，这对充分开发他们的全脑功能很有好处。"

爸爸："也就是说，当我们小宝贝越来越多的大脑功能被开发，就说明她将来有更多发挥创造的可能性。那么，我们实际上已经实现了所有的目标了，孩子就能拥有无限创造力的大脑和健康心理。呵呵，支持你，我们就带孩子去上全脑开发课吧！"

事实证明，安琪儿爸爸妈妈的选择是正确的。

在培养孩子的过程中，什么是最重要的？对于一个21世纪的宝宝来说，创造力、快乐的心情、自信心和心理健康，都应该是重中之重。

全脑开发教育给安琪儿带来了巨大的财富。

第一、安琪儿快乐自信，人格健全。

第二、安琪儿独立，能自主解决问题。

第三、安琪儿具有非常强的韧性。

第四、安琪儿富有幽默感。

第五、安琪儿学习兴趣浓厚，注意力集中。

第六、安琪儿拥有审美观。

第七、安琪儿兴趣广泛。

第八、安琪儿人际关系良好。

读者朋友们，孩子的大脑就像一台具有无限联想力和想象力的机器，我们对她的使用是很少的一部分。全脑开发课沿着一种完美的思维导图，能有效激发婴幼儿的脑部功能区和创造力。通过它，我们将拥有一个用全脑思考、左右脑潜能充分发掘的孩子。

说到这里，可能你动心了。0~3岁孩子的早期教育都需要做些什么？怎么进行呢？

在这个黄金时段内，孩子的早期教育主要分为三部分。

第一部分：辅触与按摩。（可参阅《望子成龙》（黄金版）《望女成凤》（粉钻版））

最佳时期是在0~6个月。

第二部分:0~1岁的早期培育。

这段时期主要是让宝宝的各种感觉,如听觉、嗅觉、味觉、肌体觉、平衡觉、神经觉,得到丰富的发展,使感知觉达到高水平,潜能表现为现实能力。

第三部分:1~2岁的全脑开发课。

主要是通过音乐、舞蹈、美术、科学、数学、社会、健康、语言(汉语和英语)、生活和心理这十个方面的培训,使宝宝的脑部亮起来,左右脑部思维均衡地运用,使宝宝成为一个有灵性、有创造力、充满自信的人。

0~1岁,安琪儿妈妈开始给孩子上早教班的全脑开发课。这段时间,开发课重在培养孩子的各种感知觉。

安琪儿妈妈认为早教中心每星期一节课的课时量太少,所以就安排每天上午九点到十一点是孩子游戏的时间。鉴于早教中心的课时价格昂贵以及不接受安琪儿妈妈每天多上一节课的要求,妈妈就自己想办法,在家里寻找教具的代用品。

比如,家里吃剩下的椰子壳、光滑的皮球、橘子皮、砂纸、丝绸布料、牛仔布料等,都成了孩子的触觉玩具。妈妈把这些能产生不同触觉反应的材料依次放在孩子面前,让孩子随机抚摸。妈妈发现,孩子每接触一个不同触觉材料的玩具,表情都会发生明显的变化。

后来,家里的谷物也变成了孩子的游戏教具。最大的是蚕豆、花生、黑豆、红豆、赤豆、大米、绿豆,最小的是小米,这些统统都变成了孩子的玩教具。两只小碗放在安琪儿面前,她会拿一把小勺子,把谷物从一只小碗挖到另一只小碗里。大一些的时候,孩子会把谷物分类,放在七八只小碗里。家里还堆放了各种各样的瓶子,最小的是妈妈用过的一些化妆品的小瓶子,还有一些口服液的瓶子、药瓶,总共有十几种规格,瓶口大小也各不相同。孩子会把不同的谷物通过不同的瓶口放进去,手指动作越来越出色。半岁的时候,爸爸和妈妈把家里的阳台改造成安琪儿的一个游乐场。地面上铺了五颜六色的塑料砖块,用木板和各种绳子,给孩子搭了很多的通道、斜坡,还钉上用海绵布包着的厚厚的滩爬场、攀岩壁,还有很多的柱子和障碍物,都是用厚厚的海绵布包裹着。孩子每天都在这个游戏场里玩得很开心。

很多家长都抱怨早教中心的费用太贵,甚至由此产生悲观情绪和家庭矛

盾。建议大家像安琪儿的妈妈一样,在家中找替代品,作为孩子的玩教具。只要有心,相信你肯定会给孩子早期教育的初级阶段打下坚实的基础。

1~3岁的时候,妈妈跟一个社区早教中心商量好,每天都能带安琪儿定时去上早教课。由于妈妈和早教中心制订了长期的上课计划,因此早教中心给孩子的课时费也很优惠。每天一节课,一星期五节。就这样,安琪儿把0~3岁这段黄金佳期牢牢地把握住了。

周正教授告诉我们

0~3岁生活中,孩子有什么样的经验,将决定孩子将来有什么样的大脑。

正确方法2:3~6岁,进行早期音乐、数学、英语教育。

早期音乐教育

生活当中,我们经常看到类似这样的情景。

一个周末。

真真妈妈:"唉!安琪儿妈妈,你这是带着孩子去干什么啊?"

安琪儿妈妈:"我们报了音乐班,现在去上课呢!"

真真妈妈:"什么?孩子那么小,小手啥也不会干,上什么课啊?她听得懂吗?"

安琪儿妈妈:"当然了,我们家安琪儿上得可好了,音乐课在孩子小的时候,是需要家长配合的。"

真真妈妈:"那不就成了家长上课了,对孩子有什么用啊?"

安琪儿妈妈:"当然有用了,你回头去试听一节吧!"

真真妈妈:"还是算了吧,真真在家挺好的,让她玩几年,大了再上吧,再见!"

许多家长与真真妈妈的想法一样。

其实,孩子从出生到6岁,大脑发育的速度由快到慢,几年中像海绵吸水一样,见什么吸收什么,最终,停止变化。

音乐教育最迟在3~6岁一定要进行,最好是从孩子出生、甚至胎教的时候就开始,音乐以及所有艺术类的课程都可以开发孩子的右脑。为什么要开发右脑呢?因为右脑有自信心、创造力、快乐的心情。音乐能培养人的情操、气质。

真真妈妈绝对不去,不过我们还发现,有些家长虽然带着孩子上课,但依然存在误区。

青青。2岁了,第一节课,刚进教室便哭闹不止,家长连试一试的想法都没有,就放弃了。当着孩子的面说:"算了吧,我们家青青还小,就先不上了吧!"孩子听到了,以后无论去上什么课,只要一进教室就哭闹,因为聪明的孩子知道妈妈的想法,一哭闹妈妈便会放弃。

小小。两岁半,上了3个月的音乐课,笑笑妈妈总是找老师,"孩子学了这么长时间,怎么觉得没什么用啊?连一首歌都不会唱。"我们看看笑笑妈妈课堂上的表现,老师让家长配合的时候她在接电话或者休息,笑笑满教室跑。而别的家长都是用心地带着孩子跟随老师的指导做游戏。课下,家长会按照老师说的内容给孩子多听音乐,而她从来没有做过。孩子怎么能学会呢?况且孩子的任何教育都不能急于求成、立竿见影,是一个长期积累的过程。

东东。一岁半,上课时其他家长抱着宝宝游戏,而东东爸爸却带着孩子到教具柜那儿拿教具玩,老师让他带着宝贝回到课堂上,他却说:"孩子这么小学什么啊?我们就是来玩的,让孩子随便玩吧!"每节课都是如此,不仅扰乱了课堂秩序,也浪费了孩子宝贵的早教时间。

家长们的这种思想,无疑给孩子们带来了很大的影响,本来在课堂上应该给孩子带来的是:交朋友,创造力,想象力,自信、快乐的情绪,结果什么都没有,反而带来了暴躁的情绪、草率的性格、没有集体意识等。家长对早期教育的认识以及言行,决定着孩子的一生,决定着孩子的成功与失败。

安琪儿妈妈坚信对孩子的音乐教育越早越好,而且还知道音乐对孩子的重要性。所以,妈妈在胎教时就经常听国内外各个民族的音乐,小宝贝出生后几个月就开始上早教音乐课。

一开始,安琪儿妈妈也稍有疑惑,孩子怎么上课啊?她还不会行走,甚至不

会说话。于是就很用心地在报名之前找了教音乐课的赵馨老师。老师告诉她:"婴儿时期宝宝的音乐课,更多的是需要家长的配合,孩子不会说话,妈妈要看着宝宝,一字一字地慢慢看着宝宝替她说。比如:大——家——好,我——叫——安——琪——儿。"这个时候孩子在慢慢学习语言。听音乐的时候,老师会让宝宝坐在家长的腿上,家长随音乐上下晃动,或站起来抱着宝宝跟音乐摇晃,变换不同的队形,或者妈妈拿着乐器跟音乐打节奏,让宝宝听。这个时候,宝宝在感受身体上的、视觉上的、听觉上的由妈妈、老师带来的各种风格的音乐和不同的节奏,婴儿时期的音乐都是用这样的方式来进行教学的。"听完老师的讲解,妈妈完全明白了,毫不犹豫地为宝贝报了名。

3岁时,安琪儿完全掌握了音乐课乐器的演奏技巧,跟着音乐节拍准确表演,注意力集中,可以单独完成整个音乐课程。

请记住,妈妈是孩子的命。

两个孩子上幼儿园了,真真妈妈感觉安琪儿参加早教音乐班进步很大,着急了,无奈也给真真报了名。不过,才几节课,真真妈妈就想要孩子拿出什么成绩,如果拿不出就想放弃。

我们来看看两位妈妈的不同。

一次音乐课上,老师:"今天是表演课,表演《啤酒桶波尔卡》。"老师让孩子们上台。

真真妈妈:"宝贝儿,妈妈可是为你付出很多啊!快去,都有两个小朋友去了,去,站到中间啊!好好表演,争取拿个第一名,给妈妈争口气。"

安琪儿妈妈:"宝贝儿,上次表演课你表现得很棒,快上去吧,加油,妈妈相信你!"

结果:安安非常自信、快乐地面对妈妈和大家一起表演,非常出色。而珍珍虽然也表演了,但是神情紧张,自我介绍时不自信,声音弱小。

真真妈妈:"真真,你能不能不让妈妈失望。老师啊!我们家孩子上音乐课也有一段时间了,怎么还是没什么效果啊?"

六一儿童节演出,两个孩子都有节目,演出马上就要开始,但后台有事情发生了。

安琪儿妈妈:"宝贝儿,像平时上课一样演唱就可以了,妈妈要到台前了,待会儿看你表演啊！宝贝儿,亲一个,加油!"

真真妈妈:"真真,来,赶紧再练一遍,一会儿就到你了,全校的老师、家长、小朋友都在呢! 你可不能给我丢脸啊!"

结果:安安表演得了优秀奖,而真真竟然是哭着上台的,原来在与妈妈练习时,有一句歌词一紧张唱错了,妈妈就开始对女儿大吵,演出一塌糊涂。

认真和用心是不同的,认真做事只是把事情完成了,用心做事才能真正做好。

真真妈妈的教育方式太急功近利,这会让孩子对原本感兴趣的事情完全失去兴趣。那么,也就变成了"认真做事",而有了兴趣孩子才会"用心"。

在别的家长看来,安琪儿妈妈肯定是在很用心地培养孩子,将来能在音乐方面有所成就。但是,安琪儿妈妈从来没有给过孩子一丝压力,安琪儿一直都是以开心、放松、自信的心态去接触、学习音乐。

有一次在课堂上,赵馨老师让小朋友们作自我介绍,安琪儿第一个就上去了,"我叫安琪儿——大家好! 我喜欢跳舞。"说完后很有礼貌地谢谢大家,高高兴兴回到妈妈身边,妈妈一脸自豪。接下来是琪琪,她很自然地上台,介绍完自己后,突然又唱了一首《懒惰虫》,赢得大家更热烈的掌声。安琪儿稍有失落,细心的妈妈观察到了,就对孩子说:"宝贝儿,你上次自我介绍时,表演的舞蹈好漂亮啊! 下次介绍的时候表演一个舞蹈吧!"安琪儿顿时有了精神。

真真也上台了,和其他小朋友一样,简单介绍完以后,正准备谢幕下台,这时妈妈突然开口了,"真真,表演一个节目吧!"真真一点准备也没有,大脑一片空白。看到女儿这个样子,妈妈急了,当着其他家长、老师和小朋友的面开始批评孩子,"我就知道你会这样,唱歌也不会,跳舞也不会,学了这么长时间,你都学的什么啊? 你看看人家琪琪,唱歌多好听啊!"真真哭了。妈妈一看女儿哭了,更急了,觉得丢脸,竟然拉着孩子离开教室,结束了刚刚开始的音乐课。

作为妈妈,应该深知每个宝宝出生后都有差异,如体重、体质、性格、反应能力等。无论是学音乐还是其他,都是一个漫长的过程。基础的训练、对节奏的把握、对音乐的理解等,都需要相当长的时间。所以,父母在辅导、教育过程中千万不要急功近利,更不要拿自己孩子的短处去比别人孩子的长处,要学会发挥孩子的优势。让孩子有准备地表演,表演有准备的节目,这样孩子才可能在

每次演出时有上佳的表现,安琪儿妈妈正是抓住了这几点。所以,安安一直很成功,因此很自信。

很多乡村的家长以及家庭收入偏低的家长,经常看着电视发出这样的感叹:"唉!你看看人家的孩子多幸福,父母有钱,从小开始培养,能歌善舞的,多可爱,我们家孩子就没有这个命啊!"

真的是这样吗?家庭不富有就无法培养孩子的特长,孩子就不能像城里孩子一样能歌善舞?就会命不好吗?

"你的语言就是你孩子的魔咒"。家长如果经常这样说,你的孩子就会真的如你所说,一无所成。爸爸妈妈说了,我没那个命,所以孩子会想,干脆放弃吧!时间长了,这种思想根深蒂固地印在了孩子的脑海里,孩子便只会整日幻想,而不会真正去做。

周正教授有一句话:Do > Think。意思是说,任何事情,若想成功,只有想是没用的,要敢于去做。如果家长只是整天梦想着自己的孩子也能像别人家的孩子一样,能歌善舞,有成就,又想着,我们家这么困难,不可能的,而从来不想用什么方法来弥补,那孩子也就永远不会像家长期待的那样,有成功的那一天。

因此,家长一定要做个有心人,正所谓"世上无难事,只怕有心人。"不只是家长,生活在乡村和山区的老师也应该多学习一些正确的教育方式,多看一些先进的教学模式,在现有的条件下尽量运用。

在2009年内蒙古鄂尔多斯的亚洲艺术节上,几个生活在贫困山区的孩子在他们老师的指导下,用装有不同水量的饮料瓶吹出了动人的音乐,而且更棒的是他们在演奏时还有不同的声部,有一个人吹一个的,还有一个人吹两个,一个人吹三到四个的。

这不仅说明孩子们的刻苦,也说明老师的用心。这位老师是在一次试验中发现,在玻璃饮料瓶中装不同量的水,用嘴巴吹,会发出不同的音色。于是,通过不断的试验,终于找出了音乐中的七个音色。于是,老师就把玻璃饮料瓶当成孩子们的乐器,他们创造出很多美妙的音乐,还带着孩子们参加各种各样的演出,最后,还被选中参加亚洲艺术节。

后面,我们会给读者朋友介绍安琪儿妈妈是如何动手给孩子制作玩具、教具,也许,你也能像她一样,在家与孩子一起开展早期教育。

周正教授告诉我们

世界不是身在何处,而是心在何处。用音乐为孩子陶冶情操,孩子热爱生活,热爱学习。

早期数学教育

在孩子大脑功能区依然在发育的重要阶段,针对孩子的数学思维、数学兴趣的引导极为重要和有效。所以,孩子早期教育的第二个阶段,即3~6岁,对孩子的学习起着至关重要的作用。

真真妈妈对3~6岁孩子的数学早教课是不太相信的,在真真3~6岁的时候,每当看到安琪儿和妈妈在一起玩数学游戏或者是到早教中心去上一些功能性课程的时候,她更是嗤之以鼻,甚至觉得这是浪费时间、浪费钱,因为她觉得两个孩子看起来也没什么差别。

"没有用嘛,幸亏没有花冤枉钱!"

真真的姥姥更加反对孩子上数学早教课,"那么小的孩子能学什么呀,2加3等于几,我在家就教会了,浪费钱!"

但是,等到两个孩子上小学以后,她们的差别就非常大了。安琪儿的数学始终保持在90分以上,而真真则一直处在的70多分甚至是不及格的状态。安琪儿爸爸妈妈很高兴,特别是爸爸,因为小时候自己数学没有及格过,从遗传角度讲,孩子不存在数学功能区未开发的遗憾了。

两位姑娘同时学一首钢琴曲,安琪儿用不到两个小时就能把整首曲子学完,但真真学了四大节课,仍然无法掌握。妈妈就对真真连打带恐吓的,可依然不起任何作用。

因此,这里我们还是要提醒大家,0~6岁是给我们的女儿储备学习工具的阶段,如果工具都没有准备好,那我们又怎么要求孩子去取得优异的成绩呢?

本章特别要强调的是,无论家庭经济条件如何,只要家长有行动力,可能孩子小学时你就会发现,孩子对数学有兴趣、有能力。

我们来学习安琪儿妈妈的方法。

对安琪儿的早期数学教育是从她0岁起开始的,妈妈用感知觉的训练给安琪儿填补了很多的时间。3~6岁这段时间,妈妈针对安琪儿大脑的数学学习区域加强了开发。闻名世界的蒙氏数学,是安琪儿妈妈选择的一种教材。

蒙氏数学课的价位非常昂贵,一整套蒙氏教具也要几万元,大部分家庭无法承受,许多培训机构也仅有一套,孩子们上课的时候不能人手一套!但是,这难不倒安琪儿妈妈,一个有爱心的妈妈是什么都可以做到的!

于是,安琪儿妈妈买了一套蒙氏数学的课本,又到培训机构参观并记录了教具的大概尺寸、规格、形状、数量,从而开始了长达四年的制作蒙氏教具的过程。安琪儿也由此从2岁开始充分体验了蒙氏教具给她带来的乐趣。

对于6岁以下的孩子来说,数学太抽象,逻辑性太强,不好理解。蒙氏教具的引入就完全解决了这一问题,数学也由抽象变得生动活泼。孩子通过教具的演示和自己的操作,以及妈妈设计的游戏,所有的计算经过一番分析、综合、抽象与概括、判断与推理的过程,对数学的感觉由感性逐步上升到理性,又由理性回归到现实生活中。因此,安琪儿在6岁之前就喜欢上了数学,不再恐惧数学。这也是我们希望所有家长在培养孩子学习的过程中最重要的一个支撑点——让孩子爱上数学。

下面,我们来看看安琪儿妈妈具体是怎么做的。

针对3岁孩子能够达到的数学水平,妈妈是这样计划的,争取做到以下几点:

第一、初步认识十以内的数字;

第二、学会十以内的加减法;

第三、初步认识一些简单的几何形体,建立简单的空间观念,当然这和教具是分不开的。妈妈给孩子做的第一套教具就是粉红方块、棕色梯和长棒,这都是蒙氏教具中最著名的部分。

读者朋友,特别是家庭偏远地区的朋友们,不要气馁,仔细看了。

一些废弃的木板钉制的——粉红塔、棕色梯。

粉红色方块由十件正方体组成,它们之间有一定的联系。最小的一个粉红方块边长是1厘米;那么,第二个方块的边长就是第一个方块的2倍;然后,第三个方块是第一个方块的3倍,依次推下来,第二块的边长就是2厘米,第三块是3厘米……第十块是10厘米。因此,立方块的体积之比就是1∶8∶27∶64∶125∶216∶343∶512∶729∶1000,也就是说,妈妈做的第二个立方体要用8个体积为1的小立方体,依次类推。

孩子用一个星期的时间就能够准确地运用注意力、观察力、判断力、推理力,把这十个粉红色方块按体积大小高高地摞成粉红塔,或者按由小到大、由大到小的顺序排列。建立简单的空间观念,真是太容易有趣了,安琪儿很快就对这些教具爱不释手。

粉红塔和棕色梯使孩子透过视觉正确获得了对三维空间差别变化的知觉,了解了物体的宽窄与递进、递减的关系。因为从小往大排就是递增,从大往小排就是递减。然后,安琪儿充分感知正方体、长方形的特征,发展了孩子的动作及视觉、触觉的协调。安琪儿妈妈记得自己在小学四年级的时候,数学老师还只是在黑板上画一些虚线告诉这就是长方体,这就是正方体。但孩子们大都一头雾水,很茫然。其实,在老师的讲桌上就有一个粉笔盒是正方体,老师完全可以告诉孩子们这就是正方体!但那时很少有老师有这样的创造力。

长棒就更好做了,用木棒截成。它是按数字1~10排列而成的。当安琪儿妈妈教孩子数数的时候,妈妈会选用这个长棒,长棒分为十段,每段又以10厘米为一节,然后交替涂上红蓝两色。第一段的长度是10厘米,第二段是20厘米,那第十段就是100厘米。当棒子按顺序排列时,孩子对长度的观察是一目了然的。安琪儿用手扶着长棒,从一数到十,通过触摸,对数字已经有了清晰的认识。

有时,妈妈会拿起两支长棒放到孩子面前:"这是一,这是三。"孩子也会用稚嫩的声音数给妈妈听:"这是一,这是三。"妈妈对安琪儿说:"宝宝,给我二,给我六。"孩子正确地取出。一星期之后孩子就会准确地拿起一根木棒递给妈妈。然后,妈妈用同样的方法让安琪儿来提问,这个游戏一直持续到安琪儿3岁多。

3岁以后,就可以用长棒给孩子做加减法的练习了,妈妈拿着十长棒说"十",安琪儿回答"十"。妈妈放在一边,再拿一根九长棒加上一长棒,然后它们就和十长棒一样长。这时,孩子就一目了然地知道九加一等于十。同样,孩子也会把八和二两支木棒并列,直到八加二也等于十。一般情况下,我们给孩子算几加几等于十的时候,会给孩子掰手指头或者拿些东西让孩子数,孩子这

个时候所有的计算都是一加一再加一……之后才能等于十,孩子必须非常努力地去记住这一群东西才是一个整体。蒙氏数学的微妙之处就在于一目了然,通过对道具的操作,3岁的孩子都可以做十以内的加减法。同时,这对孩子来讲也是非常容易、非常好玩的,拿起一再拿起九就可以等于十了。在这个木棒训练中,安琪儿也顺利完成了减法的练习。孩子拿着十长棒,又拿起三长棒,然后她会拿起剩下的七长棒,这就证明安琪儿做对了!孩子的数学地基打得很牢固。

通过玩长棒,孩子在知觉上对长度的差别有了一定的了解,建立了顺序的概念,并感知了长度的测量方式。妈妈会让安琪儿用尺子测量,用短尺、软尺,甚至用自己的小手进行测量。特别是孩子知道了等数的概念,这为安琪儿以后的数学学习打下了坚实的基础。

读者朋友们也可以像安琪儿妈妈一样,掌握一些简单的教具制作方法,同样的方法可以做一套长方体,也就是棕色梯。制作可以用装修木料、塑料泡沫切割或者用木板钉制,以及用硬纸粘固等方法,虽然做起来的确比较麻烦,但是做妈妈的你有动力就简单得多了。

安琪儿妈妈制作的第二部分教具就比较复杂了——砂数字版,就是用非常细的,摸着粗糙但又不至于伤到孩子娇嫩皮肤的这种砂纸,市场有售。将砂纸剪成0~9的数字类型,然后让孩子用手指滑动进行触摸,慢慢熟悉十个数字的写法,并准确读出。

妈妈又接着让孩子认识奇数和偶数,妈妈拿出"5"问安琪儿:"这是几?"她会奶声奶气地说:"5。"妈妈说:"答对了,乖宝贝儿!每一个数字宝宝里也都有数字伙伴,这是5,你能看看它们这里有几对伙伴吗?有没有单独的伙伴?"孩子拿出了两个,说:"这是一对伙伴!"又拿出两个之后说:"这又是一对伙伴!"最后剩下一个了,安琪儿纳闷地问妈妈:"为什么它没有伙伴呢?"妈妈告诉孩子说:"因为5是个奇数。"安琪儿又指着"4"说:"它都有同伴呢!"妈妈告诉她:"这就是偶数。"经过这样反复询问,孩子在3岁的时候就已经明白什么是奇数和偶数了。

第三部分教具就是数棒,数棒用什么材料都可以做,可以分解,也可以扎到一起,还可以延伸到100以内的数的计算。蒙氏教具中最经典的就是金色珠系列。妈妈也成功制作了一套金色珠！首先是到批发市场买了很多珠子,这些材料比较廉价,只花了几十元钱。然后又买了些毛衣针,就回家开始制作教具了。

一个珠子代表一个点。妈妈把十个珠子穿在一个毛衣针上,这就是一条线（十个珠子组成一条线）,放在了孩子面前。那么,十条这样的线组成的一个面就是一百,十个面组成的一个体就是一千。五分钟之内,安琪儿对点、线、面、体的概念成功建立。同时孩子也知道了个位、十位、百位、千位。理解了 1~9, 10~90,100~900 的数量名称和构造。特别加强了对一、十、百、千的认识。这个数学深度在义务教育中的四年级才可以领悟到,但是 4 岁的安琪儿在瞬间就掌握了。

妈妈把"一"的珠子放在孩子手里说:"这是'一'。"拿出一条珠子说:"这是'十',数数看！这一串里面有几个'一'啊?"一会儿,安琪儿就抬起头告诉妈妈:"有十个。"妈妈说:"这就是十了。"

然后,妈妈拿出一百正方形串珠放在十串珠的旁边,让孩子数有多少个"十",聪明的小安琪儿很快就数到十了,高兴地告诉妈妈说:"有十个'十'呢！"妈妈夸奖她说:"宝宝好聪明啊！那这十个'十'就是一百,要记住哦！"

妈妈最后把那个用细线捆扎起来的立方体串珠放到孩子面前继续让她数,数到十后,孩子好奇地问:"妈妈,这是多少呢?"妈妈笑了,"这叫一千。"

然后,妈妈还会诱导孩子,"宝贝,请把'十'递给妈妈","请把'一百'递给妈妈","请把'一千'递给妈妈",经过多次教导,孩子就很快掌握了。第二天就开始用金色珠进行百位、千位的加法,数学对小安琪儿来说是越来越有兴趣了！

金色珠系列的作用是让孩子理解了个位、十位、百位、千位之间的数量关系,了解了十进位法的排列与形成,认识、学习交换的规则,完成了千以内的四则运算。培养了孩子良好的注意力、观察力、判断力、反应力、计算力、记忆力、推理力、想象力、创造力和思维力。使安琪儿的智力水平达到了极限。

之所以有这样的效果,是因为这种方法简单、有趣、形象、生动。

妈妈做的教具还有加法板、减法板、乘法板、除法板、色板,各种三角形,以及一些不规则的几何体,特别是立体交叉几何图形。如果孩子面前没有一个锥体和圆柱体的交叉图形,我们怎么跟孩子讲,孩子可能也不太明白。但是安琪儿就能够一目了然地了解到这些几何图形的特征、性质,而且通过搬运的过程

还发展了手感协调能力,促进了肌肉量感的敏感度,充分培养了安琪儿的想象力,为创造性思维建立了空间感知觉。

最后,关于分数教具,需要给家长们推荐个绝招。妈妈会到市场上买很多红薯、萝卜或者冬瓜、南瓜,把它们有的切成一个圆形,有的切成不同数量的部分,效果非常好。孩子一下子就知道了一个整体是如何分成若干部分的。然后,她就知道这块是蛋糕的四分之一,这两块就是四分之二、四分之三。这就做好了进入分数的准备,并且引入了对称的概念,了解了整体与部分的关系。相信读者朋友们可以很好地借鉴。

有了这些教具,四年时间里,安琪儿妈妈经常会抽出时间跟孩子玩半个或者一个小时。

怎么样,没有花钱报班,依然可以进行早期教育吧!你也可以,行动吧!

周正教授告诉我们

良好的基础,孩子将来不会厌恶、害怕数学,在应试教育过程中,数学绝对不会成为孩子成绩的拦路虎。

早期英语教育

我们让孩子学习一门知识或者掌握一种生活技能的目的是什么呢?是为了让孩子考高分,还是要让她以后在生活中能够运用?

"哑巴英语"相信大家都不陌生,这也是很多中国孩子的通病。导致这种结果不能说是孩子的问题,更多的是我们在教育思想和教育方式上存在诸多误区,比如,死记硬背,或者认为只要是外教就好,还有的认为在家不可能学习。报各种各样的培训班,把学习英语委托给培训机构的老师,甚至是所谓的外教。

真真妈妈对孩子学习英语倒是很积极,从小就领孩子到培训机构去。一节课后,妈妈来接,"你今天学了什么呀?""不知道。"或者偶尔真真高兴了,"今天学了香蕉 – banana,苹果 – apple,还有猴子 – monkey,老虎 – tiger……"妈妈就高兴得不得了。

但是,当真真与安琪儿在一起对话的时候,真真总也想不起来自己该说什么。妈妈就又气又急地对真真连推带打,"快说!快说!你倒是说啊!"偶尔真真还是会蹦出来一两个单词。妈妈就感叹了,"真真你为什么就这么没用呢?

老师教的你为什么都记不住呢?"

其实妈妈根本就不知道老师在教孩子什么,孩子自己也弄不清楚自己学了什么,将来能怎么用,因为她根本就是在机械地学习。

那么,安琪儿妈妈采用的是什么方式呢?动画方式,每天五句。

首先,孩子要学原汁原味的英语。因为一个没有在英语环境中体验的人根本不知道,也不可能非常准确地发音。那么,什么是原汁原味的英语呢?原声影片,以及动画片中的英语配音。这些英语发音准确,声音清晰,不会让孩子出现学习上的偏差。而且,这样做不用花很多钱!

当安琪儿还在妈妈肚子里的时候,一天,安琪儿妈妈把安琪儿爸爸叫来,"我们商量个重要的事,以后每天我会给宝宝放一个小时的原声影院,想给孩子一种固定的模式,让孩子在这段时间里注意力完全被耳边原汁原味的英语发音吸引。那么,将来孩子发音就会非常准确。"

"为什么呢?"爸爸很不明白,"她现在还在你肚子里呀!"

安琪儿妈妈笑了,"科学研究表明,人一岁三个月就能学习两种语言,幼儿时期的宝宝学习英语的脑部区域在左脑前额后面的前叶,而我们成人学习英语的脑部区域在脑后部下方的小脑。所以,婴幼儿无意识地学习英语是很容易的,而我们成人有意识地学英语是很困难的。鉴于脑部活动区域的不同,婴幼儿或者胎儿时期是打英语基础的最佳时间。"

年轻的爸爸听后,附和说:"是啊!随着我国加入WTO,与国际接轨的范围越加扩展了,等宝宝长大后可能到各行各业求职的第一关或者是在所有的应试考试里都有英语,我们现在说一口标准的普通话可能是一张名片,孩子将来可能必须有一口流利的英语才是一张好名片!"

妈妈:"是啊!等宝宝长大后,英语将是衡量一个人素质的重要标志。世界已经变成一个地球村了,英语将成为宝宝生活中一项必备的生活技能。"

"嗯,好吧!我同意,在宝宝听英语的时间里我保证说话声音很轻。"

于是,当宝宝在腹中3个月的时候,也就是耳骨形成的第一时间,安琪儿妈妈就开始每天给她放一到两个小时的原声影院。另外,妈妈还选择了一些很美的英语歌曲,像席琳·迪翁、惠特尼·休斯顿,以及卡朋特的歌曲,让孩子感受英语的美感。这样,从小就给孩子唱英语歌曲打下了良好的基础。

从安琪儿3岁开始,妈妈对孩子的早期英语口语教育的独特之处如下:

先唱后说,能说会唱。就像孩子不识汉字就能说汉语一样,安琪儿从小不识英文,但能说原汁原味的英语。妈妈采用的方法有三大特色:纯正的美式发音、组块记忆储存、永不遗忘。

第一步,安琪儿妈妈完全尊重了孩子学习纯正发音的权利。

在孩子学习英语的时候依然保持屏幕发音,然后是完全地道的美式原声发音、动画片。孩子是刻意模仿的,从第一句英文开始,说的就是纯正的美式英语。

第二步,唱英文歌。

这种方式对安琪儿来说,学会永不遗忘。因为她是组块储存的。一些动画片将各种生活场景以及具有丰富想象力的动画故事浓缩为一首首优美、明快的英文童谣,孩子朗朗上口,记忆加深,非常实用。

第三步,情景对话。

妈妈采用洪恩教材跟安琪儿进行角色扮演,孩子身临其境,根据剧情的不同还做了一些场景和道具,让孩子模仿剧中的人物说、唱,真正进入了语言的环境。

第四步,进行生活强化,给孩子创造氛围。

只要是安琪儿生活中学到的场景,孩子就必须说英语,否则妈妈不予理会,直到孩子能准确地表达为止。后来,安琪儿就可以充分地自学了。因为在对剧情似懂非懂的观看中,孩子产生了很多丰富多彩的联想和疑问,产生了探索的兴趣和冲动。当故事情节发展到最终结局的时候,孩子其实已经掌握了相当部分的内容。

3岁时,孩子基本上能唱二十多首英文童谣,可以说两个单词的短句。4岁时,孩子就能唱四十首到六十首英文童谣,能说一百到两百句短句对话。6岁的时候,她已经掌握了上百首英文歌曲,甚至能吟唱一些成人英文歌曲,已经接触到了两千句的英文对话。

这不仅培养了安琪儿学习英语的兴趣,还发掘了表演天赋,锻炼了嗓子,事半功倍。

读者朋友,从字母和枯燥乏味的语法开始学习英语,导致了很多孩子厌恶、害怕英语。而组块英语充分利用了孩子模仿能力强的特点,以需要为主,直接上口,孩子轻松愉快。另外,安琪儿所掌握的句子里面都有隐藏式的语法,为上小学打下了坚实的基础。而且还培养了孩子的英语戏曲表演天分,使语言和表演相辅相成。更重要的一点,妈妈认为最得意的就是完善了孩子的大脑。因为语言本身能使孩子建立不同的大脑类型,也给孩子建立了不同的文化式样。左脑是线性的,记的是英语歌词,因为英语歌词都像线形的符号;右脑是音性的,也就是脑部的声像系统,记的是汉语和旋律。所以,用动画片学英语很容易,也是使孩子左脑和右脑完美结合的选择。

果然,小学一年级开始,安琪儿最喜欢的课程中,英语就是其中之一。所以,她从小学开始就非常喜欢上英语课,甚至说英语和唱英语歌已经成为她的一种生活方式。因为孩子已经适应了这种学习方法,甚至她认为学习就是这个模式。

如果你的孩子还小,一定要采用安琪儿妈妈的方式。如果你的孩子还不到7岁,马上开始,不要偷懒,不要把责任——孩子学习英语的责任,推给别人,推给任何人。不管是出国旅游也好,还是生活工作中应用也好,都有事半功倍的效果。

周正教授告诉我们

一天五句,足以让你的孩子一年以后能说一口流利的英语,更何况你也可以说了。这其实都源于一个字——爱!

早期教育给安琪儿带来的成果

最后,看看安琪儿各个月龄,在语言、音乐、美术、数学、科学、社会、健康等方面的成果:

0~6个月

语言:能发"爸、妈、大"单音到发复杂双音,回应大人的逗引。

音乐:可以随音乐做一二种熟知的动作,随音乐蹦跳,喜欢优美的音乐。在6个月的时候,听音乐时她的注意力已经达到一个多小时,如果把她喜欢的音乐关掉,她会不乐意。

美术:对红黄蓝有深刻的印象,喜欢颜色鲜艳的图片。

数学:熟悉1~8的数字口令。

科学:初步理解触觉、味觉,认识五种生活用品。拇指、食指分开抓物。在150天,学会玩具投手,拿得很稳,自己拿饼干吃,双手扶奶瓶。

社会:见亲人微笑,用声音与亲人交流,回应亲人的呼唤,主动亲近小朋友。

健康:俯卧抬头能达到九十度,迅速找到声源,独坐抬头能抓近处的玩具摇动。在家长的帮助下,每次能爬三米。俯卧仰卧,翻身一百八十度。

6~12个月

语言:会说十五个以上字音,学会亲人称呼八种,发四十个单双音,面部表情丰富。

音乐:会随音乐拍手、点头、扭腰等动作,会跳节奏,会发长音,选择聆听喜欢的音乐。

美术:全手掌握铅笔,留笔道,玩简单拼图,认识红黄蓝三种颜色。

数学:认识1,2,3。

科学:准确指出身体各部位,会翻书,认识四种以上动物,认识简单生活用具四十种以上。能正确认知五指。

社会:主动交友,并向别人学习,有自我意识,喜欢被赞美,学会了社交礼仪四种以上,不怯生。

健康:自己站稳,自己独立行走,独自蹲下、站起。

12~18个月

语言:会说单字五十个,会讲简单故事,讲英语单词十五个以上。

音乐:唱出一句或一小节歌,按节拍随音乐做全身摇摆动作。

美术:正确拿笔画直线、曲线,认识红黄蓝绿白五种颜色。

数学:认读1~10十个数字,识几何图形六种。

科学:认识动物八种以上,认识十种以上交通工具,分辨味道、冷暖、软硬,判断有无、多少、大小、前后、高低。

社会:有同情心,自己用勺子吃食物,自己会端杯喝水,配合穿衣服,脱鞋子,学会干简单家务三种。

健康：能拿物品独立行走，独立倒退走，独自扶栏杆、上下楼梯自如地跑。

18～24个月

语言：能说两三个单词的汉英短句，学会英语单词四十个，能连续说四十个字以上的句子。

音乐：随音乐做同节奏动作，并熟知两首世界名曲的旋律。

美术：会画直线、圆形、曲线及简单图形，认识颜色七种。

数学：会配对、比较量，会简单测量复杂图形三种。

科学：会讲次序，会使用剪刀，认识八种植物、十二生肖，正确解释自然现象八种以上。

社会：主动帮大人干家务活十二种以上，可根据大人外貌，选择称呼。有初级社交经验，执行复杂语言指令，照顾比自己小的朋友。

健康：能控制大小便，不尿床，独立吃饭、穿鞋、脱袜子，学会用勺子、筷子，自己穿简单衣服。

2～3岁

语言：抑扬顿挫背诵四十首儿歌，十首诗歌，认识五十到一百个汉英单词及短句，三十个短语。

音乐：唱童谣三十首，会敲节奏，并配合面部表情，生动表演。

美术：画圈会封口，可按要求涂出各种颜色，会画简笔画。

数学：能正确重复四位数字，连数十五位以内的数字，会五十以内简单加减法。

科学：一分钟穿十五个珠子，用积木能堆出有形状的建筑物，按规格、颜色给物品分类，分别美丑、善恶。

社会：知道十种以上职业特征，能正确回答亲人的姓名、性别、年龄、家庭地址、电话号码。有自我保护意识。

健康：双足交替上下楼梯，立定跳远二十厘米，能站稳从十五厘米高处跳下来。熟练骑小三轮车，能转弯。

3～4岁

语言：识字三百到六百个，会简单英语会话，普通话标准。

音乐:听懂音乐的前奏乐段,根据伴奏准确地唱歌跳舞。

美术:会选颜色涂色,正确构图,画五官,会沿着画撕图形。

数学:数数到一百,会十以内的加减法,知道十以内的序数。

科学:能根据食物联想。例如:看到圆形物品会联想到月亮,能看懂连环画的大意。

社会:能自我控制,关心家人及小朋友,不乱动别人的东西,拾到东西会交给家长。不模仿别人的不良行为。

健康:两臂屈肘体侧自然地跑,双脚连续自然地向前跳,会单脚跳,在攀爬架上自如地爬上爬下。

4~5岁

语言:识字六百到一千个,发音清晰,看图书能边看边讲,用简单用语回答问题。

音乐:准音唱歌,上下肢联合做动作,能区分四分之二拍,四分之三拍节奏,并保持自己的节奏。识五线谱。演奏钢琴曲十首,唱英语歌三十九首。

美术:能模仿画画,能剪圆形,能简单地并列构图,能穿针缝出几何图形。

数学:口算二十以内加减法,会数一百以上的数字,用多种几何图形构图。

科学:知道自己的主要特征,注意力坚持二十分钟左右,能比较物体的形状和材料,能概括内容,能利用符号联想。

社会:不说谎话,正确认识自己的言行,会大胆当众讲话、表演,做错事能自我评价,管理自己的玩具。

健康:沿曲线绕过障碍物跑,单脚会连续跳。原地转圈会保持平衡,会变速跑,按节奏跑。抬步闭眼向前走,能保持身体平衡。

5~6岁

语言:识高频字一千五百个,会简单英语会话,理解故事的意义,并讲述出来。能用多种形式讲述故事,并符合逻辑,会组词造词。

音乐:唱歌音准,学会舞蹈动作组合,会表演集体舞,参加集体合奏,分辨音乐的不同风格。识乐器二十种。

美术:能撕出窗花,用橡皮泥捏出小动物,运用各种材料绘画,会用针缝布袋,能预想主题,再画画。

数学:用教具计算一千以内的加减乘除法,数0~1000以内的数字,会准确使用各种几何图形。

科学:会判断方向,能正确使用时针的分秒,能说出水可结冰,冰可化水,水可变蒸汽的自然现象,创造科幻故事。

社会:讲文明,懂礼貌,讲次序,尊老爱幼,公共场合镇静如常,自我保护意识强,生活基本自理。

健康:会助跑,跳高四十厘米,会躲闪跑,正步走,会手脚协调跳绳,生活学习有规律,懂基本生理卫生知识。

读者朋友们,也许你现在拥有一个2~5岁的宝宝,你会拿安琪儿的水平跟你的孩子比较,这样是大可不必的。因为从0岁就开始早期教育的孩子,确实是与众不同的。

建议你按照时间表抓紧给孩子找一个早期教育的培训机构,给孩子上0~6岁的早期教育课程,坚持让孩子上到7岁。

你也可以像安安妈妈一样,每天固定一个时间,在家里给孩子做各种各样的早教游戏。

机不可失,失不再来,请家长朋友们一定要抓紧,把握好孩子0~6岁这段黄金佳期,顺利完成孩子的早期教育。

周正教授告诉我们

假如我们终生只需要一项本领的话,应该首选家庭健康教育法,其中,重中之重是要用正确的方法对0~6岁的孩子进行早期教育。

第十八法
患有神经衰弱、强迫症等神经官能症的父母如何最大限度地保障孩子健康成长？

神经衰弱是指由于某些长期存在的精神因素引起脑功能活动过度紧张，从而产生了精神活动能力的减弱。其主要特点是易于兴奋，又易于疲劳，常伴有各种躯体不适感和睡眠障碍，不少患者在患病前往往有某种易感素质或不良习性。

神经衰弱的人易兴奋、易激动；脑力容易疲乏，如看书学习一段时间就感到头胀、头昏、注意力不集中；经常头痛，而且痛的部位十分固定；经常无法入睡，刚睡着又醒，醒后就不能再入睡，经常做恶梦；而且植物神经功能紊乱，经常出现心动过速、出汗、厌食、便秘、腹泻、月经失调、早泄等。

强迫症是以强迫观念和强迫动作为主要表现的一种神经病，以有意识的自我强迫与有意识的自我反强迫同时存在为特征。患者明知强迫症状的持续存在意义不合理，却不能克制地反复出现，愈是想制止，愈感到紧张和痛苦。

儿童强迫症是强迫症的一类，是一种明知不必要，但又无法摆脱，反复呈现的观念、情绪或行为。在儿童期，强迫行为多于强迫观念，年龄越小这种倾向越明显，多见于 10～12 岁儿童，这些孩子智力很正常。

这些疾病是由遗传因素、强迫性性格特征及心理社会因素造成的。大多数特征为拘谨、节俭、谨慎、细心、过分注意细节、好思考、要求十全十美、过于刻板缺乏灵活、长期思想紧张、焦虑不安等。

在国外，强迫症的发病率为 0.1%～0.3%。在中国、广州发病率为 8.3%，上海发病率为 16.2%，约 10% 的病人发病年龄在 10～15 岁，75% 的患者发病于 30 岁以前，在儿童强迫症中男孩患病率为女孩的 3 倍。

家长们可能不知道强迫症是起源于肛门期，即开始对孩子进行大小便训练的时期。这时,母子之间,一方面要求顺从,一方面不受约束。这种不平等引起儿童的内心冲突和焦虑不安,一旦有外部压力,便会出现这种冲突与人格特征。

这些病人表现为循规蹈矩,缺乏决断,犹豫不决,依赖顺从,或者表现为固执偏强,墨守成规,宁折不弯及脾气暴躁。

有了这些状况怎么办呢?

建议1:崇尚自然大境界

妈妈经常带安琪儿到乡下玩,她几乎所有的寒暑假都在乡下亲戚家或和妈妈外出旅游。安琪儿非常喜欢大自然。每一次到了郊外,安琪儿就会呼吸一口大自然特有的清新空气,大喊一声:"啊!好香呀!"

长大后,经常是安琪儿和表哥在没有爸爸妈妈的陪同下,背上行李徒步走到乡下亲戚家。一走就是大半天,但从未觉得累。路上,他们满心欢喜地看着绿油油的庄稼,青青的草。偶尔有个小水沟,哥哥就会先跳过去,然后对安琪儿说:"别怕,一个小水沟,跳过来。"安琪儿才不怕呢,她从小到大不知跳过多少次了。

到了亲戚家,安琪儿和哥哥就放下行李,换上便装,脱了鞋,光着脚和表姐萍萍、莉莉一起提上竹篮到地里去拔草。因为猪、羊要吃饭,这就是它们的蔬菜。安琪儿第一次来的时候闹了很多笑话。她看见满院的鸡竟然大喊:"妈妈,大鸟。"看见小羊,竟然说:"妈妈,大白兔。"让满院子的人笑得前仰后合。

6岁时,安琪儿已经和表姐家的鸡、鸭、鹅、猪、狗、羊成了"熟人"了。她经常用手去抠羊妈妈的鼻孔,羊妈妈竟然纹丝不动,任由安琪儿折磨。

看西瓜是安琪儿最喜欢做的事,躺在瓜棚里,吹着小风,惬意地听着瓜地里传来的沙沙声。如果渴了饿了,她就会像专家一样挑个大西瓜或小甜瓜,然后学男孩子们大喊一声:"开。"把拳头砸向那鲜嫩的瓜果。当然,往往最后还是要表哥们帮忙打开,他们都很宠她,吃瓜的任务还是交给安琪儿搞定。

玩了一天,大表姐会带着安琪儿到清水河里洗澡,河里的水好清凉呀!哗—哗—哗,缓缓地流淌着。表姐会先放一捆已经扎好的芦苇下去拴在岸边,然后安琪儿拉着芦苇在水里浮呀浮!兴奋地大叫。清脆的笑声响彻河的两岸,岸边洗衣服的大嫂们也都看着她笑了起来。"真是神仙般的日子呀!"安琪儿每次开学都会对朋友们这样说。

有一次地理课上,安琪儿站起来回答问题时说了这样一段话:"老师,我真的领悟到了上学期学的知识了。我在乡下时,每天晚上都躺在麦草垛上看星星,我觉得大自然真美,世界真大,还有遥不可及的星球和未知的宇宙,都让我觉得特别向往。我感到自己很幸福,谢谢你,老师!"

周正教授告诉我们

过于胆怯,过于计较,爱钻牛角尖是众多神经症、精神疾病的病因。培养勇敢与大气,要从幼童开始,建立有针对性的免疫机制。

建议2:崇尚社会大境界

妈妈在安琪儿的房间里挂了个横幅——对待世界采取"宽容＋赞美＋客观"的态度。母女俩经常坐在横幅前讨论。

安琪儿:"小明虽然调皮,可他算算术又快又准。小芸虽然胆小,可她的舞跳得轻松可爱。田田虽然嘴笨,可他踏实,什么事都能干。"

周正教授告诉我们

人际关系紧张、冲突丛生,是众多神经症、精神疾病的社会病因。宽容待人,不苛求于人,少与人发生冲突,缓和人际关系的紧张局面,赞美别人,不自以为是,别人就乐意与你合作,人际关系自然良好。

建议3:崇尚幽默人格

由于安琪儿从小练习幽默故事,遇到什么事情都自然而然地从幽默的角度出发,所以她处理问题从来不极端、不过分。

有一次,妈妈开着车带着安琪儿在一条狭窄的小路上正好和一个开车的男士头碰头了。那个男士便不讲理,"女人开车就不行,笨得很,我不给笨蛋让路。"安琪儿马上说:"我们与你正好相反,我们让!"

周正教授告诉我们

焦虑是众多神经症、精神疾病的情绪病因。焦虑症状表现为一个人总感到惊恐、烦恼、紧张而又说不出很具体的原因,即所谓无名烦恼。预防种种焦虑,幽默人格是良药妙方。

第十九法
百分之百不沉湎于网络的绳子

不少家长很头痛自己的孩子沉湎于网络，除了玩游戏什么也不做。有一个家长说，她的孩子曾经21天不离开电脑，谁都拉不住，吃饭睡觉也要守着电脑，坚决不上学。也有些家长请叔叔舅舅来修理孩子，结果孩子把家长的头都打破了。于是，很多家长不让孩子玩电脑，孩子就去网吧，甚至偷钱离家出走，麻烦更大。

的确，网瘾对孩子的危害很大，但是网瘾并不是没有办法解决的。假如说你们家里有个有网瘾的孩子，或者说你亲戚朋友家里有，又或者你现在是个准妈妈，或是一个几岁孩子的妈妈，希望你们能够认真地看下面的内容，看了以后认真执行，网瘾这个问题就完全可以根治了。它是百分之百可以根治的，它不是不治之症。

三种家庭的孩子沉湎于网络

网络确实分散了孩子很大的注意力，但在讲戒除网瘾的方法之前，需要明确的是，有三种家庭的孩子普遍沉湎于网络。这三种家庭的孩子很可能是网络痴迷、游戏痴迷、网恋痴迷。那么，是哪三种家庭呢？

第一、绝对禁止型。

为了不让孩子玩，家里就不买电脑，即使有电脑也不上网，即使上网也不准玩游戏。这种家长很有可能让孩子网络成瘾。

如果说你家里就是不买电脑，就是不让孩子玩游戏，那么，孩子到了一定时候，即大家都在说游戏、都在讨论游戏的时候，他肯定也非常想玩游戏。那么，他的冲动和愿望到哪儿实现呢？到网吧里。这种方式就是适得其反。实际上

很多孩子迷恋网吧、沉醉于网吧,都是父母逼的。

有一个成语叫欲擒故纵。如果你对孩子的正当愿望、正当想法,都能予以实现、给予满足,他就不会沉迷。因为孩子到了一定的年龄,他就会有自己的愿望和想法。他希望能和同学和朋友之间有一些共同语言,否则他就没法进入这个圈子,没法和大家进行交流。到那时他怎么办呢,只能跑到网吧里去。所以,假如你坚持不让孩子接触网络和电子游戏,那么,你的孩子反而最大可能地陷入网络而成瘾,甚至会天天跑到网吧里,不肯出来。

网络、电脑已经成为人们生活中不可缺少的一个组成部分。每个时代的孩子,都有他们独特的生活内容。现在的孩子如果不懂电脑,不会操作电脑,不知道怎么上网,不知道键盘怎么用,不知道怎么进行输入,他就会被这个时代所淘汰。这样,反而妨碍了孩子在这个时代的进步和发展。

越是家里不买电脑,孩子越觉得不能进入这个圈子,他就会生出一种自卑感。为了弥补这种自卑感,他怎么办?只能更强烈地去追求这方面的弥补。因此,有的孩子就会在网吧里待上一天,甚至两天,不回家。网吧老板会跟他说:"孩子,我这儿有方便面,我这儿有大衣,你随便玩儿吧。"只要给钱。

实际上,大多数的孩子都不会沉湎于网络的。之所以会沉湎,就是因为父母教育孩子的方法不对,不是孩子的问题。

第二、不负责任的家庭。

有一次,一个母亲来找周教授咨询,说:"我的孩子现在不上学了。"周教授问:"为什么不上学呢?"她说:"孩子天天玩电脑。""为什么天天玩电脑呢?"她说:"我也不知道。"

这个孩子从小是要什么给什么。因为妈妈特别爱打牌,爸爸特别爱喝酒。妈妈不管孩子,爸爸也不管孩子。妈妈去打她的牌,爸爸去喝他的酒。孩子想怎么着就怎么着,放任自流,丝毫不加管教。孩子说想玩游戏,父母说买盘去吧;孩子说想上网,父母说拿钱上网去吧。

我们现在有很多父母,由于自己生活、心境、夫妻关系、工作问题或是其他一些社会矛盾没有处理好,他们就没有了心思,没有了对孩子的责任感,甚至完全不负责任。只要孩子不给自己惹麻烦,不占用自己的时间,不找事,干什么都行。这种孩子往往在电脑前一坐就是几十个小时,连起来都不起来,连饭都不吃。父母是孩子的镜子、第一任老师,你是什么样,孩子看到之后,就会在心里种下一颗苗。

天底下没有问题孩子,只有问题父母。问题都出在父母身上,没有哪个孩子生下来是歪瓜劣枣的,尤其是在心理行为方面。每个孩子生下来都是需要去培养的。他之所以现在走歪了,走偏了,走极端了,走出毛病了,都是父母的责任。

在孩子教育的问题上,母亲责任最大,父亲或许还可以推托一点,母亲是责无旁贷。因为女人天生应该对孩子最疼爱、最体贴、最有责任心。母亲就是孩子的命。我们以前只谈男人的责任感,现在同样要强调女人的责任感。因为女人的责任感关系到孩子未来的前途。

作为夫妻双方来说,在要孩子之前就应该有一个很全面的心理准备。要知道,生孩子不仅仅是生养他,更重要的是教育他。因此,心理学家讲,爱不仅在于生,更在于养。

第三、将责任归于网吧、归于网络。

很多家长愤愤不平,整天向新闻报社、媒体呼吁,你们管管网吧,你们看网吧把我儿子给害成什么样了,他在网吧待着就是不出来,网吧老板明明知道孩子在那儿,他也不管他……很多人把这个责任归于网吧。

想说清楚这个问题,其实很简单。一个罪犯拿了刀把人捅死了,这个罪犯的家庭能不能说:"谁让你们卖刀了?这个事情要是没有刀,我儿子怎么会去捅死人呢?"这是很荒谬的。每家每户都有刀,为什么别人没有拿刀去捅人呢?这不是刀的问题,是人的问题。再比如,开车的把人给撞死了,"要是不生产车多好,要不开车不是没事儿了吗?谁让你生产车了,生产车就把人撞死了,原因不在我,而在于车,你去告车吧。"埋怨网络网吧的家长就是这样的人!

因此,不要埋怨电脑、网吧把孩子给害死了。如果家长有了这种念头,就真把孩子给害死了。

如果一个人是这么理解的,他把责任推到网吧身上、推到网络身上,推到计算机身上,这将会最大可能地让孩子网络成瘾。因为他们没有合理归因,不知道网络成瘾的真正原因。原因主要在于父母,尤其在于母亲。

治病要对症下药,看问题的时候要找到问题的根源,要合理归因,是哪儿的原因就是哪儿的原因,这样才能解决问题。

孩子百分之百不沉湎于网络的绳子

根据以上分析,如果家里是上述三种情况,那么孩子网络成瘾、电子游戏成瘾的可能性就非常大。我们应该怎样来防止这种情况的出现呢？怎样让孩子既可以玩又不影响学业呢？

要让孩子3岁就喜欢电脑

父母必须首先树立这么一个观念:没有问题孩子,只有问题父母。要把责任放到自己身上,不要推给学校,也不要推给网吧。因为从心理学角度讲,孩子个性的培养和行为习惯的养成,父母责无旁贷,学校和网吧不负任何责任。

其次,家长之间的责任一定要划分清楚。你们家谁主要负责教育孩子？现在很多家庭,孩子出毛病很长时间了,都不清楚。很多家长是谁有空谁就说两句,没空的话就谁也不去管。至于孩子发展的整个轨迹是由谁来监控,哪些问题该放,哪些问题该收,没有一个责任人。

我们身边还有这样一些家长,平常对孩子过问得很少。可往往过问得比较频繁的时候,也就是最严厉的时候,比如期末考试的时候,出成绩的时候。

曾经有一个父亲找到周教授说:"我们家真是闹翻天了。孩子玩电脑玩入迷了,奶奶说,你们这孩子要再不管,他就毁了。于是,爷爷奶奶就过去把他电脑砸了。砸了以后,这孩子当时一时性急,就把爷爷、奶奶给打了。周教授,你得帮帮忙,我现在是控制不住这孩子了,人家都说他不正常了。"

周教授问他:"你孩子多大了？""18岁了。"

周教授说:"孩子都18岁了,你砸他的电脑,他当然要打人了。因为这个时候你已经管不住他了。"

要想把孩子教育好,一定要注意关键期,要在某些时候进行某些教育。比如说习惯教育,尤其是网络的教育,电脑的教育,最好是在3～8岁以前完成。因为这个时候,无论在孩子的视野方面,还是体力和经济方面,他都完全崇拜父母。

小孩不会倒水,"妈妈,你给我倒水。"你就给他倒水。"妈妈我想吃苹果。"你就给他削苹果。"妈妈我要上街。"你就带他上街。他一直觉得父母是万能的,在这个时候,他很乐意跟随父母,很愿意听父母的话。这时候他是仰视父母的,而且他的视野范围之外没有别的存在。等他长大了,他的视野就超出父母之外了。习惯教育的权威性反而不容易建立起来。所以说一定要在 8 岁,最迟 12 岁,再多不能超过 14 岁之前帮助孩子养成良好的习惯。不要在青春期以后才进行,青春期以前才是对孩子进行习惯教育的关键期。关键期有几段,3～8 岁之间最好,12 岁、14 岁还有希望。这段时间可以说是很长的,做父母的有很多机会来更正自己的观念。

假如你孩子在 8 岁以前、12 岁以前不玩电脑,你也要诱导他,尽量在 12 岁以前诱导他去玩。因为过了这个阶段,你就不好管了。有的孩子十几岁以后长到一米七八,体力也上来了,视野也开阔了,他对父母不那么崇拜了,他觉得父母不是权威了,甚至跟父母对着干,有一段的心理逆反期。青春期的时候,由于他的能量、他的视野极端寻求向外扩展,他很有可能把父母不放在眼里。他会觉得我的母亲不过是个教师,我的父亲每月不过挣 2000 块钱,他就会这样想。这个时候就处于习惯教育的不良时期。

所以说,如果你的孩子没有玩电脑,你也不要庆幸。实际上,应该在青春期以前,12 岁以前,最好在 3～8 岁的时候,就把他这个兴趣引诱出来,让他觉得玩是一种很正常的方式。

买电脑前的计谋——合约

从 3～8 岁,是孩子养成习惯的最佳时期。在此期间,你的孩子某一天可能会给你提出来:"妈妈,我要玩电脑。"因为他看见小哥哥小姐姐们在玩,觉得很有趣。

这个时候,我们就要用到心理学——你的语言就是你的魔咒。在孩子第一次提出来要玩电脑的时候,你应该怎么说呢?这个话如果说错了,就会导致后来的麻烦。我们的标准答案既不是:"你还小,不准玩。"也不是:"好,现在就给你买。"这两种都不行。

这时要用教育孩子的计谋——玩住孩子,送给他(她)一条百分之百不痴迷于网络的绳子。

标准答案应该是:"孩子,你是不是想玩啊?"

"妈妈,我真的想玩。"

"好,那买了电脑以后,你是天天玩啊?还是星期六星期天玩?"

因为现在电脑还没买,而他又有一个强烈的欲望和要求,那么这个时候就是你占主动了,这个时候就应该预见到孩子天性当中的许多问题。那么,你猜猜,这个小孩只要智力正常,他会怎么回答。

他肯定会说:"只在星期六、星期天玩。"

他知道,他要是说我天天玩,妈妈就不会给他买电脑了。为了达到自己最终的目的,他就会顺着父母的心思想,那我星期六、星期天玩。

你的语言就是你的魔咒。根据多年的心理学研究发现:孩子,尤其是小孩子,只要把话说出来,基本上都会按照语言的要求去做。

这时候还没有完,因为星期六、星期天还存在着多少小时的问题。

那么,家长就要接着问:"星期六、星期天,你是整天玩呢,还是一天只玩两个小时?"

孩子当然会运用自己的智力说:"妈妈,我当然是每天只玩两个小时。"他再想全天玩,也不会说出来。

"好,那你说话算数不算数呀?"

因为现在电脑还没到来呢。孩子当然会说:"妈妈我说话算数。"

甚至我们现在可以设定一些交换的条件:"那好呀,你都快5岁了,你的小手绢怎么还不自己洗呢?"

孩子就会说:"妈妈你放心吧,这个星期我一定会自己洗。"

"好,你只要坚持一个星期,妈妈下星期就会带你去买电脑。"

这个程序就是诱导他玩的动机,诱导他买前的协议。

买电脑后的投入——监督

有些家长,过去听过周教授的讲座,回来就说:"周教授,你不要以为你的这些方法都管用。我回去也是这么诱导孩子的,也是这么做的,可照样不行。家家有本难念的经,每个孩子都是不一样的。"实际上,刚才讲的只是教育子女的第二步,还有第三步,就是,你必须舍得投入,不要想着省事,那天照着去做了,做完就不管了。在买电脑前要这么说,买了以后依然要盯着。

关键,在舍得投入这方面,该怎么理解呢?

电脑买回家了,你说:"孩子,你去玩儿吧,一天玩两个小时。"然后,你就走了,你去钓鱼了,你去玩了,你去打牌了,家里没人了。90%以上的孩子不会守信用,因为家里一个人也没有,那何必呢,电脑多好玩呀,谁能控制住? 在这种情况下,在没有任何约束和监督的情况下,很多人的人性弱点就会展现出来。但是,在有人监督或约束的时候,人性的优点就会展现出来,特别是对孩子来说,在他的自控能力还很差的时候,特别需要别人去约束他。

你星期六星期天必须在家。你不要幻想,以为只要有了前面的协议,后面就行了。不可能,你这是只执行了一半。不要舍不得投入。

教育子女家长要舍得投入。曾经问过一些家长,你学电脑要花多长时间? 他说,彻底弄懂的话,花了三个月。问他,一般背五笔字型,练成盲打要花多长时间? 他说,至少要三个月。又问,那要学会开车呢? 他说,要学会开车上路至少得两个月。那你花了多长时间学习过教育子女? 回答:没有。

中国的家长从来没有在孩子出生前或出生后,去学习、研究、探讨教育子女的方法。实际上,孩子要比电脑、汽车复杂、精密得多,但是很多父母却没有想到要用专门的时间去学习、研究、探讨孩子的教育问题。即使孩子出问题了,也推给别人,自己依然舍不得投入。

而发达国家正好相反。比如说在英国,凡是登记结婚的人都要通过教育子女的考试才发给结婚证。以你是否会教育子女为标准来考验婚姻质量,这是老牌的、贵族式的国家所采取的方式。

在美国,父母双方必须有一个人要学会管理家庭、学会教育子女,这对于他们是最重要的一点。

中国的《三字经》也写道:"养不教,父之过。"出了问题就是父母的责任,没有说养不教,社会之过;养不教,钱之过。养不教,一定是从父母的这个角度出发的。

心理学研究发现,一个人要想养成习惯,一般来说,需要三个月的时间。即使是悟性特别高的孩子至少也需要三个月。舍得投入就是说,在孩子玩游戏的前三个月,每个星期六星期天,家里必须有人,时刻盯着他。

你不舍得这个投入,孩子将来玩疯了,到了你不让他玩都不行的时候,就只能怪你了。你为什么晚上8点才回来? 你早上8点走,晚上8点回来,他不玩12个小时才怪呢。家里必须有人,做父母的必须要付出、要舍得。你不能以自

第十九法 百分之百不沉湎于网络的绳子

己为主,要学会怎样把自己的应酬、不必要的人与事在时间上调整开,怎样把周六、周日给挤出来。

另外一条必须强调,就是爷爷奶奶不能充当监督者,保姆也不行。除非这个爷爷奶奶是非常理性的。现在的老人,不能说他们不善良,也不能说他们没有文化,但是在教育子女方面,尤其是在教育孙子女这一方面,很多人缺少正常的理性。有些父母认为,爷爷奶奶在家看着就一定没事,但爷爷奶奶往往管不住。"孩子,关机。""我不关。"爷爷奶奶就没办法了。在这种状态下,给孩子带来伤害最多的,就是爷爷奶奶。

当孩子不愿意关机的时候,爷爷奶奶放任他,表面上来看是爱他,实际上是一种极端的害,因为孩子会觉得他可以任意胡为。

爱,不是溺爱,溺爱和爱是两个范畴。

道理上虽然懂,但爷爷奶奶做不到。因为很多老人已经养成习惯了,他们根本不在意这个状态。再加上人老了以后,有的时候会很固执,觉得我给你看着孩子就不错了,对于你说的这些道理,他根本就不注意。所以,要想让孩子把良好习惯养成,不要把希望寄托在爷爷奶奶身上。只能寄托在自己的身上。

一个孩子的成长,需要有坚实的基础,就像一棵苗,它要慢慢地茁壮成长为一棵参天大树,就需要有丰厚的营养供它吸收。那么,这些营养从哪里来呢?就是从父母那里来。爷爷奶奶对孙子孙女的爱确实是博大的,但这种爱是有局限性的产物。

如果没有责任人,父母有时间就管,没时间就不管,这种情况下,孩子不仅仅会在网络或电脑方面出问题,在其他方面也可能出现问题。

有了责任人,爸爸妈妈在家,60%的孩子在玩电脑的时候都会按时关机。这是占主体的,因为人性当中,良知都是天生的。

那么,还有40%的孩子是不会按时关机的。在这种情况下,有些家长对人性缺少基本的了解。他觉得,说了没有用,他说他按时关机咋不按时关机呢!这个时候呢,家长的语言又成了魔咒了。有很多家长这样说:"哎!买电脑之前你怎么说的,你说买回来你都按时关机。现在呢?我看你跟你爹一样,说话都不算数。什么你都做不成。"这种语言的指责和暗示,很容易起到相反的作用。

有很多家长在教育孩子的时候,老是拿自己的配偶来做配角。有很多母亲,老是拿这种话来训斥孩子,给孩子定位。"我看你就做不到,你就是为了玩游戏,你爹就是这样,啥话说了都不算数。"她说的这些话没有错,孩子确实没有按时关机,但是这个时候千万不能这样说。你不能给孩子这样一种定位。

现在有很多父母的想法就很愚蠢。曾经有一个家长找周正教授咨询,说:"我那孩子是个小偷儿,上次偷钱被我给抓住了。"周教授说:"你怎么抓住的?"家长说:"我家经常放些零钱在抽屉里。孩子今年七八岁了,过去不丢钱,这半年经常丢钱。我问他,他说没有拿,可家里除了孩子还能有谁?后来,我把抽屉悄悄拉开个口,在里边放了几十块钱,我就躲到那个帘子后里,躲了两天,终于有一天他过来了,他一伸手,我就过去把他给抓住了。"

如果父母用这种像防贼一样的方式来防自己的孩子,这对孩子会形成什么样的心理暗示呢?

这个家长就是自己给孩子定位——你就是贼,我证明你是贼。我们现在有很多家长就是,不把孩子证明成坏蛋、无赖,他就心不甘情不愿。有很多家长对孩子说:"我看你早晚得进监狱。""我看你早晚什么什么。"虽然我们知道孩子是父母的最爱,可也往往被父母伤得最深。

实际上,对人类伤害最多的,往往不是那些外在因素、犯罪因素。因为一个罪犯拿着刀到大街上砍人,总有停止的时候;一个骗子骗你钱财,最终进入监狱,总有到头的时候。但是亲人之间的这种定位伤害是无止境的。所以当孩子没有按时关机时,你千万不要用恶毒的语言去定位他。

那么应该怎么说呢?在离关机时间还有5分钟的时候,父母应该到孩子屋里去拿件衣服、拿本书、转一转,让孩子知道父母在家,让他意识到,快到时间了,给他一个暗示。

因为,定的原则就是按时关机。这个时候,当孩子意识到父母在家的时候,20%的孩子会按时关机。

这样,就只剩下20%。还有20%的孩子是绝对不会主动关机的。这怎么办呢?父母不要骂,也不要打,而是应该直接过去把电源关掉。关掉以后,有些孩子可能会闹,这个时候家长不要去跟他闹,也不要跟他吵,唯一要做的就是不管他,不理他。

但是有一句话得说:"孩子,我们说好的,每星期玩两天,每次玩两个小时。现在时间已经到了,你如果按时关机的话,明天我们还会让你玩。如果你现在继续闹下去,明天你可能就玩不成了。"

孩子一想,我还有明天呢,他就会为了明天而停止吵闹。

如果孩子总是以闹来赢得某种胜利,那么,现在你更应该用这个方法来克制他,让他将这种以打闹来赢得胜利的习惯慢慢克服掉。

你的孩子是你的,不是老师的,也不是专家的。利用有效的机会,如果孩子现在已经迷恋上了,没有关系,还不晚,照着这些方法来做就行了。抓住他的关键期,3~8岁是一个关键期,12岁是一个关键期,14岁也是一个关键期。如果超过18岁呢?超过18岁就要找专业的咨询师去帮助他。18岁已经成人了,他对自己的行为应该负责任了,在这个时候做父母的去管,已经起不了太大的作用了。

安琪儿的电脑协议书

4岁时,安琪儿看到冬冬哥哥正在电脑上玩一种换衣游戏,她被吸引住了,"妈妈,我也要玩那个换衣游戏。"

妈妈一看机会来了,"你是不是真想玩啊?"

"是。"安琪儿认真地点了点头。

"那我们得去买电脑。妈妈问你,买完电脑你是天天玩呀,还是星期六、星期天玩?"

安琪儿不傻,答案只有一个,"星期六、星期天玩。"

妈妈:"那咱就定好了,只在星期六、星期天玩。"

妈妈知道说到这里还是不行的,还得问:"那你是每天从早玩到晚呢,还是每天玩两个小时呢?"

安琪儿响亮地回答:"每天只玩两个小时。"

孩子是上帝赋予我们的财富,有时她(他)根本不需要我们去教育,只需要我们尊重她(他)就可以了。但,这需要用心。

电脑买来了,妈妈没有让安琪儿玩电脑,而是拉着她到书桌旁写下了一个协议。

协议书

甲方：安琪儿
乙方：妈妈

妈妈和安琪儿自今日起约定以下事项：

一、甲方每周六、周日各玩两个小时的游戏。

二、上午一个小时，下午一个小时。

三、如果甲方两次不遵守协议超时十分钟以上，惩罚甲方停止玩游戏一天。

签字：安琪儿
　　　妈妈
年　月　日

"妈妈，怎么开机呀？妈妈，怎么找游戏呀……"安琪儿第一次玩电脑，兴奋得不得了。

玩了一个小时了，妈妈过来说："宝贝，玩了一个小时了，怎么办呢？"

安琪儿说："再玩一会吧。"

妈妈说："再玩多长时间呀？"

"十分钟。"安琪儿说。

十分钟后，妈妈又来了，"宝贝，十分钟了，下午还想不想玩了？"

安琪儿恋恋不舍，"好吧，说话算话，关机吧！"

安琪儿知道，如果不关机，下午就不能玩了。

从那周开始，每周末安琪儿在玩电脑的时候，妈妈都在家一直监督。

后来，安琪儿也有死活不关机的时候，妈妈把协议拿出来让她看，强制关机。安琪儿气得又哭又闹，妈妈说："现在关了，明天还可以玩，再闹下去以后都不许玩了。"

安琪儿想想，还是关机合算，就投降了。

后来,妈妈在快到时间时去电脑旁转转,擦桌子什么的,安琪儿马上就明白了,很快关机。

三个月后,一直到6岁,安琪儿已经固定下来了玩电脑的时间。有时家里朋友逗她,"玩吧,妈妈不在。"她也决不破坏规矩。因为她已经走向了良性循环,这正是妈妈希望的。

孩子已经痴迷于网络怎么办?

已经痴迷于网络的孩子大多是11~17岁之间。此时,家长应该向孩子道歉,告诉孩子这不是他的错,错在你没有理解他,错在你的教育方式,然后按照上面的程序重新签订进行。

下面是一个非常典型的案例,家长们可以参考下面的谈话来检查自己的做法,然后也许就知道该怎么做了。

2005暑假,河南电视台经济生活频道在全省范围内举行了一次"解除网瘾夏令营"活动,请了十位专家帮助孩子和家长解决问题。周正教授去作了开场讲座。期间,电视台还对一个情况比较严重但成功脱离网瘾的孩子作了跟踪报道。

孩子已沉涵网络怎么办——治疗网瘾咨询现场

来访者:徐洋(系化名),14岁,初三;父亲;母亲。

周教授:做爸爸的先说吧!

父:孩子从小学四年级开始玩电脑,初中时期开始放任,有时候旷课去网吧。我的原则是允许他玩,但必须有选择。我采取的手段是资金控制,甚至逼着他24小时玩,让他打透。周教授:洋洋,你愿意戒掉网瘾吗?

子:愿意。

周教授:你想达到什么目的?

子:既能玩电脑,又能把学习搞好!

周教授:全家都能达成此共识吗?

全家:都能!

周教授:再说一遍!用笔记下来,都必须写下来!洋洋,今天来这里,不是为了整你,而是帮你。请洋洋说说真实的情况。

子:我不同意他们的看法,我的想法和他们是背道而驰的。

周教授:如果你是父亲,你将如何管理孩子?

子:让孩子玩,不管他玩什么,给他时间玩,玩的时候不干扰。

父:我允许他玩,只是他玩的游戏有些太恐怖。其他的能培养他脑子反应速度,对他学习有好处的游戏都让他玩。

周教授:父亲要求玩也和学习挂钩吗?你对孩子的期望值是什么?

父:长大自食其力。

周教授:开个网吧、做个小生意都行?

父:行。

周教授:为什么要孩子做任何事情都必须和学习挂钩?玩游戏为何必须和学习挂上钩?一天学8~12个小时还不够吗?

父:我是觉得他一天到晚也不是只在学习,想让他回家以后能复习复习。

周教授:洋洋,在学校作业做完没有?

子:绝对做完。

周教授:妈妈,你对孩子是什么期望值?

母:不上大学也行,得上中专吧?

周教授:洋洋,他们是不是在家也是这样说的?

子:根本就不是,他们天天说我必须考个好学校。

周教授:为什么父母现在的说法与平时不一样?

父:心里有时这么想,但不能对孩子说明,大人之间可以这样交流。

周教授:我们今天的目的是既要学好,又要玩好。你们是坚持自己的目的,还是坚持自己的教育方法?

父:只要在你这里孩子变好了,就按你的方法!

周教授:你们同意方法可以改变,只要达到目的?

父母:同意。

周教授:洋洋自己说吧,你是打算天天玩还是星期六、星期天玩?

子:星期天玩。

周教授:只是星期天玩太少了吧。

母:电脑买回来的时候,他也是说只是星期天玩,可说话不算话。

周教授:孩子确实说话不算话了,家长要理解孩子为什么会说话不算话。不能因为他说话不算话就天天抓住这个把柄不放。要找到原因,让孩子自己先说。

子:每星期六、星期天下午2—6点,每天4个小时。

周教授:每天4个小时。让大家发表意见。

父母:太多。

周教授:你可以听,也可以不听,你自己决定。

子:每天4个小时!

周教授:好,就按你说的办,继续说。

子:想玩什么就玩什么。

父:这个不同意。

周教授:我想告诉父亲,玩什么不玩什么不决定结果,而是玩的时间决定结果。我自己的孩子什么都玩,我从来不管。全市少先队晚会他主持的,考上外国语中学他班上就两名,他就是其中之一,他学习在班上一直是前几名。只有你意识到,孩子的意义才是他的意义,这个时候教育才会起作用,孩子才会讲理。他自己坚持了,这才是教育的目的,他玩什么并不影响结果。一个星期学习60个小时,玩电脑8个小时,八分之一的时间,并不多。大人闲逛、吃饭的时间只会比这多。一个大人一天工作12个小时还受不了,何况一个孩子?给他一个缓冲紧张的对立面。好了,洋洋,你的心愿还有什么?说,我支持你。

子:还有玩电脑的钱谁出?买点卡45元。

周教授:你有零花钱吗?

子:每天10元,包括两顿饭。

周教授:为什么不回家吃饭呢?

子:学习紧张,再说在家吃饭爸妈老是说我,搞得我心情不好,所以不想和他们一起吃饭,不想和他们交流。

问:愿意做家务吗?

子:愿意,但没有时间。

问:每周一起出去玩过吗?

子:从来没有。

周教授:你有交朋友的时间吗?

子:没有。一说出去他们就问我,你学习学好了没有?言下之意就是不让去。

周教授:家长都说没有限制,都说我们的心灵打开……现在,让我们照照镜子,我们的心灵怎么样?家长的潜台词就是:别去!

母:也不是不让去,只是出去之前,要告诉我们一声!

周教授:妈妈出门之前,告诉你吗?

子:从来不说。

周教授:家长们都觉得自己管孩子是应该的,孩子出门之前要报告一下,但家长出门的时候,孩子就无法限制你的行动。一般来说,家长和孩子之间越平等,孩子越听我们的话。那洋洋唯一的事情就是学习,整个生活就是如此?

父母:我们也觉得天天学习不行,但是……

周教授:可事实如此,孩子生活的实质就是学习,除了学习还是学习。

父母:是。

周教授:请问父亲爱抽什么烟?

父:骆驼牌。

周教授:假如一天12小时让你一直抽,你受得了受不了?

父:受不了。

周教授:是呀,假如一个人一天就只能做一件事,其他什么都不能干,行不行?就是喜欢一个女孩子也不能天天在一起呀?例如一支笔,是写字的,它没有什么欲望,它不需要交友,不需要玩游戏,它就是一个工具。如果孩子就是学习,什么也没有,那孩子也就成为一个工具,一个父母手中的工具。这是对人性的压抑。人需要交流,需要玩,需要做家务,需要交朋友。如果你们从洋洋小时候就和他一起玩,让他去交朋友,做家务,他就不会郁闷、压抑、沉醉于网络了。现在电脑游戏就是他找到的一根救命稻草,如果生活中的意义有很多的话,就不会出现这种情况。

父:不让他交友是怕他和一些不良少年在一起。

周教授:交友不影响前途!想一想,一个男孩子,生意人,他会碰到各种各样的人,如果只让他和社会上"善良的人"打交道,他会变得很柔弱,将来肯定会被伤害。孩子70%的人格源于父母,朋友对孩子的影响肯定是有限的。

母:他去哪里得跟我说,何时回来也要告诉我。

周教授:这不合适,一个男孩子如果这样,时间长了,会懦弱,依赖感增强,将来可能连女朋友都找不到。

母:可是总不能说要玩到半夜三四点吧?

周教授:要有时间概念!妈妈的理由可以接受,去多长时间要坚持!洋洋,你说吧,交朋友晚上几点回来,是2点、12点、10点?

子:10点之前回来。

父母:可以接受。

周教授:你的孩子今天我见了面就发现他有很多优点。第一,勇敢;第二,有分寸,不过激;第三,坦诚;第四,有上进心。我说他肯定能上大学,将来肯定有出息!只是上什么大学、有多大出息的问题。洋洋我问你,自己信不信?

子:我自己肯定信。要按他们的说法,我就不信。

周教授:建议两位记住孩子的五大优势。这几天看看自己的孩子,再也不要把他当成不良少年,再也不要把他当成学习不好的差生,再也不要天天打击孩子。在这个世界上,如果你们都不说他好,还有谁说他好?

父母:周教授,听你这一说,我们又有信心了。

周教授:好,既然如此,我们开始记录:

第一条:每星期六、星期天下午玩4个小时游戏,按时关机。

第二条:允许洋洋出去找朋友玩,晚上10点以前回来。

第三条:洋洋买点卡批专项经费——40元家长出,5元自筹。

第四条:每周六发零花钱10元。

第五条:洋洋做的家务是每天倒垃圾,整理自己床、房间、自己洗碗筷。既不耽误学习,又可以让他觉得自己是个人,应该要干些什么!

第六条:父母不管再忙,每星期一家人在一起吃一顿饭,吃饭时可以谈任何事,就是不谈学习,时间由洋洋决定。

第七条:每周全家有半天时间外出,这个时间由孩子自定!

周教授:爸爸先说能不能按时执行?

父:一般没有多大困难,有时有困难……

周教授:那你现在对我作个评价吧?

父:我觉得你给了我这个家庭信心。

周教授:好,你说你很重视我。假如这时你接了个电话,老板打来的,你不走,告诉他:我和周教授在谈话。我认为你重视我。假如说你接了个电话就走了,我就觉得你说得不真。因为谁都能把你从我身边叫走,那你再说什么我都不会相信。

你的儿子也是这样:都可以叫走你,唯独我不可以!儿子会不信任父亲,会认为父亲不爱我!

星期天下午时间给儿子,因为他是第一位的!给孩子的时间一定要承诺兑现!

父:是!

周教授:洋洋和你爸爸握握手。

子:不用了。

周教授:你要鼓励他,一定要握手。洋洋能按计划执行吗?

子:一定能。

周教授:好,回去每天杀一条鱼,连杀3天。

解除网瘾夏令营中孩子的转变

在夏令营期间,安琪儿的妈妈随营两天给孩子和家长讲课。在那里发生了许多发人深省的事,相信会给读者朋友带来深深的思索。

安琪儿妈妈到夏令营营地那天,本来是以平常心去的,而且准备的是一个单纯的《中止自己过度行为》的讲座给孩子们。到了营地之后,安琪儿妈妈到孩子们的宿舍去看了看,又随便跟孩子们聊了一会儿,可聊了之后安琪儿妈妈大吃一惊,甚至临时改变了过去定的讲课内容。为什么呢?因为安琪儿妈妈认为他们需要更多的帮助。

安琪儿妈妈在跟孩子们聊天的过程中,发现他们有许多惊人的相似之处。

第一,都是男孩,年龄6~18岁。

第二,都不爱学习,学习成绩很差。

第三,都痴迷网络游戏,是游戏高手。在学习、生活中无优势、特长,无任何方面的成就感,只在网络中发现乐趣。

第四,他们的人际关系都特别恶劣。这个营区里的营员们谁都不喜欢谁,一个宿舍里有五个孩子,竟然有四个人他看上去都不顺眼,觉得没有一个可以

让他能以朋友相待。

第五,他们与家长的关系同样恶劣,有事从来不跟大人说。他们的大人也是这样,有大部分的营员竟然都是被家长骗来的。

第六,意志力薄弱。孩子们都愤愤不平,觉得营区条件非常差,认为来这里是吃苦。

第七,都不是出于他们的本意来参加的,而是为了实现父母的某些意愿来的。

第八,有的孩子甚至已经不上学了,每天就是玩电脑、打游戏。他们觉得生活没有意思,只有网络世界有意思。

第九,从不做家务活。

第十,都没有固定的零花钱。

安琪儿妈妈准备给他们上一堂公开的心理咨询课,让孩子们了解一下,在自己成长的过程中到底发生了什么样的事情使他们成为现在这个状态?别的孩子为什么没有如此沉迷于网络,唯独他沉迷网络?为什么自己不能跟家人沟通,不能跟老师沟通?为什么所有人都不喜欢他?为什么尽管他自己知道周围的人都不希望他沉迷在网络当中,但自己就是不能自拔?

晚上吃过饭,同学们来到教室。

安琪儿妈妈问同学们:"你们自己说说,为什么你们现在这么沉迷于网络?"

大多数的孩子都说是因为自己,他们一直在自责,所以才一直很难受。

其实,造成孩子沉迷于网络的真正原因,并不是他自己。所以,第一步要帮助他们把身上沉重的包袱先放下来。

安琪儿妈妈让孩子们都放松下来,完全放松,然后闭上眼睛,跟着安琪儿妈妈的语言一起回到自己小时候,看看到底发生了什么样的事情呢?

孩子们当时就放松下来,然后闭上眼睛,跟着安琪儿妈妈的语言引导,回到12岁,想想12岁是什么样的?爸爸妈妈是什么状况?再回到8岁,刚上小学的时候自己是什么状况?妈妈爸爸是什么状况?然后再往前走,走到4岁,在幼儿园的时候,你又是个什么样的状况?再往前走,走到2岁,当你刚刚学会说话的时候是什么样子?最后回到刚出生的时候,刚从妈妈肚子里出来的时候,一个护士阿姨抱着你,看着刚刚出生的你,对大家说:"哎,大家过来看啊,这个孩子不爱学习。"

会不会出现这种情况？安琪儿妈妈问孩子们。

孩子们都笑了，"不可能！老师，这不可能！"

"所以，你们刚出生的时候都是很完美的，是一个非常可爱的孩子，就像一张白纸。那个时候，你睁开眼睛，看到天花板，就是一种学习。"

他们都同意。

"那么，再往前走，走到2岁的时候，2岁是手指精细动作发育的成熟期。这个时候，你是完全用手来学习各种事物，比如，你看见了一支笔，你拿着它就信手涂鸦，画了一笔，特别长，你很有成就感。然后，就拿着在墙壁上、地板上、沙发上、床单上到处画。那么，家长们看到会怎么说呢？"

一个同学回答道："肯定是很烦了，奶奶说我那时就开始挨打，因为经常闯祸。"

"我告诉你们，信手涂鸦就是这个阶段的学习。这个时候，你的学习天性如果是被制止、被压抑得多了，你就会觉得抬手这个动作就是不对的，不讨人喜欢的。久而久之，你就不抬手了，甚至你一生的动手能力都很差。这是人生第二个学习敏感期。

那么，妈妈应该怎样做呢？妈妈应该说：'哎哟！我的小宝贝，你画得真好看。这个是妈妈，这个是宝宝，我们找一张纸，你画在上面让爸爸也看看，好不好？'如果你的妈妈是这么做的，那么，你2岁的学习天性就受到了保护。

再往后走，走到了你的4岁。4岁是学'问'的阶段，所有的能力都是要通过问问题来得到发展。

那么，这时候你望着天空，望着天上的星星，你对爸爸说：'爸爸，天上的星星为什么没有掉下来？'"

一个8岁的同学站起来，"我爸爸说：'哎呀，一边去！烦死了！没看到我正在忙吗？找你妈去！'"

"那你去找你妈妈了？"安琪儿妈妈接着问。

"我妈说：'哎呀，妈妈都快累死了，你怎么天天问这些莫名其妙的问题？你脑子里到底想什么呢？一边去！一边去！'"

同学都被他逗笑了。

"你可以当演员啊，讲得活灵活现的。"安琪儿妈妈笑着说。

他摇了摇头，"我妈除了让我学习什么都不让我干。"

其他的孩子也都随声附和，"我妈和你妈一样，烦死人了。"

等大家静下来之后，安琪儿妈妈继续说："父母多次这样制止你问问题，那你后来就干脆不问了，甚至你一生都不问了。你又错过了一个学习阶段。

如果是一个这样的妈妈，她这样回答你：'宝贝，天上有银河系，长大了你可以坐宇宙飞船到那里去遨游，长大了当宇航员好不好？'

如果家长这样回答你，你的学习天性就得到了保护，甚至激发出更多的东西来。"

"不可能，有这耐心就不是我妈。"一个同学说。

安琪儿妈妈接着说："再往后走，走到了8岁。8岁这个时候就是上小学了，已经开始考试了。有一天你考了92分，可是你对面的小女孩她考了双百，你妈妈会怎么样对待你？"

这时候，同学们已经不用安琪儿妈妈提醒了，纷纷说："'你是不是笨啊？你看你还在玩？！你以后只能学习，不能再玩了！你看那个小强，人家都能考一百分，你怎么就考这一点分？你怎么那么笨！我白养你了……'"

读者朋友，大部分的家长在家确实都是这么讲话的，你是否一样？

安琪儿妈妈："然后评三好学生，你们班50人，评上15人，但是没有你，你的妈妈会怎么讲呢？"

同学们："'是不是老师讨厌你啊？你是不是在学校里面跟人打架了？所以你没评上呢？'每次老师叫家长去学校的时候，爸爸就会指着我的鼻子说，'看我回来怎么收拾你！'"

安琪儿妈妈："那么，家长这种敌视的态度，会让你们从这个时候就开始害怕、害怕老师、害怕学校、害怕同学、害怕考试、害怕学习。从此就跌入了痛苦的深渊，能学习好才怪呢！"

很多孩子此时就在心灵当中设了一道防，把快乐紧紧关在了门外。

安琪儿妈妈："再往前走，到12岁的时候，假如说你们班有一个女生给你写了一封求爱信，这时候你爸爸妈妈会怎么办？"

同学们笑了，下面有个同学说："我爸爸会说，'哼，苍蝇不叮无缝的蛋，你肯定是做了什么，快给我老实交代，不然我到学校找你们老师去！'"

安琪儿妈妈："从此以后，你再也不跟爸爸妈妈交流了，事情越大，你越是不说。"

安琪儿妈妈作了最后的总结,"那么,大家仔细想一想,你从什么时候开始不爱学习的?是从2岁开始呢?还是从4岁开始?还是从8岁、12岁开始?什么时候已经无法和父母交流?什么时候开始不愿意动手做任何事情,不愿意跟别人主动交往?什么时候开始沉迷网络的?这就是你们所有的问题,自己回答自己吧。"

这种方式使孩子们彻底放松,自己给自己做了心理方面的减压。这是有效的沟通,他们坐在那里互相交流,开始愿意跟对方讲话了,因为他们有了共同语言。不管针对孩子们的问题能解决到什么程度,能解决多少,安琪儿妈妈都很高兴,因为毕竟他们自己已经开始进行了。

这种积极性也许已经被家长压抑了很久。但是,关闭了许久的沟通渠道终于开始疏通了。

同学们听了这一段分析后,都若有所思。有的同学说,可能是从4岁的时候就开始了,有的同学说可能是从2岁的时候就不爱说话了,他妈妈一直说他从小就不爱说话。大多数孩子都认为自己从小学一年级开始有问题,妈妈天天不让出去玩,回家就是作业,做完再加作业,稍不留意,妈妈就像一只母老虎一样怒吼,所以开始烦学习,烦写作业,不想去学校。

那么,谜底揭开了。这就是这些孩子们为什么不爱学习的原因。因为他在学习里找不到乐趣,没有成就感,又没法与别人交流。

讲到这里,安琪儿妈妈又问了孩子们一个问题:"在这个问题上,谁的责任最大?"

"家长。"孩子们终于明白了。

"那你们愿意改变这种状况吗?"

"愿意。"孩子们声音洪亮。

"请问谁的家长是做家庭教育研究的?请举手。"

孩子们面面相觑,没人举手。

"你们的父母以前都没有学习过家庭教育的方法,所以他们不知道自己的教育方式是错的。现在他们已经意识到自己错了,他们非常内疚,所以,他们已经开始学习,今天下午还要来学习。你们能给爸爸妈妈一次改正的机会吗?"

几个年龄小的同学大喊:"可以。"可是,那些年龄超过12岁的同学都没有出声。

所以，亲爱的家长朋友们，不要等到孩子长大了再去教育，孩子们的世界观一旦形成，就麻烦了。

关于学习

"那好，下面来逐个解决你们的问题。第一，对于提高学习成绩你们怎么看？"

有人说："不是我笨，也不是我讨厌学习。如果找到了很好的学习方法，我还是能够学好的。"

安琪儿妈妈说："如果你现在是班里第50名，你的爸爸妈妈一般会给你定个什么目标呢？"

孩子们说："他们肯定会说：下一学期必须考到前几名。那怎么可能呢？所以，我干脆什么也不学了。"

听一听，家长们，正因为目标不切实际，所以孩子就放弃了，他觉得自己永远实现不了父母的愿望。孩子的很多事情都是因此而放弃的，比如，练钢琴，要练成钢琴家；练字，要练成书法家；学习，就必须是前几名。

平静了一下，安琪儿妈妈笑着说："现在假如我是你们的妈妈，我给你们定个目标——这学期前进到第45名可不可以？"

孩子们大声地说："可以。"

安琪儿妈妈接着说："下个学期我们提高到第35名可不可以？"

"可以。"

"那么，下下学期前进到第25名可不可以？"

"可以。"

孩子们都笑了。他们觉得原来成绩提高这么简单，自己怎么就没想到。他们一直为此苦恼，爸爸妈妈可不是这样要求自己的。

读者朋友们，作为父母，在给孩子设定前进目标的时候，应该更充分考虑到孩子目前所处的一种状态，不要提一些过分的、不切实际的、难度太大的要求，这样的要求只会让孩子的自信心丧失，从而产生厌学情绪。

关于交友

"下面解决第二个问题。我也给你们提个问题：如果你人缘不好，你会怎么办? 有三个选择,第一个是没关系,我的地盘我做主;第二个是洁身自好,我不犯人人也别犯我;第三个是赞美人,努力发现别人身上的闪光点。"

问题提出之后,同学们的争论相当激烈,但是没有一个人说要赞美别人。

"老师,没关系肯定不对,一定会有关系。洁身自好可能会正确一些,你不理我,我还不理你呢!现在好人不多。"

这是现在众多独生子女的共同特点——唯我独尊。其实,这正是因为大人在教育子女的过程中也是这样说的。

一个孩子说:"我妈妈总是说,现在好人不多,要朋友干什么?所以,首先我在心里面对别人都设下了一道防线。我妈妈还说了,只要你学习好就行了。学习就是万能的,不需要交朋友。但是我觉得没朋友不好,受人欺负,整天一个人特没劲。"

安琪儿妈妈问这个同学:"你的爸爸妈妈有朋友吗?"

他说:"也没有。"

是的,父母忽略了孩子的内心需求,忘记了孩子是一个人,他最终要走上社会,走上社会就是要与人相处的。这是个大学问。

夏令营里有一个孩子后脑勺长了块白癜风,因此他很自卑,其他同学也老是用带有侮辱性的话来嘲笑他。安琪儿妈妈把他叫上讲台,让他背对着大家站好,然后让大家看着他。

安琪儿妈妈问:"你们看,他的这块皮肤真的是不美,你们说他的时候他心里高兴不高兴?"

孩子们低下了头,小声说:"不高兴。"

安琪儿妈妈问男孩:"你高兴吗?"

男孩说:"不高兴。"

"你能和他们成为朋友吗?"

"不可能,永远不可能。"

然后,安琪儿妈妈让这个孩子转过来,说:"大家再看看他的正面,正面有没有缺陷?没有。难道大家不能天天看着他的正面过日子吗?真的不行吗?"

孩子们沉默了。

"你们再想想,你们自己有没有自己的'后面'?你们的性格方面,你们本身的肢体方面,就没有一点缺点吗?"

安琪儿妈妈又对男孩说:"假如说现在有两个人来找你。A来了,对你说,你这块皮肤真难看,恶心死我了,然后A走了。一会儿又过来了一个人B,B说哥们儿,给你提个建议,你戴个帽子,然后把帽檐儿朝后。那么你听了这句话之后,你会怎么想?"

这个孩子在听了这句话之后,就顿悟了。他觉得这个建议太好了,可他从来没有考虑过,也没有人跟他说过。

安琪儿妈妈又问:"如果明天选班长,你会选谁?"

他说:"我会选B。"

"如果将来走上工作岗位,选领导,这时候又让你选,你选谁?"

他说:"我还选B,因为他给了我一个非常好的建议。既能弥补我的缺憾,又能让我高兴,而且我觉得从他那儿得到了真诚的帮助。"

同学们沉默了。

其实事情就是这么简单,一些沟通技巧对孩子来说很重要。这些孩子已经长这么大了还不知道怎么去沟通,这是家长严重失职。心理学研究发现,在人的潜意识中,是非常乐于亲近、接触赞美和肯定自己的人,而自然拒绝和抵触否定自己的人。

像赞美人的这种手段,在日常生活中很自然,也不费什么事,但是为什么孩子们都没有想到这种方法呢? 就是因为在生活中他们的父母从来没有这么做过,不愿意去赞美别人。经常是一家三口坐到饭桌前,父母就批评这个批评那个,东家长西家短,讽刺讽刺隔壁邻居,嘲笑嘲笑自己的同事。天长日久,孩子也自觉不自觉地形成了这样一种口吻。所以,这些孩子的人际关系,甚至在上幼儿园的时候就开始非常紧张。我们知道,父母是孩子的第一任老师,所以你的一言一行,一举一动,都会对孩子产生潜移默化的影响。一定要注意呀!

安琪儿妈妈还给孩子们举了一个非常简单的例子。当时有电视台的摄像在场,安琪儿妈妈就说:"你们看这个摄像师,他在工作的时候就要找我们每个人最好的角度去拍,所以能拍出最美的、让我们最满意的镜头。这样的摄像师水平肯定特别高。那我们做人呢,也要像一个优秀的摄像师一样,找到身边每个人的优势,对准它,看清它,放大它,这样你的朋友就会越来越多,生活就会越来越美。"

安琪儿妈妈大声问同学们:"你们觉得有一无是处的人吗?"

大家齐声说："没有。"

"这就对了。每一个人都有自己优势的一面,假如说你跟他接触的时候,你只看到他的优势,那么,这个朋友你就交定了,你不主动找他们,他们也会主动送上门来,这样你就会朋友满天下,因为每一个人都希望得到别人的认可。"

读者朋友们,类似于上面的情况,在孩子们中间是普遍存在的。有的孩子在班级里都"混臭"了,感觉就像与世隔绝。也有的孩子被全班同学联合孤立起来,没有一个人理他。这种境况如果在孩子成长经历中出现,是再糟糕不过的事情了。

作为一个孩子,如果处于一种被孤立的局面,而家长又没有适时帮助他,他首先会感到很痛苦很苦闷,久而久之就会破罐破摔、自暴自弃,只有到网络世界去找寻安慰和朋友了。

安琪儿妈妈接着问道:"作为一个人,在人群里不受欢迎,没有朋友,是不是比学习成绩差更让人难受呢?

实际上,我们每个人都希望得到别人的认可,得到别人的欢迎,这是人性使然。但是,为什么会造成这样的一种状况?我认为,做父母的应该承担主要责任,而同时自己对别人的不宽容、不理解,也起到了推波助澜的作用。

"假如每个人都是在看着别人的优点过日子,那么,我们这个世界真的会变得鸟语花香,其乐融融。你总看到别人的优点,你总看到他可爱的一面,那么,你也高兴我也高兴,利人利己,这是一个完美的境界,何乐而不为呢?

之所以今天在这里探讨这个问题,正是因为在生活当中有一些不和谐的因素存在。你们没有这种成就感。其实交朋友也有一种成就感,有了成就感你就会变成一个快乐的人。快乐的人学习就会很好,快乐的人就不会迷上网络,快乐的人就会有很多朋友。等你们将来长大成人以后,你们就会发现,人际关系的好坏跟你们将来事业的成功与否是息息相关的。所以,我希望大家从小就培养自己拥有健康的、良好的、和谐的人际关系。"

感激之心

"现在,你们明白了自己不爱学习的原因,没有朋友的原因,也知道如何改善与同学关系的方法了,那么,你们愿不愿意改变和爸爸妈妈的关系?"

"愿意。"孩子们的声音不大。

"你们愿不愿意幸福、快乐？"

"愿意！"这次孩子们的声音很大。

"现在进行第三个话题。我想问问,如果要保证一个人生活幸福,第一要素是什么呢？你有三个选择:第一,是有钱、有房。第二,是有地位。第三是有感激之心。"

在这个问题上,同学们的反应很快,马上就说:"是感激之心。"

安琪儿妈妈说:"明天爸爸妈妈都要来参加活动,听我的讲座。你们从小到大有没有感谢过父母？"

"没有。"

"那么,为了鼓励家长们好好学习教育子女的知识,现在请你们写下感激父母的10件事情,好吗？"

大多数同学都同意了。

安琪儿妈妈趁势说:"开始写。"

但是,当他们下笔的时候,都觉得很难,不知道从哪一点入手感激父母。确实,父母也从来没有给他们引导过这些事情,这真的很令人悲哀。

安琪儿妈妈开始给同学们唱歌:"感谢母亲赐予我生命,感谢生活赠友谊爱情……"

一下子,孩子们都找着灵感了。他们突然明白,第一个要感谢的就是父母生育、养育了我。然后下面就写的特别特别地多。

安琪儿妈妈继续说:"刚才我们说要搞好人际关系,就从父母开始。我们的父母身上有没有优势？肯定有。那好,再写一下父母的十大优势。"孩子们纷纷低下头写了起来。

对父母的建议

"第三项,孩子沉湎于网络与父母的行为有很大的关系,下面请你们写一写对父母的意见？你们思考一下,平时父母哪些地方做得不妥,让你们远离了快乐,远离了家庭、学校、课本,我们要帮助父母改正。因为他们现在也很迷茫,不知道自己到底错在哪里。他们需要你们的帮助,你们的直言相告会让他们恍然大悟、如梦初醒。他们真的需要你们的帮助,相信我。"

说完之后,安琪儿妈妈问:"'意见'这个词有没有同学要改一下呢？"

马上就有同学说了:"要改成建议。"

"好,十大建议。不能说是批判父母的,这样父母容易接受。"

这些孩子其实都很聪明,一点就透。

读者朋友,这十大建议是非常重要的内容,其实也是造成孩子沉迷于网络的重要原因。如果你的孩子也正沉迷于网络,你就问问他这些内容吧。

"第四项写什么呢,你们自己有没有要改正的地方?父母都改正了,你呢?你对玩电脑游戏有没有新的计划?比如,玩电脑是每天玩还是周末玩?是玩一整天还是一天玩几个小时?"

年龄小的孩子们就自动写下了纠正自己缺点的十个打算,有的还写上了上网的合理时间。年龄大的孩子们都没有写到十个,他们说想不起来。其实,安琪儿妈妈知道,是他们不想写,写了五六个可能已经是给老师面子了。他们的问题不是这一堂课所能解决的,18岁了,已经成人了,有了自己的想法,甚至已经不想改变了。

这第四项里面,终于有了同学们对电脑游戏时间的重新安排。辛苦工作几天的电视台记者看了之后非常兴奋。

最后,安琪儿妈妈和孩子们商量,"孩子们,如果你想改善和父母的关系,明天跟爸爸妈妈见面的时候,要和他们拥抱一下。因为拥抱非常有用,在心理学上,我们可以让它作为一种双方互相谅解、融化不快乐的行为,这是你们和爸爸妈妈关系的重要转折点。"

有一个孩子马上说道:"老师,你千万不要让我这样做。再说,我的妈妈也绝对不会抱我。我16岁了,在我的记忆中,我妈妈从来没有抱过我。"

"小时候肯定抱过吧?"

"小时候是小时候。我长大之后,她都快烦死我了。她一见到我,就扭过脸去,要么就撇着嘴。她从来都没有跟我拥抱过。我就算抱她,她也绝对不会抱我。我才不自找丢人呢!"

父母和孩子的关系竟然紧张到如此地步。我们都说孩子是我们的希望,在孩子成长的过程中,我们付出了那么多的心血,可孩子怎么都不领情呢?我们怎么就和孩子成了陌路人?

安琪儿妈妈一字一句告诉他:"我也有孩子,我也是个妈妈,所以,我可以和你打赌,你的妈妈肯定不会这样的。你们中间有太深的误会,需要深入地沟通,你妈妈一定是爱你的。"

但是，孩子还是频频摇头。

这个妈妈从来就没有向自己的孩子表达过爱意。她已经深深地把爱埋藏起来了，又有一些恨铁不成钢，怎么办呢？只有扭过身去，或是表示对孩子的不屑。即使她在心里面，仍然深深地揪着心，替孩子担忧，可她就不愿意表现出一丁点感情。所以，才造成了和孩子之间厚厚的隔阂。这个妈妈真是太傻了。

中国的大多数家长平时在教育孩子时有一个非常大的误区，总觉得拥抱、夸奖都是不需要的。孩子做得好，那是他应该的，而做得不好，我就要批评他。久而久之，孩子心里的反感、矛盾就会越来越大，而做父母的却还浑然不觉。

于是，大多数的孩子都在摆手，"老师，你用这个方法肯定不会成功。我们愿意拥抱，但是我们的爸爸妈妈肯定不愿意跟我们抱。烦都烦死我们了，我爸爸都踹我了，他怎么还可能抱我？"

作为孩子，他是喜欢被抚摸、被拥抱的感觉的。因为那样有一种爱的传递和安全感。这个安全感非常重要，它让孩子知道，不管我犯了多大的错误，不管我受了多大的挫折，不管我遭受到了多大的打击，总有一个地方会永远接受我、爱我，这是我的港湾，我永远都有他们的支持。这样的孩子才不会偏离生活的主线。

而眼前的这些孩子太可怜了，他们从来没有享受过这种美妙的感觉。

其实他们这种表现正是因为他们丧失了这些支持，他们不相信自己后面还有强大的爱的支持，父母爱他，他都不相信。何况这个世界？

我不勉强他们，下课了。

读者朋友们，究竟他们能不能够拥抱呢，你猜猜？

你可能会说，每一个父母的爱是在心里面，可能表面上不露出来，但在内心里时刻在拥抱着孩子。只要孩子能给父母这个要求，能够提出来，有效地沟通，父母实际上是非常愿意拥抱他们的孩子的。

反过来讲，做父母的，只要能够放下架子，为人父母的这个架子，愿意跟孩子进行沟通，这点还是很容易做到的。

第二天，家长来了。坐定之后，每一个孩子都拿着自己昨天写的作业，上去给家长念。当时的情况真是出人意料。当第三个孩子上去念作业的时候，家长们的眼圈已经开始红了。

这些父母们可能从来没听过孩子夸奖他们,感谢他们,当他们听到孩子说有建议给自己时,都听得特别仔细,而当孩子提出来从今往后要改掉自己的坏脾气、不听话、说脏话、沉迷于网络的毛病时,有些家长都落泪了。

这些家长都很棒,从第二个孩子上台开始,家长们就主动走到讲完话的孩子面前,和他(她)的拥抱。几乎所有的妈妈都哭了,爸爸们虽然有的动作不很自然,但看得出来,他们都在用心和儿子拥抱。

我们不是缺少爱,而是把它压抑下来了。该让爱释放的时候就应该让它释放。我们对待自己的孩子有时还不如对待陌生人,因为对待陌生人,我们还会彬彬有礼、和蔼相待呢,可对待自己的孩子却总是绷着脸或动辄打骂。要知道,他们可是我们最亲、最爱的人啊!

孩子们一个一个上台,把感激之心、父母的优势和建议念了出来。

有一个孩子前一天晚上写的是:爸爸妈妈,把我的零花钱给我,不要再贪污了。但是当他在念的时候,他改变了说法——希望爸爸妈妈给我一定的零花钱。这孩子非常注意给父母面子,他是很善于沟通的,反而是这些做家长的,何尝考虑过给孩子面子。

但是,从这个感人的场面背后,安琪儿妈妈还看到了一个残酷的事实——爸爸妈妈都希望和孩子热烈地拥抱,拥抱时间越长越好,可是孩子们却主动把父母推开了。没有父母先推开孩子,都是孩子先把父母推开的,特别是大孩子们。

见面后,孩子们去吃饭了。

安琪儿妈妈给家长们提出了这个问题:"你们知道这是为什么吗?你们想一想,为什么你们有多抱一会儿孩子的愿望,可是孩子却没有?"

读者朋友,你知道答案吗?你和孩子多久没拥抱过了?你会说,做父母的都非常想在这个感动的时刻,在自己爱迸发的时刻,紧紧地拥抱自己的儿子。这个时刻,实际上你已经等待了很久。可能你一直碍于面子,碍于做父母的自尊,不好意思跟孩子来拥抱,现在终于有这个机会了,你在这个时刻想多享受一会儿,孩子们却把你推开了,这是为什么?

安琪儿妈妈把周正教授的"亲子二十法"给家长们通讲了一遍,让他们自己找答案。

最后,大家一致总结,问题出在自己身上,对孩子伤害太深,孩子对自己太失望,平时给予孩子的爱太少,所以孩子不愿意亲近自己。

在讲座结束时,安琪儿妈妈送给家长们两句话——没有问题孩子,只有问题父母。你们改正教育方式了,孩子很快就会有变化;你们不改正,孩子永远不会改!

造成问题孩子的父母类型

第一种:只谈学习型。不让孩子做任何家务,不让孩子交任何朋友,不让孩子玩游戏等,只要是和学习无关都不可以做。最终造成孩子的厌学情绪。

第二种:不负责任型。孩子小时候没有母乳喂养,孩子3岁前交给老人或保姆,孩子长大后只有批评打击,从不鼓励,一味从孩子身上找毛病或从社会、学校方面找毛病,自己不思悔改。

第三种:施恩图报型。总是强调为孩子花了多少钱,为孩子牺牲了多少自己的幸福,时刻提醒孩子要努力学习,回报自己。

第四种:互相诋毁型。家庭不和睦,互相拆台,互相指责、互相推诿、互相谩骂,使孩子远离家庭,逃避生活。

第五种:不给零花钱型。父母从不向孩子示爱,古板、老套、性格守旧,观念陈旧,和社会严重脱节,严格要求孩子遵守自己的世界观,听不进孩子的意见,对孩子的"出格"行为非打即骂,把孩子逼出家庭。或情绪化,高兴就给,不高兴就不给。

第六种:溺爱型。对孩子言听计从,过度照顾,过分袒护,对孩子所有事情大包大揽,使孩子做事眼高手低,身体弱不禁风。

第七种:言而无信型。对孩子的承诺从来不兑现,说话不算数,一再失信。谁都比孩子重要,谁都可以把他从孩子身边叫走。

第八种:专制型。家里一言堂,从来都是家长说了算。让孩子喜欢什么,孩子就得喜欢什么,让孩子穿什么,孩子就得穿什么,不得违抗。

第九种:串通型。父母和学校老师联合起来,从来以挑孩子毛病、监督孩子问题等负面内容为交流主线,使孩子无所适从,无处依靠,最终逃离家庭、学校。

第十种:不交流型。家庭成员之间不沟通,也从来没有和孩子谈心的习惯,孩子出事只会训斥,不问原因就得出主观结论。

孩子最不喜欢的妈妈类型

唠叨型：唠唠叨叨，没完没了，让孩子心烦，最终远离。

苦大仇深型：总给孩子诉说自己命多苦，谁都对不起自己，生活苦海无边。

虚伪型：虚荣心强，说谎话，人前人后不一样。

强悍型：在家随意斥责孩子父亲，粗暴打击孩子，自命不凡，对谁都看不上。

告状型：管不住孩子就向父亲告状，经常扩大事端。

邋遢型：不修边幅，蓬头垢面，不注意自己形象。

孩子最不喜欢的爸爸类型

酗酒、暴力型：经常动手打人，打孩子，打孩子妈妈，喝过酒就耍酒疯。

严厉型：天天板着脸，没有笑容，从不和孩子玩耍、从不带孩子外出。

应酬型：经常不在家，在家不是睡觉就是接电话。

不学无术型：工作做不好，窝囊、懦弱。

孩子不沉湎于网络的家庭必备条件

1. 孩子每周有固定的零花钱。
2. 孩子有一两项负责的家务活。
3. 每周全家有固定的交流时间，每周半天共同外出的时间。
4. 每周孩子有半天交友时间。
5. 每周孩子在周六，周日有固定的玩电脑时间。
6. 了解孩子的十项心愿，给予适度满足。
7. 了解孩子的十项优势，给予适度欣赏。

如果你的孩子沉湎于网络，你的家庭肯定就有缺少的条件。那么，你们就缺什么补什么吧！

第二十法
Sting 神奇记忆术

心理学是干什么的？心理学的一个重要的特点就是在不增加人力、财力、物力的情况下，提高我们的工作效率。反过来说，也就是在你有相同的人力、物力、财力的条件下会有更多的产出，所谓事半功倍。那么，怎样才能事半而功倍呢？

记忆术就是方法之一。记忆术是心理学的一个部分，一个很实用的部分。大家如果有兴趣的话可以在心理学的专业书目中找到感觉、直觉、记忆这一部分，每本书的记忆部分都会谈到记忆术。记忆术最大的特点就是能够使你从瞬间记忆、短时间记忆，练成长时记忆，让你的记忆变得更有效、更牢固、目的性更强。从而对于我们日常的生活、工作和学习，都能起到很好的帮助和促进作用。

"Sting 神奇记忆术"是周正教授历经十年独立创造的一种记忆英语单词、提高英语阅读水平极为有效的记忆术。它记忆的过程就如同油墨印刷在纸上一样，擦也擦不掉，又如被蜜蜂蜇了一下，终身难忘。周正教授通过运用心理学理论所发明的"Sting 神奇记忆术"对改善人类学习方法作出了巨大贡献。摒弃了我们一直沿用的"字母拼读法"，而是在对 26 个英文字母进行字源分析的基础上，将有联系的所有单词编成一组故事，将单词本身的含义联系起来，组成有意义的篇章。比如"Z"的字源分析：Z 由三笔组成，上面一横代表天，下面一横代表地，中间则寓意世间万物。几乎每个以"Z"为开头的单词都有开天辟地的本源意义，依此规律，就可将无意义的单词变成生动的故事。

若一段文字是由按字母排列的 200 个单词组成的，记住这样一篇小短文是不费力的。记住以后会吃惊地发现，已经记住了 200 个单词，而这 200 个单词用"字母拼读法"至少要记一万个元素！它对一些正在学习英语的成年人或正在学校学习的学生来说，可以起到很大的帮助作用，可以帮助他们提高学习英语,尤其是英语单词的效率。

在英语学习的过程中,很多人都会觉得很枯燥,特别是背单词,简直令人头疼。英语学习对很多人来说简直是一种煎熬。但是,如果大家利用下面介绍的方法记忆单词,并且坚持下来,就可以使自己的英语在短时间内得到显著提高。

下面先给大家说几个单词。

pyramid(金字塔) puzzle(谜) put(放) push(推) pursuit(追问)

一般来说,我们记单词,就是一遍一遍地读,一遍一遍地写。今天抛弃这种方法,下面给大家讲一个故事。

金字塔永远是个谜,那巨大的石头是如何放上去的,如何推上去的,人们总是要去追问。

大家可以看到,一个故事就可以把这几个单词联系到一起。下面,请大家把这个故事读两遍,包括单词。

请大家再背一遍这个故事。

现在我们知道,可以通过故事前后的连贯性来记单词。

下面请大家试试看能不能在短时间内背下这些单词。

pyramid(金字塔) puzzle(谜) put(放) push(推) pursuit(追问)

大家感觉如何?是不是已经把这几个单词记下来了?

下面进行下一组。

pursue(追求) purse(钱包) purpose(目的) purple(紫色) purity(纯粹)

上面说到,总有些人忍不住要追问,古埃及人怎么建造金字塔的?

下面请大家读一读这个故事。

古埃及人追求什么呢?他们要花掉钱包里多少钱才能建成这个金字塔?建筑这个金字塔的目的是什么呢?金字塔和紫色一样,让人感觉神秘,有人认为金字塔纯粹是为了敬神而造。

相信大家记住这个故事了,请再把这个故事背一遍。

接下来,可以看看自己是不是已经记住这些单词了。

pursue(追求) purse(钱包) purpose(目的) purple(紫色) purity(纯粹)

有人认为金字塔是为了敬神而造,那么,再给大家讲几个词,就不一样了。

purchase(买) punish(惩罚) punctual(准时的) punch(打孔) punch(打孔机) pumpkin(南瓜) pump(抽) pulse(脉搏) pull(拖)

下面请大家叙述这个故事。

也有人认为金字塔是古埃及人买东西的地方。同时,还有另外一种看法,他们认为金字塔是惩罚人的地方。到了该惩处的时刻,准时在人身上打孔,用打孔机这种专门的工具,像是西方万圣节在南瓜上打孔一样。然后,在人身上抽血,一直抽到脉搏停止,人死了,尸体被拖走。

再请大家背一遍故事。

下面检查单词记忆情况。

purchase(买) punish(惩罚) punctual(准时的) punch(打孔) punch(打孔机) pumpkin(南瓜) pump(抽) pulse(脉搏) pull(拖)

说到打孔、抽血这类词,也不知道大家有没有看过最近比较流行的美国电脑游戏《世界大战》,那上面就有一个类似打孔、抽血的情景,有些血腥。

下面给大家讲个有关娱乐消费的故事,只有三个词。

pudding(布丁) public(公共场所) pub(酒馆、客栈)

说到金字塔的用途,曾有人在金字塔发现过布丁一样的东西,于是他们认为金字塔是公共场所,是大众娱乐消费的酒馆、客栈。

请复述故事。

请把故事背一遍。

这三个词相信大家能记牢了。

pudding(布丁) public(公共场所) pub(酒馆、客栈)

如果大家觉得以上单词的记忆还是有一定难度,你可以先把单词放一边,只把刚才的故事先复述一遍,看看故事记得怎么样。

金字塔是个谜,大家都知道,现在很多有关金字塔的故事还没有结束,还没有解开它的内幕,因此它是个谜。这谜包括哪些呢?那么巨大的石头,几十吨重的石头怎么能够放上去呢?那么重的石头那么高又是怎么推上去的呢?建筑这样一个金字塔,花了那么大的精力,埃及人是想干什么呢?他们是追求什么呢？而且他们需要支付多少钱？他们要花掉钱包里多少钱，才能建出这么伟大的金字塔呢？他们修这个金字塔要达到什么目的呢？这都是现代人要问的。

有一种观点认为，这个埃及的金字塔是一种神圣的东西，它就像是紫色这种颜色带有神秘色彩一样，表现了人类对神圣的追求，它是一种很纯粹的灵魂，纯粹为神而造。

当然，也有另外一种人，他们从另外一种角度来理解，说金字塔完全不是为神而造的，只不过是为了买卖、交换而建造的一个地方。

还有人说得更绝，说这个地方是一个惩罚人的地方。就像中国古代到了午时三刻就要行刑一样，古埃及人也会在固定的时刻惩罚人。怎么惩罚呢？就是在人身上用打孔机打孔，就像西方万圣节在南瓜上打孔一样，非常容易，打完孔以后就用东西把血给抽干，这样人的脉搏就停止了，人就死了，然后就被拖走了。刚才说了，这种场景可以在新出的电脑游戏《世界大战》上看到，外星人就是把人打孔，然后把人的血抽走的。

另外，还有一些人发现，在金字塔里面有像布丁一样的东西，于是人们就猜想这个地方可能就是像餐馆一样的公共场所。

抛开了单词，只是把故事讲给大家听就可以。因为只要故事记住了，单词就一定能记住。

金字塔就讲到这，下面讲心理学。

psychology（心理学） psalm（圣歌） prune（剪除） prudent（谨慎）

众所周知，心理学是人类的圣歌。它提出，如果你动了剪除某人、除掉某人的念头，要谨慎。

请复述一遍。

下面再来背一遍。

检查单词记忆。

psychology（心理学） psalm（圣歌） prune（剪除） prudent（谨慎）

在知道心理学是人类的圣歌之后，下面应该怎么做呢？

proximity（亲近） proximate（最近的） provoke（激怒） provocation（挑拨） provision（供应品） province（省份） providence（上帝的眷顾）

219

下面大家来叙述一遍。

我们知道，不应该动剪除别人的念头，那我们应该做什么呢？亲近离你最近的人，不要激怒、挑拨你周围的人。因为，在你身边的人为你提供各种各样的供应品，这些人在你的周围，和你同在一个省，他们每一个人的存在对你而言都是上帝的眷顾。

请背一遍。

下面来提问单词。

proximity（亲近）proximate（最近的）provoke（激怒）provocation（挑拨）provision（供应品）province（省份）providence（上帝的眷顾）

我们应该去亲近离我们最近的人，那么到底应该怎么做呢？

provident（有远见的）provided（倘若）provide（提供）

作为一个有远见的人，倘若你真的有远见，你一定要重视给你提供供应品的人。

复述一遍。

背一遍。

这一段的单词应该很好记忆，下面来提问单词。

provident（有远见的）provided（倘若）provide（提供）

现在讲讲前两段。离你最近的人，他们有的是敌人，提供给你一个目标；有的是朋友，提供给你友情；有的是同伴，提供给你帮助。所以无论什么样的人，只要在你身边，你就要好好地重视他们。他们就像上面所说的，是上帝的眷顾。

进行下一段。

proverb（谚语）prove（证明）proud（妄自尊大的）prototype（原形）

谚语证明妄自尊大的人不是人类的原形。

复述故事。

这个故事是说，谚语证明妄自尊大的人不是人类的原形。人类应该相亲相爱，谦虚，这样才是正确的。

背一遍故事。

提问单词。

proverb（谚语） prove（证明） proud（妄自尊大的） prototype（原形）

如果你妄自尊大会怎么样呢？

protest（断言） protein（蛋白质） protect（保护）

上面说了妄自尊大的人不是人类的原形，那倘若有的人真的那么妄自尊大的话会怎么样呢？

请叙述一遍故事。

大自然断言，那些妄自尊大的人将最终得到我的拒绝。对于那些为你提供蛋白质等供应品的人，你一定要好好保护。

请背一遍故事。

下面提问单词。

protest（断言） protein（蛋白质） protect（保护）

这个故事整体下来是这样的，大自然断言，那些妄自尊大的人将最终得到我的拒绝。但是对于那些为你提供蛋白质等供应品的人你一定要好好地保护。这样，大自然就不会拒绝，他还会给你很多很多的东西，是什么呢？

总算要说到大自然要给你什么了。

prosperity（成功、幸福、昌盛） prospect（前景） prosecute（从事） prose（散文）

请叙述如下故事。

成功、幸福、昌盛是大自然的恩赐。看到美丽的前景，从事大自然给你的职业，如果你能这样的话，那你的生命将如散文一般充满诗情画意。

背一遍。

记忆单词。

prosperity（成功、幸福、昌盛） prospect（前景） prosecute（从事） prose（散文）

目前为止，到英语六级考试（CET-6）可以说是我们国家公共英语最高等级的考试。一般来讲，高中毕业要求掌握2000~4000个单词，而六级考试则要求达到6000个单词。以上这些单词就是我们按照它们在单词表中排列的顺序所列出来的六级单词。

为什么都是以P开头的呢？因为这一部分，就是从六级单词表中P部分的

最后一个单词开始向前推进的。比如,puzzle(谜)就是倒数第二个单词,put(放)就是倒数第三个单词,这样就便于大家根据单词表来加深记忆了。

因为现在大部分人的单词学习都是在课本当中进行的,所以英语六级考试所要求的这6000个单词,按照一般人学习英语的进程,从小学三年级开始,每一册教材平均起来,新单词大概就是500个,大量的词汇都是重复的,也就是说,你要学上10年、15年才能把6000个陌生的单词全部学完。

而通过"Sting神奇记忆术"来形成的文章里,单词是不重复的。不重复地来学一篇总共才6000个单词的文章,可能一般人半个小时或一个小时就读完了。那么,再等你达到一定的水平,像刚才进行的那样,半个小时基本上可以记住50个单词,这样6000个单词全部进行完,也只需要60个小时。如果我们每天利用3个小时进行学习,也就是20天就可以大功告成。这样学习英语单词、攻克英语难关的效率就会得到很大提高。况且,这样背单词,在每天的英语学习当中,还可以继续复习、不断加深记忆。

大家可能在刚开始时会觉得有些别扭,觉得怎么会是这个样子呢,那是因为大部分人没有用过这种方式去学习英语。我们过去怎么背单词呢?就是拿着书,先背每一个字母,然后再背汉语意思。不仅效率低,而且很枯燥。因为单词在单词表中是相互孤立,没有关联的,我们没有赋予它们以整体意义。

举个例子。

所、的、买、做、人、埃、塔、字、金、古

这几个字你要想一下子记下来,那太困难了,就是记下来也是只言片语,不完整。为什么?就是因为它们是孤零零地站在那里,没有联系。

那么,你应该怎么做呢?

应该把这几个字连在一起,按照有规律、有逻辑的方法去理解记忆,即——金字塔是古埃及人做买卖的场所。

这句话我们可以轻易地记述下来,但如果要记住所、的、买、做、人、埃、塔、字、金、古这几个字,那就是不可能完成的任务。而我们过去就是在用这种单个记忆的方式去记单词。所以,每一册英语教材的单词虽然并不是很多,但它们之间没什么联系,所以我们就要学10年,甚至15年才能把它们全部记牢。

用"Sting神奇记忆术"来记单词,刚开始的时候可能要慢一些。一般来讲,记50个单词需要一个半小时,但在学了10次、20次以后,效率就开始提高了,可以从一个半小时50个单词提高到25分钟50个单词,这样平均下来就是每30秒1个单词,并且是真正过目不忘。

当然,这需要突破一个瓶颈问题,也有一个体会和悟出的过程。这就像你学开车,刚开始打方向时,把方向盘打过去就忘记要回方向,或不知道要回多少,但开得多了,就知道每次应该回多少。转过这个弯,你就会豁然开朗。

实际上,很多人在学汉字时也会遇到类似问题。比如,你看中文报纸,这个字不认识,那个字也不认识,假如一行字你有5个字都不认识,你肯定就读不下来了。但假如你只有1个字不认识,你基本上还是能了解文章的意思。

同样,拿起英文报纸一看,每一个单词你都认识,你就会自信心很强,管它什么语法不语法,管它什么结构不结构,都先不管,读得多了,自然就明白了。

很多语法,实际上是语法学者们研究出来的。我们都知道,很多农民,还有很多孩子,他根本就不知道什么语法,但是他的语言交流并不受影响。什么过去时、现在时,太复杂了,只要最根本的东西抓住了就行。这就是单词,它才是根。

有人说,在句子中学到的单词才是有生命力的单词。

这也是我们所倡导的,就是不要孤立地去死记硬背。死记硬背是最笨的一种方法。但是这句话,只说对了一半。比如《新概念英语》第二册就是按照2000个单词的词汇量来安排的。你把《新概念英语》第二册全部学完,你的词汇量也就是提高2000个,但《新概念英语》第二册给你准备的文章可能有20万个单词量。你的阅读量在20万字以上才能学会2000个单词。而且《新概念英语》第二册学完了,拿出来英文报纸,你还是不会读,因为还有将近3000个陌生的单词等着你呢。

因此,许多心理学家认为,大量的阅读、20万字文章的阅读才能学会2000个单词,太浪费时间了。而且这样大量的阅读,会让你学得很累,很容易就会失去耐心,没了自信。

我们的要求是,6000个单词就是一篇文章,6000个单词的文章全部都是生词。然后,大家就像学其他的英语课文一样,学会了这篇文章,单词也就记住了。

以上是我们针对"Sting神奇记忆术"所举的一些例子,下面要给大家分析的是它的心理学理论。这样就把它提升到另一个高度,让我们从全面的视角来看待它。

心理学记忆术一共有三种方法。

第一种方法是组块,把你的记忆单元由"小"的组合成"大"的。以前面50个单词为例,就是把它们组成一小段一小段的内容放在一起,每一段是一个意群。

第二种方法是媒介,就是在每一段中找到一个充当媒介的词,或者叫题眼,有了媒介才能形成一个完整的意群。

第三种方法就是联想,使单词与单词之间、段落与段落之间产生一定的影响,通过联想可以把这一大段的内容全部联系在一起。

在上面这个记忆术的实例讲解当中,这三种方法都应用到了。

上文所列的单词完全是从英语六级词典中按自然倒序抽取出来的,经过组块、整理,然后找出每一段的一个媒介进行联想,把这些故事先记住,最后再在故事当中将这些单词一一记牢。

回头再看一下刚才讲的单词。第一个单词是金字塔(pyramid),如果你有英语六级词典的话,可以看一下,它确实是词典当中 P 部分的最后一个单词。金字塔(pyramid)永远是个谜(puzzle),巨大的石头究竟是如何放(put)上去的,而那么高的高度又是怎么将石头推(push)上去的?金字塔的建造者古埃及人,他们费了这么大的劲儿,去造这个金字塔,这就让人们忍不住去追问(pursuit),他们到底是追求(pursue)什么?

这一段开始的单词是金字塔(pyramid),而往后的三小段都是围绕这个单词来讲的。那么,在小的意群当中,这个金字塔就是我们所说的媒介。在这个故事当中,好像根本就不是我们去刻意安排的,就是几个单词自己排序出来,就形成了一个完整的故事。

这后面跟着就是追求(pursue)了。古埃及人追求什么呢?下面一个词是钱包(purse)。他们这个追求花掉了钱包里多少钱,用了多少财力?建筑这个金字塔的目的(purpose)又是什么呢?下面这个单词好像直接就给出了答案:紫色(purple)。我们知道紫色在所有颜色当中是最神秘的一个。再下面一个单词是纯粹(purity)。这两个单词放在这一段的这个位置就是单词表自己给出的答案。那就是金字塔很神秘,纯粹是为了敬神而造。这是第一小段的内容。

那这几个单词放在一起就运用了记忆术中组块的方法,然后将第一个单词金字塔当作媒介,来展开联想,延伸出这一小段的意思。我们就可以通过这个故事,然后把这些单词放在这个故事当中,一个一个地记下来。

而接下来的三小段都是围绕金字塔来讲的。买(purchase)、惩罚(punish)、准时的(punctual)、打孔(punch)、打孔机(punch)、南瓜(pumpkin)、抽(pump)、脉搏(pulse)、拖(pull)。这些单词你分别看的话,意思好像并没有什么特别的能让你记住。但如果把它们放在一个非常短的故事中,就很好记了。

也有人认为,金字塔是古埃及人买(purchase)东西的地方。同时,还有另外一种看法,他们认为金字塔是惩罚(punish)人的地方。怎么惩罚呢?到了该惩处的时刻,准时(punctual)在人身上打孔(punch),用打孔机(punch)这种专门的工具像在南瓜(pumpkin)上打孔一样在人身上打孔,然后在人身上抽(pump)血,一直抽到脉搏(pulse)停止,人死了,尸体被拖(pull)走。

下面一组词是布丁(pudding)、公共场所(public)、酒馆客栈(pub)。

说到金字塔的用途,曾有人在金字塔发现过布丁(pudding)一样的东西,于是他们认为金字塔是公共场所(public),是大众娱乐消费的酒馆、客栈(pub)一类性质的地方。

这一段好像跟上面两个意群的内容有些相反。其实,这是另外一个因素,但仍是围绕第一个单词金字塔来理解。而下面紧接着的就是另外一个单词了。

心理学(psychology)。以这个单词为开头往后面进行故事,内容上都是围绕心理学这个单词的。下面整个一个大意群的话,媒介词就是心理学。它的下一个词是圣歌(psalm)。心理学是人类神圣的圣歌,它提出如果你动了消除(prune)某一个人的念头,你就要谨慎(prudent)。你应该做的是你一定要亲近(proximity)那些离你最近的(proximate)人,而不要去激怒(provoke)、挑拨(provocation)你周围的人。换句话说,你身边的人为你提供各种各样的供应品(provision),他们的存在对于你来说就是上帝的眷顾(providence)。

这一部分很显然换了个主题,就是心理学的内容。我们按照心理学这个词进行联想,很自然把后面的词放到这个简短的故事当中了。而且这跟心理学的内容也是非常吻合的,就是刚才说的你一定要亲近离你最近的人。

作为一个有远见(provident)的人,倘若(provided)你真的有远见,你一定要重视给你提供(provide)供应品的人。

谚语(proverb)证明(prove)妄自尊大的(proud)人不是人类的原形(prototype)。

上帝断言(protest),那些妄自尊大的人将最终得到我的拒绝。对于那些为你提供蛋白质(protein)等供应品的人,你一定要好好保护(protect)。

这个意群也是紧接着上面心理学这个词延伸出来。这个意群主要意思是要有感激之心,对那些给你供应品的人你一定要保护。

最后几个词。

成功、幸福、昌盛(prosperity)

上帝是成功,上帝是幸福,上帝是昌盛,我们在字典看这些词的话,它们的意思就是这样的一句话。

前景(prospect)、从事(prosecute)、散文(prose)

你应该看到美丽的前景(prospcct),去从事(prosecute)上帝给你的职业,如果这样的话,你的生命将如散文(prose)一样充满诗情画意。

我们所学的这一部分单词,完全没有改变它们在字典中的顺序,就是找一个媒介词进行联想,把它们组合在一起,通过记忆这些故事,就很自然地把其中的一些词记住了。这些故事并非一成不变,而是每一个段落都有每一个段落的主题。这些故事你一旦记住的话,你就会永远记住。因为我们知道,故事更容易让人刻骨铭心。这样效率就会非常高。

这6000个单词是一篇文章,它需要不断地去熟悉,需要反复地温习、复习。假如这6000个单词没有任何的关联,那就背不好,可以这样说,你终生没有办法把它记下来。就像刚才所讲的:所、的、买、做、人、埃、塔、字、金、古,这种断联,任谁也记不住。但是,可以把它们变成一句话串起来,在理解它们的意思之后,再把它们分解开来就容易记了。

也许有的读者朋友会说,我就是用最笨的方法背单词、学英语的,但是效果很好,又快又牢,很久都不会忘记,说明这位朋友记忆能力很强。而实际上,大部分使用这种死记硬背的方法学习英语的学生都是收不到什么良好效果的。因为老师总是要求大家背课文、背语法、背句型,几万字的东西背下来,也不见得能记住几个新认识的单词。何况在学英语的时候,还有数学、化学、物理、政治等都要背,都要记,搞得学生们焦头烂额,苦不堪言,最后还收获甚微。

"Sting神奇记忆术"就是为孩子提供一条捷径,一个全新的理念,让孩子轻松下来,卸掉他身上的重担,让他以乐观轻松的心态去面对英语和其他科目。

有的时候,不同的方法对于不同的孩子,会产生特殊的效果。我们能够帮助一个人,能够让一个孩子重新产生信心,那就是功德。

结　语
论家庭教育的根治

我们经常会听到很多孩子说厌学,和父母无法沟通交流,对生活丧失信心;也听到很多大学生说"我想很有钱,努力了很长时间还是没钱","我很想找一个稳定的工作,就是找不到";还听到很多家长说"我的孩子现在很不听话、偷家里钱、我的夫妻关系处不好、整天吵架"等。

大家都提到了很多问题,希望能够得到答案。当然,我们已经在本书中针对大家提出的具体问题给出了针对性的答案。但是,针对性的答案和根质性的答案还是有区别的,因此,最后谈一些根治性的答案。

在前面的章节中已经谈到,全世界的高血压患病率是1%,而我们国家的高血压患病率2002年所作的调查显示,在北京、上海地区为70%,超出世界平均水平整整70倍。70%的患病率是什么概念? 就是说假如有三个人在一起坐,一个人不是高血压,他周围的两个人一定就是高血压。

家长们总说我们和孩子生活中间存在着很多问题,那么,怎么去解决呢?如何使这些问题得到根治、得到最有效的解决呢?

当一个男人和太太吵架的时候,当一个家长责骂孩子的时候,你克制着对自己说:"不要吵架,吵架是一种卑劣的品质;不要发怒,发怒容易伤害人的肝脏。"你可以用这些话来劝慰自己,可这个时候事情已经发生了,能量已经产生了,问题已经出现了。那么,有没有一种让它根本就不出现,让夫妻关系很和睦,父子关系很和谐的办法呢? 我们今天就试着来探讨这个问题。

过去有两大学科:哲学和科学,哲学是很深奥的学科,哲学家是一个高尚的职业;科学给我们带来了崭新的技术、先进的设备,但同时也给我们带来了无尽的烦恼。比如原子弹,可以保卫我们的国家,也对和平构成了更大的威胁;汽车虽然给我们带来了便利的出行条件,但实际上现在许多大城市有时开车还不如

骑自行车快，同时还造成了严重的环境污染。

为了让人们不得病或者70%的病能够预防，为了让夫妻关系和睦，为了让每个孩子都能幸福，全世界各种民族经过了几千年的努力，终于诞生了一个全新的学科——心理学。

全美国的大学，无论公立或是私立，对学生的要求都是：任何学科你都可以自由选择，但是必须要学心理学。为什么呢？就是要强调人格的健康。

那么，为了让我们达到人格健康的整体目标，世界上认为最重要的、人人都要经历的一个方式、人人都要具备的一种能力，来源于哪里呢？就是我们又能预防疾病，又能人际关系和谐，又能挣到足够的钱，又能保证身体健康，又能教育好孩子，这样一种能力、这样一种人格，它来源于哪里？教育。

也许有家长会说："还以为你有什么新招呢，又是一个老掉牙的东西！"有些孩子也会说："学校烦死人了，我恨不得把学校给铲平了。"有很多孩子都有这种厌学情绪。需要告诉大家的是，这里所说的教育不是我们平常天天念叨的教育，而是一个大家必须用心去理解的东西。

有一副对联写得很好：天雨虽宽不润无根之苗，佛门虽广不渡无缘之人。雨水只能滋润有根的植物，若没有根，水再多，没有办法吸收；再好的办法、再好的东西，如果被一个没有心的人或者不适合的人拿去，这个办法往往效果不明显或者根本无效。

心理学认为一个孩子的人格，他将来的幸福、将来的挣钱能力、将来的夫妻关系、将来的健康等，都来源于教育，都跟他的教育有直接关系。那么，来源于谁的教育？来源于家庭的教育、来源于母亲的教育、父亲的教育，来源于幼年的教育，来源于人格的教育；而不主要来源于知识的教育、科学的教育、学校的教育。中国有句老话：三岁看老。因此，家长朋友请记住，幼年时期的人格培养对人的一生有着深刻的影响，发挥着至关重要的作用。

举个例子：如果说你想养狗，一定会有人告诉你，养狗必须得从小养，从狗娃娃养，这样狗才认你，才能跟你建立感情。等狗长大了你再去养，就不行了。人更是如此，在人格形成阶段，他能够接受的东西就会成为他人格上的东西。过了这个阶段，你再去培养，就不能深入到他灵魂最深处了。

前面讲过，北欧四国是全世界犯罪率最低、福利最高、发病率最低的国家。他们之所以能做到这些，就是靠父母从小对孩子的教育。

我国目前重型精神病发病率已经达到15.94%,轻型精神病发病率为22%。国家卫生部的统计资料显示,全国人民花钱治病,哪个病花钱最多呢？就是精神病。包括癌症在内的所有疾病都不是花钱最多的,花钱最多的竟然是精神病。

一些严重的疾病,比如癌症总有个期限,而精神病是没有期限的。曾经有一个精神病患者在发病的时候杀死了他的妻子、儿子、父亲、母亲……这样的惨剧不止一次地发生。精神上的疾患不仅伤害自己,更伤害家人。

因此,如果每个孩子都在一个安定祥和、无忧无虑的状态下长大,他们对社会就没有攻击性、没有怨言、没有仇视、没有冷漠。当所有的孩子都在爸爸妈妈的良好教育下成长时,犯罪、疾病、痛苦都会远离我们。

为了做到这一点,世界各国几乎都制定了教育手册。比如说英国教育手册,实际上很简单,只有二十几个题。在一对青年男女要结婚登记的时候,先发给他们这个题,必须做对,然后再签一个协议:要白头到老,其他的政府都不管。这个白头到老协议不是一个法律协议,可以说是一个君子协定,没有任何法律效力。但是,在结婚的时候一定要签一个,为什么呢？就是要告诉你,只有稳定的家庭、稳定的社会状态,才是孩子避免疾病、避免将来人格不健全、避免家庭纠纷、避免对社会的冲突、避免成为罪犯的最根本的基础。

因此,当英国要求所有的夫妻必须签一个这样的协议后,英国的离婚率果然相当低。而我国现在离婚率是全世界最高的,上海可以达到45%。因为我们没有早期教育,父母没有回家抱孩子,没有从小关心孩子。要知道,稳定的、国家支持的、幼年的、有方法的早期教育,是避免孩子疾病,让孩子多挣钱,让孩子将来人际关系融洽、夫妻生活幸福最有用的灵丹妙药。大家要记住:每一个细胞的健康,才能保证整个肌体的健康。

可是现在有的家长很浮躁,只重眼前,只想一蹴而就。这从根本上是解决不了问题的,很多事情是一定要积累,一定要付出代价的。要想改变一个孩子,至少要三个月到半年,但很多家长都想一次就把问题解决完。

比如学电脑,学五笔字型,你不需要三个月的时间吗？学开车,你要敢上路,不得两个月吗？那么,你要教育比电脑、比汽车更复杂、更精密的人,要想能够真正地去理解他、爱护他,是需要相当多的投入的。

因此,当孩子出现问题以后,家长一定要静下心来,认真想一想该怎样去解决这个问题。

下面给大家介绍的,是国际通行的家庭教育手册的内容。

孩子的最大愿望就是家里的每个人都能愉快地过日子。当问及孩子,你对家庭有什么更高的期望时,孩子回答的最多的是"家里人都能愉快地在一起",孩子们在乞求这件理所当然的事情。作为父母,应该认真面对这样的现实:只给孩子提供必要的东西、任孩子自己成长的时代已经过去了,为了孩子,也为了自己,全家人需要有意识地共同努力营造一个安宁和谐的家庭氛围。

不会珍惜自己的人就不会珍惜孩子。养育孩子确实很重要,但是整天神经绷得紧紧的谁也吃不消,而且父母的烦躁不安也会传染给孩子。正因为养育孩子很辛苦,所以拥有属于自己的时间,保持心理健康很重要。父母应互相配合,共同承担,有效利用孩子不在的时间,让你的身心有休整。另外,有什么事别一个人烦恼,鼓起勇气去家庭教育咨询中心、保健中心、儿童咨询所听听专家们的建议。

养育孩子是母亲的事。母亲的教育是主体,没有父亲的角色,母亲完全可以承担起教育主体的角色,但是,有了父亲的教育更完美。父亲和母亲的育儿方针应基本一致,但父亲和母亲站在不同的角度教育孩子,能纠正过于密切的母子关系,发挥父亲的影响力,父母互相积极支持很有必要,母亲在孩子面前不应瞧不起父亲,父亲应注意不在孩子面前大声斥责母亲。

在现代社会,如果什么都不说,要互相理解是很难的。增加夫妻之间、父母和孩子之间的对话,是建立和睦家庭的基础。全家人一起吃饭,一起交流各自的状况,让孩子帮助做家务,和孩子一起玩,一起参加社会活动等,都是极为有效的交流方式。

全家人一起吃饭这件事真的很重要。它不仅对儿童身体健康、心理健康的发展有深远影响,而且能自然地将父母的爱传递给孩子。由此得到的满足感、信赖感能使孩子开朗、坚强地成长。注意饮食的营养均衡,设法定好一起吃饭的日子。养成全家人一起吃饭的习惯吧。

父母积极向上的生活姿态,孩子一定能领会到。由于现在家长要一边工作,一边养育孩子,容易使家长与孩子接触的时间减少。但是,疼爱孩子,为了更美好的未来而努力奋斗的家长形象一定会深深留在孩子的心中。另外,各种各样的烦恼是难免的，别一个人承受着，应请亲戚、朋友们协助或利用社区的咨询窗以及育儿机构，无论何时都要充满自信，给孩子表现出积极向上的生活姿态。

不知为什么，孩子的缺点跟父母总是很相似。那种只要自己好就行，别的我不管，不守公德的人让人讨厌，不可信赖，如果自己的孩子这样做时，大人不予以纠正，孩子会认为自己做得对，这样就可能慢慢变成一个不讨人喜欢的人。要抛弃只要自己的孩子好就行，别的我不管的想法，孩子做错事时，要用父母之爱严厉斥责，严加管教。同时，大人自己也要注意不要做出轨之事，要做一个一直能让孩子依赖、尊重的父母。

规矩是为谁定的？在家里，孩子有时候守规矩，有时候违犯规定，由此逐渐学会处理人与人之间的关系，了解社会规则的重要性。家规不仅包括日常问候、关灯时间等，还包括不给别人添麻烦，不撒谎等社会规范。为了让孩子懂规矩，并一直遵守规矩，父母要经过认真考虑，定出明确的家规。父母与孩子一起遵守这个家规。另外，倾听孩子的意见，和孩子共同制订家规，也很重要。

如果你想要孩子不幸，那就什么都给他买吧。如果父母不经考虑就给孩子买东西，容易使孩子失去为了得到自己想要的东西而努力忍耐、多加思考的精神，而变得什么都想要，不能自控。不管孩子怎么闹、缠人，不必要的东西不给买，不要给太多的零花钱，让孩子在定额的零花钱中，自己安排，调整，不乱花。

如果真为孩子着想，与其在孩子身上花很多钱，不如在孩子身上花费心血，倾注父母之爱。如果让孩子帮助做家务，他将变得很能干。孩子们如果有以自我为中心的言行，主要是因为自我责任感没有形成。日本的父母太宠爱孩子，好多人没有受过"自己的事情自己做"的家教。在家里制订规矩，让孩子分担家务，对培养孩子的责任感、自信心、感受到自己是有用的人等方面很重要。让孩子从把用过的东西整理好等小事做起，养成和父母一起做家务的习惯。

如果孩子最好的朋友是电视，那他就太寂寞了。如果孩子整天待在屋里看电视、看录像、玩电子游戏的话，很容易造成与他人、与大自然接触的体验不够，与他人不能很好地交流，缺乏同情心，生与死的现实感薄弱，不能区别现实与假想世界，给孩子的身心健康留下阴影。给孩子创设与其他小朋友一起玩，体验大自然的机会，让孩子积极参加。定出不多看电视、不看多录像、不多玩电子游戏的规矩，并使孩子养成遵守这些规矩的习惯。

给孩子单独房间的同时，也给他定好规矩。如果孩子整天待在自己的房间

结语 论家庭教育的根治

里,父母就搞不清孩子在干些什么,父母与孩子之间的对话也会减少,况且有的孩子的房间甚至会成为犯罪现场。要想孩子房间对孩子的成长起作用,定好家规很有必要。比如孩子回到家后,要先在起居室露个面,再进自己的房间;孩子的房间不带锁;孩子带朋友进自己的房间前,先把朋友介绍给父母;父母觉得有必要时,可以进入孩子的房间,以便把握孩子的实际情况等。

孩子并不能正确发出危险信号,父母的情绪焦躁,对孩子的爱抚、疼爱不够,以及对孩子过分娇生惯养,过多干预等,都会影响到孩子的心理健康,并常常会在孩子身上表现出来。比如,孩子出现肚子痛、恶心、拉肚子、食欲不振、头晕眼花、发烧等症状,以及吃得过多、失眠、咬指甲等行为。当察觉到这些症状或行为后,不要只担心孩子是不是生病了,还要好好想想这些症状行为是不是由于心理原因造成的。不要给孩子贴上神经过敏、任性等标签,要好好观察孩子,认真听孩子说话,做出努力理解孩子的姿态很重要,同时也要与熟悉孩子的医生好好谈谈。人是一种喜欢被别人爱、被别人理解的高级动物。如果因得不到别人的理解而产生的不满积累太多的话,有时会一下子爆发出来。孩子突然大发脾气时,连孩子本人和家长都搞不清是怎么回事。其实孩子发火、苦恼是有原因的,如果父母平时做到仔细听孩子说话,与孩子站在同一角度考虑问题,对孩子的事非常关心的话,孩子也能切实体会到父母对自己的爱。孩子只有在感到自己被爱着时,才能心平气和地对待问题。这样,能避免不必要的冲突,使孩子能接纳别人,正视问题,茁壮成长。

幸福不仅有从别人那里得到的,还有为别人造福的幸福。有65%的中小学生说他们从没有或不经常在公共汽车、电车上让座。为培养同情弱者、有勇气帮助、爱护弱者的孩子,父母能做些什么呢?父母可以从孩子很小的时候开始,通过日常生活的实践,培养孩子的同情心。父母应率先给孩子做出榜样,逐步培养孩子给孕妇、老年人让坐,给遇到困难的残疾人提供帮助等习惯。不要让孩子成为欺负他人的人。当发觉孩子有欺负、伤害、侮辱别人的行为时,父母有责任教育自己的孩子:对正直的人来说,这是可耻的行为。在这个时候,与其给孩子讲大道理,不如给孩子讲讲父母是如何爱护孩子,希望孩子成为杰出的人,讲讲看到自己孩子欺负弱者时是多么吃惊,看到自己孩子对别人造成伤害时是多么气愤等,尽量把自己的真实想法传达给孩子。还有,要向孩子表明父母自己是没有偏见、不欺负别人的人,也不允许孩子欺负别人,这对孩子的教育很重要。

生命只有一次。如果孩子渐渐习惯电视节目、电子游戏中不断重复的虚构死亡的话,将很难体会到生命是宝贵的。让孩子在大自然中游戏,精心培育花草虫鱼,有意识地给孩子看到各种生物死亡的机会,让孩子切实感受到生命的尊严和珍贵。还有,让孩子想象失去家人和亲属以及有心灵创伤的人的心情,使孩子理解那种悲伤。

最精彩的书是父母念给孩子听的书。在孩子感受到父母爱之温馨的同时,也要让他们接受优秀的图书。和家长一起阅读并产生共鸣的时候,正是丰富孩子的感情和心灵感受的宝贵时刻。就像人必须有吃饭时间一样,父母也应费心开设读书时间,哪怕只有一点点的时间也没关系,坚持每天给孩子讲故事吧。但是,在孩子很小的时候就一下子给他讲很难懂的故事,会使孩子感到心理紧张、焦虑,反而可能使孩子对书产生厌恶情绪。所以,还是由浅至深,慢慢来吧。

孩子要兼具个性与理想,要把孩子培养成一个能够自己思考,自己行动的人。如果父母把孩子要跨越的路上的障碍物全部清除掉,对孩子过于保护,孩子每走一步都要扶一下,过于干涉的话,那么,孩子到任何时候也不会一个人走路。父母这样做,也剥夺了孩子接受挑战、从失败中学习以及获得体验的机会。

父母容易拿自己的孩子跟别人家的孩子比较,把自己的希望强加给孩子,让孩子与自己的步调一致。但是,没有一个孩子是与别人的孩子完全一样的。父母应重视孩子的个性,去爱自己的孩子。不要只是指责缺点,应该看到孩子更多的优点。对孩子来说,重要的是具有自信、自爱的精神。这种精神就像植物的根一样,扎得越深越广,结出的果实也就越大。父母不要只看表面情况,对孩子的成长、发展要充满信心,给孩子的心田要浇灌丰富的营养和水分。那么,成为营养和水分的东西是什么呢?是找出孩子的优点并加以表扬。该批评的时候批评,该表扬的时候表扬,家长要在心里定下批评一次,表扬三次的一比三的标准。受到表扬的孩子心情愉快,自信和自尊心也随之得到发展。

有了理想,人会变得坚强。很多家长说,现在的孩子没有热情,对将来不抱幻想,对未来的目标还未挑战就先放弃等。其实,孩子有孩子自己的梦想和希望,不管多么微不足道,多么滑稽可笑,作为父母,要尽心倾听孩子的梦想和希望。还有,父母要抓住时机,给孩子讲讲自己的经验,讲讲那些经过长期艰苦奋斗而最终实现自己理想的人的经验。教育孩子人生的目标是在不断流汗、不断重复失败的过程中达到的。父母要热切关注孩子的成长,父母是孩子的大后

结语 论家庭教育的根治

方。没有一个孩子跟别的孩子完全一样。有的父母只将眼光落在了自己的孩子跟别人的孩子的比较上,以自己的期望值来评价孩子,这对孩子的个性成长、发展没有任何好处。在这样的教育下,孩子会变得容易失去自信。不要把自己的孩子跟其他孩子相比较,不要坐立不定,不管什么时候都要相信自己孩子的个性,相信孩子的成长,慢慢地、切实地培养你的孩子吧。

拔苗助长要不得。对孩子进行早期智力教育的父母正在不断增加,但是,让孩子很小的时候就学这学那,等到上了小学、中学,不少孩子就已经感到疲惫不堪。在那种老把自己孩子跟别人孩子比较,要早出成果,焦躁不安的家庭气氛中,孩子的心理发展很容易变得扭曲。而且,过早的学习,会减少幼儿发展过程中很重要的游戏与各种各样的体验机会,不利于孩子的发展。应正确看待孩子,充分认识孩子的个性,以充足的时间踏踏实实地培养孩子。

没有一个人是完美无缺的,完美主义的父母总希望孩子完美无缺。一旦出现小小的失败,丁点过错,马上变得神经过敏、焦虑不安,长期下去可能导致孩子出现不安、郁闷等现象。孩子没有完全照着父母期望的那样去做,这是很自然的事,大方向对了就行了,不必太拘小节。这一点很重要。自然地养育孩子,更能使孩子茁壮成长。

对照家庭教育手册,家长朋友,你能够给自己打多少分?

我们不能够盲目地凭着自己的感觉去教育子女。因为教育子女是一门最有学问的技术。经常听有些家长说,我要是再有一个孩子我就会教育好他,而生命是不可以再生的,必须在生第一个孩子的时候就得懂如何教育他(她)。

母亲做得好的,孩子往往就会很好!一个女人是不是一个极品女人,是不是一个好女人,是不是一个最可爱的女人,就是看她是不是一个好母亲。好母亲,这个好虽然简单,但它的涵盖面是非常广阔的。

中国有多少父母是知道自己懂得养儿育女才去生育的?很多人都是懵懵懂懂地就做父母了。这就跟没有学过开车,直接开车上路一样,甚至比那更恶劣。

为什么我们现在的自杀率、离婚率那么高?为什么我们的精神病治疗费用总额如此惊人?为什么夫妻之间现在有那么多问题?为什么我们有那么高的犯罪率,使得满眼都是防盗门、铁栅栏?就因为我们太多的家长没有系统学习亲子教育课,没有学好怎样养育孩子,不知道自己在养育孩子的问题上已经出现了很大偏差。

我们在要孩子的时候就要考虑很多东西。你会有很多的期盼,但当你觉得有爱在你心里面涌动时,你要有一份准备好的考卷,看看自己及格不及格。爱有一个表达方式问题,教育手册就是在规定方式。当你肩上有神圣使命的时候,你实际上是在对自己作出一个承诺。在漫长的养育孩子的过程中,这个承诺时刻规范着你的行为和思想。

人格就是做人的格式,是言语、行为,办事方式、方法的总和。人在出生的时候,应该有40%左右的东西都是天生的,比如说我们会有感觉、会有知觉、会有味觉、会有语言能力。一个狗你再教育它,它也不会有语言能力,这个东西是先天性的。举个例子,如果一个孩子生长在郑州,他就会说两种话,一种是普通话,一种是河南话。再把他放在欧洲,他就可能还会说英语和法语等。所以,语言能力是天生的,但是学什么是后天的。

因此,人肯定是一个先天与后天的结合物。等到孩子长大了,长到18岁了,他会变成一个对环境有支配作用的生物。比如像家长,你现在就可以对孩子讲你对生活的理解,讲你对学说的理解,讲你对很多东西的理解,你在影响孩子。那么,你又成了一个环境。

孩子在幼年时期,是环境的一个产物,到成年以后,就成了环境的影响者。

有两个职业,一个是老师,一个是警察,很容易受自身角色的影响。警察回到家里,总是带着审视的眼光看着妻子和儿女。老师为人师表惯了,从为人师表变成孩子的父母,回到家里什么都要求孩子,教育孩子,他觉得我的孩子要是教育不好,那我怎么去教育别人的孩子呢。拿孩子作为一种筹码,自尊的筹码。在这里要提醒大家,不要把职业的成分放在高于孩子自然生命生长的成分之上。如果你拿职业的成分去对待孩子,就会让孩子成了你职业的一部分,就无法形成自己应有的个性。

实际上,人没有反抗期,也没有逆反期。为什么呢?因为逆反期不是说孩子要跟你对着干,而是孩子要有自主的意见。他的想法和他的做法,他要自己来掌控。如果这个时候他都不能掌控,将来没有自主能力,那就很麻烦了。

有一个31岁的男子和他妈妈找周教授来作心理咨询,问题就是现在他不会自己找女朋友,找女朋友得要妈妈给他找,就是去见女朋友也要妈妈陪着。在和周教授交谈的过程中,他必须得看一眼妈妈,才能说下一句。把孩子已经

弄成这样了，这都是父母的责任。从来没有放手，从来都是让孩子在她的庇护之下长大，那这种庇护她能持续多久呢？孩子已经30多岁了，像这种情况能矫正过来吗？

家庭是第一位的，而且所有的孩子都要在亲生父母的养育下长大，而不是在幼儿园、托儿所或在保姆、爷爷奶奶、外公外婆，甚至是在狗的陪伴下长大。在这种情况下，才能彻底铲除犯罪和避免很多重大的疾病。这一点是很有价值的。如果我们自己的童年有一些不完善的地方，我们一定要把教育手册好好学一学，然后在自己孩子身上把它重复一遍。心理学发现有些东西可以做移情，就是你自己没有得到的东西，你把它转移到另外一个方面，让它可以演示一部分，你可以再现一次这个东西。你在养育自己孩子的过程中，你小时候什么东西没有得到，你的父母哪方面没有做到，而你现在做到了。当你做到的时候，特别是你在自己孩子身上做到的时候，你就等于是自己得到了。

大家有没有注意到，在国际通行的家庭教育手册里没有一句话说如何提高学习成绩。我们的很多家长，现在第一考虑的就是学习成绩，而这个世界上最长的教育手册里面没有一句提到学习成绩。在这里告诉大家，其实，不管是应试教育还是素质教育，不管是什么年代，你的孩子只要人格健康，有很高的情商，有面对生活变化和压力的从容能力，家庭和睦，学习成绩总是会好的。

有一个学校规定，晚上9点半以后不准尿尿。孩子到了7点半就不敢喝水了，因为他不敢起床。过去法西斯也没有规定晚上9点半不准尿尿，现在监狱也没有这种规定，而有的学校却对孩子作出这种规定。所以说，我们现在有很多对待孩子的方式真的是虐待。不要虐待孩子。什么样的人才会虐待孩子？只有那些自己烦躁、焦虑、痛苦的人才会去虐待孩子，因为他们的痛苦没有地方诉，就转到孩子身上，凡是虐待孩子的家长，都是糊涂的家长。

把自己的希望过多地寄托在孩子的身上，就容易激发自己一种烦躁的情绪，慢慢就发展成虐待了。上面的那种规定，真的是法西斯做法，而且它是以善的名义发出来的。我这是爱孩子，让他好好学习，晚上好好休息。从这点上来讲，在对待孩子的教育方面，我们还是远远地落后于其他国家。

一个人不论要干什么，都要有一个积累的过程。教育子女也一样。子女肯定是要比电脑、汽车更复杂，更精密，也更珍贵。我们经常说，我的爱车，那么，对孩子该怎么说呢？爱子。

后　记
通往成功家庭教育的地图

朋友们,现在我们静下心来,想一想:你的事业、你的工作、你的奋斗、你的努力,这一切都是为了什么？你一生为之奋斗的目标是什么？

如果你想明白了,只会得出一种结论——为了家庭和孩子！离开了家庭、孩子这一目标,人生会失去意义,我们就不可能幸福。

现在,我们就要给你一张通往幸福家庭生活的地图。在这张地图的指引下,带领你的家庭和孩子,通过一道道的关卡,最终到达幸福的彼岸。

第一道关:家长必备的教育理念和教育方法。

1. 所有的人,所有的年青人或已成为家长的朋友们,从现在起,一定要树立这样一个理念——没有问题孩子,只有问题父母。明白早期教育决定孩子的一生,早期教育可以避免疾病与犯罪,早期教育可以实现我们的强国梦！再也不要闹出一味从孩子身上找毛病的大笑话。

2. 学习家庭健康教育的方法。只有理想是不行的,要积极扎实地学习教育孩子的技术方法,而且最好在孩子未出生之前就去学习。在书中,周正教授历经十几年实践总结出了"亲子二十法"。如果你能认真地学习并牢固掌握,保证你的孩子一生成功、健康、幸福！

第二道关:教育孩子要有预谋——掌握孩子发展中各个阶段的关键期。

不要等孩子出问题了再去纠正,而是要充分了解、及时把握孩子从出生到14岁之间所有的敏感期,该做什么就要做什么,要不就会错过最佳的教育时间,留下终生的遗憾和问题。关于这一方面,书中已经作了详尽的解释,还有标准的执行模本,照着做即可。

第三道关:增强孩子的自信心和成就感。

所有敏感期、关键期的培养,家长都要以树立孩子的自信心和增强孩子的成就感为主线。凡事要让孩子亲力亲为，家长要有耐心、恒心。允许孩子出错并花大力气去引导孩子，千万不能急功近利，千万不能浮躁。因为孩子的自信心和成就感是个循序渐进、日积月累的过程，不是一蹴而就的。

第四道关：家庭教育中的民主与法制——和孩子一起商讨家庭各种规章制度并和孩子共同遵守。

从小就开始并坚持在孩子成长的各个阶段明确告诉孩子：他能做什么、他必须做什么，让孩子从小培养出一个又一个良好习惯。让孩子早早学会如何克制自己、适当满足自己，学会遵守社会、家庭、学校等大环境的规则，与这个世界友好相处，成为成功、健康、幸福的人。

第五道关：了解孩子的内心世界——建起与孩子沟通的渠道并持续一生。

在这个世界上，你是最爱孩子的人，所以，你也应该是这个世界上最了解他的人，在这个世界上你更应该成为他最好的朋友。孩子永远不孤独，心灵永远有停驻的港湾，他会在人生的路途中永远不迷路。

第六道关：舍得投入——监督各个环节。

作为一个家长，特别是想要成为一个成功的家长，这是最后一个环节，也是最重要的一个环节，许多家长就是到了这一关坚持不下去了，然后前功尽弃！所以，请您增强责任心，一定要舍得投入时间和精力，在孩子成长的每一个环节中监督、检查孩子对家庭教育计划的执行情况，而且不要委托其他任何人。只有父母的监督才管用、有效！

第七道关：也是胜利的终点——你终于拥有一个幸福的家庭。

在这个家庭里，孩子自信、快乐，拥有所有的良好习惯，人见人爱，事事成功，人格健全，不痴迷于网络，做什么事都有计划，从不厌学，从小就爱学习，在成长过程中从不说谎，每到重大场合都能镇静如常。

长大后，在工作岗位上能够顺畅地与他人沟通，具备完美的团队协作精神，早早积累了财富。成家后，婚姻幸福，妻贤子孝，幸福代代相传！

亲爱的读者朋友，为了这人间美景，从现在开始努力吧！